초3 공부가 고3까지 간다

초3 공부가 고3까지 간다

박은선 지음

공부습관부터 과목별 공부법까지, 초등 공부의 모든 것

빌리버튼 billybutton

멀리 보고 크게 생각하는 초등 공부

"어떡해요, 선생님. 말 잘 듣던 아이가 공부를 안 해요."

중학교 때까지만 해도 엄마 말이면 끔뻑하던 모범생 딸이 변했다며 엄마가 하소연을 합니다. 엄마 매뉴얼대로 순종적으로 따라오던 아이인데 고등학교 와서 공부에 손을 놓았다고 해요. 자퇴까지 한다니 엄마는 지금껏 쌓은 공든 탑이 하루아침에 무너지는 심정입니다.

엄마 주도로 끌고 가는 공부는 고등학교에 가서 힘을 발휘하지 못합니다. 초·중등 때 잘하면 뭐해요, 고등 때 진짜 공부가 시작되는걸요. 고등학교 교실에서 우등생들은 현명하게 공부를 합니다. 엄마가 시켜서가 아니라 스스로 공부해요. 한정된 시간에 해야 할 것들의 우선순위를 매기고 전략적으로 생활해요. 정서적 안정과 인성은 기본입니다.

제 아이가 초등학교에 입학해서 보니 초등 교육에 공공연한 로드맵이 존재하고 있더군요. 초등 저학년 때 사고력 수학, 영어 회화학원은 필수라고 합니다. 정서를 위해 피아노, 체력을 위해 태권도도 배워야 해요. 영어는 일찍 할수록 좋고 수학은 고학년에 가서 달려야 합니다. 자기주도학습을 위해 매일 공부습관까지 잡아야 합니다.

아이를 로드맵에 맞춘다고 생각하니 할 게 넘쳐납니다. 하지만 저는 다른 아이들도 모두 한다는 이유로, 학원에서 필요하다는 이유로 목표 없는 공부를 아이에게 시키고 싶진 않았습니다. 유한한 시간을 효율적으로 활용하며 똑똑하게 공부할 수 있도록 도와주고 싶었습니다. 고등학교 교사인 저의 자녀교육 최종 목표는 고3 시기의 잘 잡힌 습관입니다. 지금은 불가능하지만, 아이가 고3이 되면 자기주도적으로 학습하고 진로를 자신 있게 개척하기를 바라는 큰 그림을 그리는 중입니다.

초등 공부습관은 고등 때 가서 아이가 주도적으로 공부하는 힘을 기르기 위함이에요. 초등 때 공부습관을 잘 만들어 입시에 성공하고 싶은 부모의 마음은 한결같습니다. 그러기 위해서는 눈앞의 것만 보지 말고 멀리 내다보며 계획을 세워야 합니다. 학교 교육의 본질과 변화될 교육 환경을 꼼꼼히 알고 있으면 초등 시기에 무엇에 집중할지가 보입니다.

학교 공부, 입시에서 가장 뼈대가 되는 것은 초·중·고의 교육과정과 학생부입니다. 교육과정을 읽으면 공부 내용이 보이고, 학생부를 보면 아이의 학교생활이 그려집니다. 교육과정과 학생부의 이해 없이 공부를 한다는 건 철로 없는 기찻길을 달리는 것과 마찬가지입니다. 아이의 긴 공부 여정을 허공에서만 열심히 달리게 할 수만 없는 노릇입니다.

당장 2025년에는 '고교학점제'가 전면 시행됩니다. 고교학점제는 아이가 자신의 진로와 적성에 따라 과목을 스스로 선택하여 이수합니다. 누적 학점이 일정 기준에 도달하면 졸업을 인정받는 제도예요. 교육 현장에서는 대변혁을 예고하고 있습니다. 고교학점제의 도입으로 수업, 평가 뿐 아니라 입시도 바뀌게 될 것이 분명합니다. 우리 아이에게 닥칠 가까운 미래입니다. 미리 정보를 알고 교육의 흐름을 파악하면 공부의 방향을 예측할 수 있습니다.

초등 때 지혜롭게 들인 공부습관은 고등 때 입시 성공의 발판이 될 것입니다. 자기 주도성을 가지고 기본기를 충실히 다진 아이들은 입시가 어떻게 바뀌어도 흔들리지 않을 거예요.

이 책에는 고3까지 갈 수 있는 초등 공부습관의 구체적인 내용과 방법을 담았습니다. 공부의 기본은 학교 공부이기에 학생부의 각 영역을 살피며 어떤 점에 집중해야 할지 담았습니다. 더불어 고교학점제라는 교육 시스템의 이해를 돕고 대비할 수 있는 공부습관을 제시하고 있습니다. 공부는 머리만이 아닌 마음과 습관으로 되는 것이기에 공부 효과를 높일 수 있는 아이와 엄마의 생활 습관을 실었습니다.

제가 중·고등학교 교육 현장에서 만났던 학생들, 학부모와의 상담 사례들에 공감하며 아이 교육의 중심을 잡는 데 도움이 되셨으면 합니다. 교육의 흐름을 읽고 불안한 마음을 잠재우셨으면 해요. 아이에게 입시까지 무기가 될 공부, 생활 습관을 하나씩 실천해 보시길 바랍니다.

책을 출간하기까지 도움 주신 많은 분들께 깊은 감사를 드립니다. 노는 게 최고인 초3임에도 습관처럼 오늘의 공부를 해내는 아들에게 고마움을 표합니다. 작은 성취감으로 자신감을 차곡차곡 채우고 자주적으로 자라길 기원합니다. 또한 끊임없는 사랑과 관심을 주는 부모님들이 있기에 우리 아이들은 공부의 주인이 될 것입니다. 결국 자기 삶의 주인으로 성장할 것입니다. 지금부터 차근차근 준비해보세요.

Part 3 미래교육의 시작
  : 고교학점제에 대비하는 초3의 습관

Part 4 고3까지 가는 초3 아이의 생활 습관

Part 5 고3까지 가는 초3 부모의 생활 습관

Part 1

초3 습관이
고3 습관을
만든다

초등 공부의 시작은 습관에 달렸다

첫째 아이가 유치원을 졸업하고 초등학교에 입학했을 때입니다. 학부모가 된다는 설렘 한편으로는 불안감도 높았습니다. 아이가 40 분 동안 수업 시간에 집중하며 앉아 있을까? 선생님 말씀엔 귀를 쫑 긋 세우고 듣고 있을까? 교과서는 제대로 보고 있을까? 등등 고민이 한 가득이었지요. 12년 학창시절의 첫발을 내딛는 초등학교 1학년 은 공부보다 별 탈 없이 학교 적응만 잘 하길 바랐습니다. 1학년의 긴장감도 잠시, 주변에서 저학년 때 공부습관을 잡아야 한다는 소리 를 들었습니다.

네, 공부습관 중요합니다. '공부습관'이라는 단어를 들으면 고등 학교 1학년 담임을 하며 학생들의 스터디 플래너를 점검하던 때가 떠오릅니다. 고등학교 1학년 정도면 스스로 계획하고 공부하는 습관 정도는 잡혀 있을 줄 알았습니다. 이런, 제가 고등학생을 과대평가했습니다. 대부분의 학생들이 공부를 어떻게 계획하는지, 어떤 방법으로 실천하는지 모르고 있었습니다. 학원만 오가며 들은 지식을 자기가 공부한 것으로 착각하고 있었습니다.

고2, 고3이라고 다를까요? 고2가 되면 공부를 할지 말지를 자신들이 정합니다. '나는 해도 안 될 놈이야.'라고 지레 포기하는 아이들이 늘어납니다. 제출하라고 해도 걷히는 스터디 플래너 수가 확연히 줄어듭니다. 3학년이 되면 주도적으로 공부하는 아이들 소수만이 꾸준하게 스터디 플래너를 작성합니다.

자기주도적인 공부의 상징이라고도 할 수 있는 스터디 플래너를 꼼꼼하게 작성하는 아이들은 두 부류입니다.

첫째, 공부를 잘하면서 성실한 학생입니다. 공부를 잘하는 아이들은 자신에게 중요한 것이 무엇인지 파악하고 선택과 집중을 합니다. 학원에 다니더라도 자신만의 공부 시간을 확보합니다. 하루도 빠짐없이 공부를 습관처럼 합니다. 이 아이들의 공부습관은 하루아침에 이루어진 것이 아닙니다. 엄마가 시켜서 하는 것도 아니지요. 목표를 가지고 매일 반복의 힘으로 이루어낸 것입니다.

둘째, 공부를 잘하진 못해도 성실한 학생입니다. 성적이 좋지 않은 아이들에게도 꿈이 있습니다. 꾸준히 노력하면 꿈을 이룰 수 있다고 믿고 매일 성실하게 공부합니다. 성적이 좋고 나쁜 게 중요한 것이 아닙니다. 잘 다져진 자존감 위에 입시라는 목표를 향해 매일 노력하는 모습이 값진 것입니다.

부모인 우리는 알고 있습니다. 이 두 부류의 아이들이 사회에서도 인정받고 슬기롭게 살 것이라는 걸요.

"초등 때는 마음껏 놀게 해야지."라는 말 많이 합니다. 맞아요, 초등 때는 놀아야지요. 초등 공부가 지식 면에선 중요하지 않을 수 있습니다. 지금 배운 것들, 어차피 중·고등학교에 올라가면 한두 달 안에 익힐 수 있는 것들이거든요. 또 어떤 아이는 공부 안 해도 BTS, 손흥민 같은 유명인이 되어 돈을 많이 벌고 싶다고 합니다.

기억하세요. BTS, 손흥민은 지독한 연습벌레입니다. 손흥민은 여덟 살부터 열여섯 살 때까지 매일 6시간씩 기본기만 집중해서 연습했습니다. 독일 분데스리가에 진출한 후에도 시간이 날 때마다 하루 300개 이상의 슈팅 훈련을 했다 합니다. 월드클래스 가수 BTS도 마찬가지입니다. 빌보드 뮤직 어워드에서 수상한 이후에도 BTS의 슈가는 "우리 같은 사람들은 열심히 하는 것밖에 없다."는 말을 했습니다. 그들의 성공은 운이 아닙니다. 매일 연습의 힘입니다.

습관의 힘이 이렇게 무섭습니다. 저는 대한민국 공교육의 힘을 빌리는 평범한 학부모이자 초등 시기의 습관이 고등까지 얼마나 긴밀하게 연결되는지 수년째 지켜본 공교육 교사로서 초등 아이의 공부습관에 집중하기로 했습니다. 제 아이는 예체능에 유별난 재능을 보이지도 않고 설령 어느 정도의 재능이 있다 한들 손흥민 선수나 BTS 같은 세계적인 클래스의 유명인이 될 가능성은 너무 낮아 보이거든요.

초등학교에서 맞는 단원 평가 백 점이 고등 성적까지 보장할 수는 없습니다. 하지만 초등 시기에 형성된 공부습관은 보람된 학창시절을 보내고 어느 수준 이상의 결과를 보장하는 보험입니다. 잘 잡힌 초등 공부습관은 중·고등 시기에 학업 성취도를 높여주는 발판이 될 것입니다. 나아가 하루하루가 쌓여 끈기가 되고 인생을 살아가는 지혜가 될 것입니다.

평생의 공부습관, 초3이 적기

어릴 때부터 공부습관이 중요하다는 분위기가 자리 잡힌 탓인지 유치원생마저 한글, 수학 학습지를 매일 푸는 게 당연한 느낌입니다만 아직 아닙니다. 진짜 공부는 시작도 하지 않았는데 진 빼지 말았으면 합니다.

공부습관은 초등학교 입학 이후, 아이가 어느 정도 학교생활에 적응한 후에도 충분합니다. 초등학교 1학년 담임 선생님들은 1학기 때 아이들의 공부보다 생활지도에 더욱 집중합니다. 수업도 아이들 수준에 맞게 천천히 진행됩니다. 3월에 엄마 손을 잡고 등교하는 아이들이 4월이면 대부분 혼자 등교를 하게 됩니다. 스스로 준비물을 챙기고 시간 관념을 갖도록 하는 생활지도는 꼭 필요합니다. 공부습관의 기초를 쌓는 것도 이런 생활습관이 바탕이 되어야 수월합니다.

사람의 두뇌는 3~7세에는 신경회로의 기초가 만들어집니다. 규칙의 개념을 이해하고 훈육이 시작되는 시기이기도 합니다. 7~10세까지 두뇌는 점점 진화합니다. 10세까지 뇌의 외적인 성장이 95% 이루어지며 어른의 뇌에 가까워지기 때문에 이 시기가 공부습관을 만들 수 있는 적기입니다. 뇌의 외적인 성장으로 기억력과 판단력이 급격히 증가하기 때문입니다. 단, 공부에 대한 긍정적인 경험이 쌓이며 자발적으로 하고 싶게끔 만들어야 합니다. 자칫 공부습관을 들인다고 과도하게 공부를 하다 보면 '공부는 하기 싫은 것'이라고 판단할 수 있습니다.

10세 이후에는 추상적 사고가 가능하게 됩니다. 이때부터는 점점 스스로 상황을 판단하고 감정을 통제하는 방향으로 뇌가 발달합니다. 말을 잘 듣던 아이들이 자기 주장이 생기는 4학년 무렵부터 엄마에게 반항하는 것도 자연스러운 현상입니다. 초4가 되면 종합적 사고가 점진적으로 발달하며 교과서에도 도형과 같은 추상적 개념이 나오며 어려워집니다.

초3은 초1, 2학년보다 과목 수가 늘어납니다. 1, 2학년이 유치원에서 배우는 누리과정의 연장선이라면 3학년은 고등학교 교육과정과 비슷한 형태로 배움의 기초가 되는 과목들을 배웁니다. 1, 2학년 때 통합 교과인 봄, 여름, 가을, 겨울이었던 과목이 국어, 영어, 수학, 과학, 사회 등으로 나누어집니다. 각각의 과목에 맞게 공부습관을 들이며 공부의 기초를 다질 수 있는 시기입니다.

하지만 공부습관은 하루아침에, 한 달 안에 절대 만들어질 수 없습니다. 1년을 꾹 참고 성실히 해온 아이들도 당장 눈앞의 내적인 동기가 없으므로 흔들리기 일쑤입니다. 초3 전후 시간을 골든타임이라 생각하고 시간과 에너지를 넉넉히 잡아 매일 습관을 들인다고 생각하세요. 공부의 결과를 내는 것이 아닌 습관을 만드는 과정 자체가 매일 공부의 목표가 되어야 합니다.

소화할 수 있는 양으로 시작하라

아이가 처음 이유식을 시작했을 때가 생각나시나요? 처음엔 쌀가루로 미음을 만들어 먹였습니다. 아기가 소화하기 가장 쉬운 음식을 한 숟가락부터 시작했지요. 아기가 미음 먹는 기적 같은 순간에 칭찬을 퍼부으며 사진도 찍어 놓았을 거예요. 아기에게 바른 식습관을 만들어주고 싶은 마음에 매일 정성을 다해 이유식을 먹였습니다. 조금씩 양을 늘리고 사과며 당근이며 재료도 늘려나가면서 이유식의 알갱이도 굵어지고 이유식을 시작한 지 만 8개월 정도 후에는 밥다운 밥을 먹게 되었습니다. 견과류는 두 돌까지도 못 먹었으니 먹거리로 신경 쓸 일이 한둘이 아니었습니다.

그 시기의 부모는 어떤 마음이셨나요? 생후 6개월도 안 된 아기에게 "왜 이 맛있는 떡볶이도 못 먹는 거야?"라고 하진 않았을 거예요. 이유식을 잘 먹다가 토라도 하면 재료를 다시 살펴보고 양을 줄이기도 했을 겁니다. 모든 이유식의 기준은 부모가 아니라 아기였습니다. 아기의 소화력에 따라 이유식의 양도 재료도 달랐습니다. 지금 건강하게 밥과 반찬을 먹고 있는 우리 아이들의 식습관은 하루 이틀에 만들어진 게 아닙니다.

공부습관은 이유식과 같습니다. 아이 스스로 공부 밥을 먹도록 하는 것입니다. 초등 저학년은 이제 막 공부 밥을 먹는 이유식 초기 단계입니다. 무엇이 우리 아이에게 맞는지, 잘 씹을 수 있는 단계인지를 살피며 꼭꼭 씹어 먹을 수 있도록 습관을 들여야 합니다. 조금씩 천천히 공부를 소화할 수 있도록 부모가 환경을 조성해주어야 합니다. 계획대로 공부를 잘 해내면 칭찬도 해주세요. 아기가 미음 한 숟가락만 먹어도 호들갑을 떨며 칭찬했던 것처럼 말이에요. 충분한 시간을 갖고 차근차근 들인 습관은 밥 먹듯 공부를 하고 반찬 먹듯 책을 읽게 해줄 것입니다. 조급해할 필요는 없습니다. 당장에 입시를 치르는 것이 아니니까요. 고등학생이 공부하듯 시키면 체합니다. 이제 막 이유식을 먹는 아기에게 돈가스를 먹이는 거나 다름없습니다.

초등 시기의 공부습관은 공부 이유식에서 공부 밥으로 적응하는 시기입니다. 처음 엄마가 먹여주고 점점 손을 떼며 아이가 스스로 먹을 수 있게 습관을 잡아야 합니다. 두 돌이 넘어 골고루 밥을 잘 먹는 아이처럼 초등 공부습관을 잡아 보자고요. 초등 때 잡은 공부습관은 고등학교 때 자기가 먹고 싶은 공부 밥을 배부르게 먹으며 잘 소화할 수 있게 해줄 것입니다.

Chapter 02

초3 습관이 고3 습관을 만든다

"4학년 때 철들면 'SKY' 가고, 중3 때 철들면 '인 서울', 고3 때 철들면 '인 코리아' 갑니다."

들어보신 적 있으신가요? MBC 〈공부가 머니?〉의 이병훈 교육 컨설턴트가 한 말입니다. 초등 선생님을 비롯해 교육전문가들은 초등학교 4학년이 공부의 우열을 결정짓는 가장 중요한 시기라고 말합니다. 조금 과장해서 초4 성적이 평생 성적을 결정한다고 합니다. 무시무시하게 들리시죠? 방송에서는 초5가 되면 공부 난이도가 확 올라가는 만큼 초4까지 공부습관을 만들고 기본을 다져야 한다고 설명하고 있습니다. 중·고등 때 공부를 해야겠다고 마음먹은 아이들보다 초등 때부터 공부습관을 들인 아이들이 입시에도 유리하다는 뜻이겠지요. 고등학교 현장에서 수많은 아이의 입시를 지켜봐온 저의 관점에서 이 말은 어느 정도 사실입니다. 초등부터 엉덩이 붙이고 자신만의 공부를 해온 아이들은 힘든 고등학교 때 위력을 발휘합니다.

혹시 지금, 공부습관을 들이겠다고 매일 학습지를 풀게 하고 학원을 보내시나요? 학원 숙제에 치여서 정작 중요한 학교 공부는 뒷전이지 않나요? 과도한 학습지 숙제 때문에 아이가 학습지 풀 시간만 되면 한숨부터 푹 쉬지 않나요? 물론, 어쩔 수 없는 현실적인 선택일 수 있어요. 부모님이 직장에 다니느라 아이 혼자 집에 둘 수 없어서, 집에서 어떻게 공부습관을 잡아야 할지 방법을 몰라서, 아이가 부모 말을 듣지 않아서, 아이랑 싸우고 싶지 않아서, 시간이 없어서 등등 많은 이유가 있다는 걸 알고 있습니다.

하지만 초등 저학년 아이에게 그게 과연 최선인지는 곰곰이 생각해볼 필요가 있습니다. 공부 잘하라고 비싼 돈 들여 학원에 보냈는데 왜 성적은 제자리일까요? 혹시 우리 아이가 학원의 전기세를 내는 건 아닐까요?

중학교 담임을 맡았을 때 상담을 해보면 초등학교 때 매일 풀던 반복되는 학습지에 질렸다는 아이가 많았습니다. 엄마는 수학을 잘하게 하고 싶어서 풀렸는데 아이는 학습지 때문에 수학이 싫어졌다고 합니다. 안타깝습니다. 초등 저학년은 아직 겁이 많고 순수해서 수업 시간에 다른 짓을 하지 않을 겁니다. 초등 고학년만 되더라도 국어 시간에 교과서 밑에 수학 문제집을 두고 학원 숙제를 하는 아이들이 생기지요. 중학생이 되면 더 심각합니다. 수학 수업 시간에 선생님 말씀은 안 듣고 학원 숙제를 하는 모습을 종종 봅니다. 정작 시험 문제를 내고 내신 점수를 주는 건 학교 선생님인데 말이죠.

학원에 다닌다고 저절로 공부가 되지 않습니다. 혼자 공부할 수 있는 시간과 노력이 있어야 제대로 된 공부입니다. 공부하는 힘은 스스로 공부하는 습관에 달려 있습니다. 학원에 다니는 것이 나쁘다는 얘기가 아닙니다. 학원은 학습의 도구로 자기 공부에 유익하게 활용해야 합니다. 고등학교에 가서 하루 5~6시간씩 공부하는 힘이 있으려면 혼자 공부하는 요령이 있어야 합니다. 초등학생일 때부터 자발적으로 공부하는 습관을 지닌 아이들은 사춘기가 되어서도 주도적으로 공부합니다.

공부습관, 부모의 역할이 중요하다

고1 담임 시절, 저희 반에 줄곧 1등을 놓치지 않는 학생이 있었습니다. 2학기 때 불쑥 학교를 그만두고 싶다고 하더군요. 놀란 마음에 아이와 상담을 해보니 자신은 음악을 전공하고 싶은데 엄마의 반대가 심하답니다. 아이는 중학교 때도 늘 전교 10등 안에 들었지만 칭찬 한 번 받아본 적이 없다고 했습니다. 아이는 초·중학교 내내 엄마가 짜준 일정대로 공부했습니다. 엄마 덕분에 우수한 성적도 받았지요. 고등학교 와서도 엄마가 고른 학원과 일정대로 움직였습니다. 엄마가 원하는 대로 싫어도 꾹 참고 공부했지만, 엄마는 그런 자신을 지지해주지 않는다고 느끼고 있었습니다. 엄마의 성화 때문에 반에서 유일하게 스마트폰이 없던 아이였습니다. 엄마 몰래 미가입 전화기를 가지고 다니며 서서히 공부에도 손을 놓더니 급기야 2학기 중간고사 직전, 손목에 칼을 댔습니다. 저한테 할 말이 있다며 자해한 상처를 보여주었습니다.

아이의 상처는 자기를 살려달라는 'SOS' 사인이었을 거예요. 즉시 엄마와 상담을 했습니다. 안타깝게도 얘기하는 내내 아이를 못마땅해하는 엄마의 마음을 읽을 수 있었습니다. "말 잘 듣던 아이가 왜 이렇게 변했을까요?"라며 한탄을 반복할 뿐이었어요. 아이의 구조 요청을 듣고 집에 돌아갔지만 일주일 동안 아이와 어떤 말도 나누지 않았다고 합니다. 아이에 대한 실망을 다스리기 어려웠을 거라 이해하지만 그런 엄마를 보는 아이는 어떤 심정이었을까요?

초·중등 때 엄마가 휘어잡은 덕분에 좋은 성적을 유지하던 아이가 정작 힘을 발휘해야 하는 고등학교 때 주저앉아버린 모습은 교사이자 엄마인 제게 많은 가르침을 주었습니다. 그런 엄마는 되지 말자, 다짐하게 되었고 제 아이가 어떤 학생으로 성장하면 좋을지 교실 가득 앉은 고등학생들을 보며 오랜 시간 고민하게 되었습니다. 정답은 공부습관과 자발성이었습니다.

초등 공부는 아이가 엄마의 아바타가 되어 할 수도 있습니다. 하지만 사춘기가 오는 중·고등학교 때는 그럴 수 없습니다. 아이가 엄마 꽁무니만 따라서도 안 됩니다. 엄마의 아바타 역할을 하던 아이들은 중학교에 올라가서 엄마 없이는 내신 평가조차 제대로 못 받기도 합니다. 중학생 아이가 시험장에서 덜덜 떨며 바지에 소변 실수를 하기도 합니다. 교실 앞에 나와 발표하는 수행 평가가 있으면 극도로 긴장하여 제대로 말을 못 하는 아이들도 있습니다.

아이들은 사춘기를 지나며 자아정체성을 확립하고 빠른 성장을 경험합니다. 자연스러운 성장 과정입니다. 초등 저학년 때까지는 엄마가 시키는 대로 따라가며 제법 공부를 잘하던 아이들도 사춘기를 겪으며 눈에 띄게 달라집니다. 주변 친구들과 비교하며 자신의 억압된 삶을 깨닫게 되고, 쌓여버린 불만은 언젠가는 터져버립니다. 초등학교 때 단원 평가 백 점 맞고 영재 소리 듣던 아이들입니다. 기대를 한 몸에 받던 아이들이 정작 입시를 앞에 두고 길을 잃습니다.

초등 저학년 때 공부습관을 잡겠다고 아이를 잡으면 큰일 납니다. 나무를 보지 말고 숲을 봐야 합니다. 공부는 12년 동안 무성하게 조성해야 할 숲입니다. 나무 하나로는 결코 완성되지 않습니다. 나무를 심는 과정을 함께하는 건 부모의 역할이지만 묘목이 자라 숲을 이루도록 착실히 가꾸는 건 결국 아이의 몫입니다.

부모의 역할은 초등 저학년 시기에 공부습관을 잡게 도와주는 것뿐입니다. 사춘기가 되어 공부에의 자발성을 가진 아이가 푸르게 가꾸는 숲을 바라보며 감탄하고 칭찬해주면 됩니다. 아이에게 공부 주도권이 넘어간 이후에는 멋진 숲을 위한 따뜻한 햇볕이 되어 지지하고 응원해주면 그뿐입니다.

초3 습관이 고3 습관

우리 아이가 이왕이면 유명 대학에 들어가길 원하시죠? 저도 그렇습니다. 대한민국 학부모라면 모두 바라지 않을까요? 초등시절 공부습관을 잡는 것도 그런 바람에서 시작된 게 맞습니다. 저는 중·고등학교 교육 현장에서 공부 잘하는 아이, 소위 말하는 우등생들이 어떻게 공부하는지를 10년 넘게 바로 옆에서 매일 지켜봐왔습니다. 이런 아이들에게는 분명한 공통점이 있었습니다.

당연하겠지만, 고등학생들은 내신 성적에 매우 민감합니다. 자신에게 도움이 되는 과목은 열심히 공부하고 그렇지 않은 과목은 대충하는 아이들도 있는 게 현실입니다. 하지만 우등생들은 이런 똑같은 상황에서도 다릅니다. 미술도 수학만큼 집중해서 수업에 임합니첫째, 예의가 바릅니다.

둘째, 목표가 뚜렷합니다.

셋째, 자기주도학습을 합니다.

넷째, 집중력이 좋습니다.

다섯째, 성실합니다.

여섯째, 긍정적인 생각을 합니다.

일곱째, 자존감이 높습니다.

여덟째, 시간 관리를 잘합니다.

다. 미술을 전공하려는 아이도 아닙니다. 생명공학과에 진로를 희망한 아이가 미술부장을 하겠다고 손을 들고, 허드렛일을 자발적으로 돕고, 수업 시간엔 눈이 초롱초롱합니다. 미술 발표도 과학 소논문 작성하듯 최선을 다합니다. 공부 잘하는 아이들은 모든 과목에 성실하게 임합니다. 선생님을 존중하는 마음을 갖고 있습니다. 매사 배움의 자세와 성실성을 장착한 아이들이 입시에서 성공하는 건 당연합니다.

우등생들이 가진 인성적인 부분과 학습적인 부분의 공통점은 한순간에 이루어진 것이 아닙니다. 가정에서 시작된 부모님의 아이를 향한 신뢰가 바탕이 되어야 합니다. 아이를 하나의 독립된 주체로 인정하며 양육했기에 가능합니다. 아이가 좋아하는 일과 할 수 있는 일에 관심을 가지고 적재적소에서 지원합니다. 아이의 교육에 관심을 두고 실패했을 경우 회복할 수 있게 응원을 마다하지 않습니다. 일일이 도와주거나 대신하지 않고 스스로 할 수 있을 때까지 기다려줍니다.

초등 시절은 공부습관과 생활습관을 함께 익히는 기간입니다. 공부습관은 일상의 생활습관과도 유기적으로 이어져 있습니다. 부모님이 아이들의 거울이듯 부모님의 양육 방식에 따라 아이들은 반듯하게 자랍니다. 이 책을 읽는 부모님은 아이가 고등학교 시절 현명하고 바르게 보내기를 바라겠지요. 그러면 아이에게 주인의식을 심어주고 생활습관과 공부습관을 들이도록 하세요.

또, 예의와 효를 가르치세요. 부모님을 공경하는 마음은 수업 중 선생님 말씀에 집중하게 할 것입니다. 그런 후에 공부습관을 만들 수 있도록 도와주자는 것입니다. 인간됨의 기본을 바탕으로 공부계획을 세우고 실천하며 자기주도학습을 하기 위한 연습을 하는 것이지요.

초등 시기 공부습관은 40분 수업에 집중하는 것, 매일 시간을 정해 놓고 정해진 분량의 학습을 하며 성취감을 맛보는 것이면 충분합니다. 일상의 습관이 고등학교 시절 공부습관의 기초가 됩니다.

실패해도 괜찮습니다. 초3은 고3이 아니니까요. 아이의 표정을 살피고 대화하세요. 그렇게 정성 들여 완성한 초등 공부습관은 고3이 되어 빛을 발할 것입니다. 나아가 인생의 큰 자산이 될 것입니다.

Chapter 03

입시 패러다임이 바뀌었다

첫째 아이가 초2가 되면서 주변 엄마들이 공부습관을 들이라는 말을 했습니다. 영어회화 학원, 사고력 수학은 필수라고 합니다. 집에서 학습지도 풀고 과학실험도 해야 한다고 했어요. 매일 습관을 잡아서 공부를 시켜야 한다고 했습니다. 무엇을 위해서 공부습관을 들이는 걸까요? 초등 습관의 근본적인 목표에 대해 생각해본 적 있나요? 다른 아이들도 모두 하니까, 학원에서 필요하다고 하니까 목표 없는 공부를 아이에게 시키고 있지는 않나요?

초등 습관의 최종 목표는 고등 습관입니다. 부모는 초등 때 잘 잡아둔 공부습관으로 아이가 고등 시절을 수월하게, 현명하게 보내기를 바라는 마음일 것입니다. 초등 시절만 잘 보내고자 힘들여 공부습관을 잡는 건 아닐 거예요. 고3 때 주도적으로 뚝심 있게 공부하는 모습을 그리며 초등 습관을 잡아보자고요.

고등까지 갈 수 있는 초등 공부습관을 형성하기로 마음먹었다면 아이가 고3 때 공부하는 모습을 상상해보세요. 우리 아이가 고등학생이 되었을 때의 교육 환경은 어떻게 변해 있을까요? 막막하시죠? 지금의 초·중·고 교육과정과 입시 방향을 읽는다면 예측할 수 있습니다. 미래에 대한 아무 정보 없이 아이의 초등 습관을 잡는 것보다 미래를 내다보며 무엇에 집중해야 할지를 고민해보세요.

아이가 지금 대학을 가는 것은 아니니 고3 엄마처럼 자세히 알 필요는 없습니다. 아이의 공부 계획을 고등학교 때까지 촘촘하게 짜라는 얘기도 아닙니다. 아이가 맞이할 교육 환경을 알아보고 필요한 정보를 취사선택하여 지혜롭게 공부습관을 만들자는 것입니다.

입시 제도에 관심 갖기

고등학교에 들어가면 중학교 때와 달리 대학 입시라는 틀에서 공부하게 됩니다. 그래서 중3과 고1은 천지 차이이지요. 중3 때 마냥 놀던 아이도 고1이 되면 바짝 긴장하며 내신 성적에 신경을 씁니다.

담임 선생님들은 3월이면 이제 갓 고등학교에 입학한 아이들과 개별 상담을 진행합니다. 어느 대학, 무슨 과를 가고 싶은지 물어봄니다. 아이들은 얼떨떨해하며 어디서 들어본 적 있는 대학 이름을 줄줄 말합니다. 입시에 대한 정보도 감도 없이 서울대, 연세대, 고려대 등 유명 대학을 얘기합니다. 현실적으로 서울에 있는 대학에 들어가려면 일반계 고등학교에서 내신 1등급을 받아야 하지만요.

학부모 상담주간에는 부모님과 상담을 합니다. 고등학생 자녀를 둔 부모지만 학생부종합전형이며 학생부교과전형 등의 입시 제도를 모르는 분들이 대다수입니다. 아이가 미술을 전공하고 싶다고 하니 미술 학원부터 등록해주는 부모님도 많습니다. 요즘 대학 입시에서는 실기보다 내신 성적 반영 비율이 훨씬 높은데 말이죠. 인터넷이나 유튜브를 보면 기본적으로 알 수 있는 입시 정보조차도 모르는 경우가 대부분입니다.

입시 제도를 보면 아이가 무엇을 선택하고 집중할지가 보입니다. 아이들에겐 시간이 제한적입니다. 공부습관을 현명하게 잡기 위해서는 공부의 우선순위가 있어야 해요. 아이가 바란다고, 엄마가 원한다고 모든 걸 할 수는 없습니다. 똑똑하게 선택하세요. 아이에게 다가올 대학 입시에 관해 공부하고 부모님이 가장 중요한 걸 선택해서 공부습관을 설계해주세요. 입시에 대해 모든 것을 알지 않아도 됩니다. 대학 입시에서 사용하는 기본적인 용어를 익히고 전체적인 흐름만 파악하면 됩니다.

먼저, 기본적인 입시용어를 들어본 적이 있는지 표(33쪽)를 통해

| 입시용어 체크리스트 |

	입시용어	체크
대입 전형	일반전형	
	특별전형	
	정원 내/외 전형	
	수시모집/정시모집	
	학생부종합전형	
	학생부교과전형	
	논술 위주 전형	
	실기 위주 전형	
	수능 위주 전형	
	수능최저학력기준	
평가	내신	
	백분위	
	표준점수	
	등급(9등급제)	
	정량평가/정성평가	
	절대평가/상대평가	
학교생활기록부(학생부)	교과/비교과	
	지필 평가	
	수행 평가	
	성취도	
	과목별 세부 능력 및 특기사항	
	인적·학적 사항	
	출결 상황	
	수상 경력	
	자격증 및 인증 취득 상황	
	창의적 체험 활동	
	자율 활동	
	동아리 활동	
	진로 활동	
	봉사 활동	
	독서 활동 상황	
	행동 특성 및 종합 의견	
교육과정	고교학점제	
	자유학년제	
	2015 개정 교육과정	

점검해보세요. 해당하는 항목이 많을수록 입시에 대한 관심도가 있다는 의미입니다. 모르는 게 많다고 좌절하지는 마세요. 지금 모르는 게 당연합니다. 입시 용어에 대한 설명은 뒤에(Part 2) 자세히 설명할 테니 걱정하지 마세요.

학생부를 주목하라

아이가 종업식을 하며 생활 통지표를 받아왔습니다. 선생님께서 아이에 대해 어떤 말을 썼을지부터 확인했습니다. 저도 해마다 극도로 긴장하며 학생들에 관해 쓰는 글이어서인지 '담임 선생님은 내 아이를 어떻게 판단하고 있을까?'가 가장 궁금했거든요. 통지표의 '행동 특성 및 종합 의견'란에 기술된 내용은 아이에 대한 담임 선생님의 객관적인 총평이 담겨 있습니다. 아이의 1년 동안의 학교생활을 종합적으로 이해할 수 있는 기록입니다.

생활 통지표는 아이의 학교생활에 관한 선생님의 의견뿐 아니라 교과목에 대한 학습발달, 출결, 신체발달 등 학교생활의 전반적인 내용이 들어 있습니다. 이러한 내용의 근거 기준은 학교생활기록부, 즉 학생부를 기반으로 하고 있습니다. 아이 공부습관은 학교 공부를 잘하기 위해 들이는 거잖아요. 그렇기에 학교생활 전부를 보여주는 학생부 이해는 필수입니다.

학생부는 아이의 과목별 성적, 행동 특성, 종합 의견 등 학교생활을 대변해주는 문서예요. 대부분 담임 선생님과 교과 선생님이 기록합니다. 현재 대입에서 학생부종합전형, 학생부교과전형 등에 활용되며 가장 중요한 입시 자료로 사용됩니다.

초등부터 기록되는 학생부를 꼼꼼히 살펴보세요. 학생부의 구체적인 항목을 파악하고 있으면 아이가 학교에서 어떻게 생활하는지가 한눈에 보입니다. 어떤 공부에 집중해야 할지도 파악할 수 있어요. 초등은 시험이 없고 수치화된 점수가 없습니다. 학생부의 교과 성취도에 따로 점수가 매겨지지 않아요. 선생님이 아이의 학습발달을 서술합니다. 점수가 없다고 간과하지 말고 학생부에 기록된 교과목과 학교 내 활동의 종류를 알고 서술된 내용을 해석할 수 있어야 합니다.

학생부는 선생님이 기록하는 것이지만 내용은 아이가 만드는 것입니다. 부모가 학생부만 바르게 이해하면 아이의 학교생활을 훤히 볼 수 있습니다. 아이의 인성, 적성, 진로, 태도, 학업 성과를 읽을 수 있습니다. 학원에서 제 학년보다 높은 학년의 수학 문제를 풀고 있더라도 학생부의 수학 교과 발달상황에 '부족'이라고 적혀 있다면 그게 진짜 실력입니다. '행동 특성 및 종합 의견'란에 '신체활동에 적극적이고…'라고 기록되어 있다면 아이의 운동 재능을 유심히 관찰하세요.

고등학생이 되면 모든 교과 선생님이 아이들에게 하는 말이 있어요. "이제 입시를 위해 학생부를 관리해야 한다."라고 말이에요. 초등부터 학생부에 맞춰 학교생활을 성실하게 해온 아이들에게는 잔소리처럼 들리는 말입니다. 따로 관리할 것도 없지요. 평소처럼 생활하는 것의 연장입니다. 지금은 학부모라면 나이스학부모서비스NEIS를 통해 집에 앉아서도 아이의 학생부를 손쉽게 열람할 수 있습니다. 아이의 학생부를 천천히 보면서 어떤 내용이 있는지 읽어보세요. 학교생활의 가장 기본이 되는 학생부를 꼭 이해하고 현명하게 공부습관을 들였으면 합니다.

고교학점제의 시작

이 책을 읽고 계신 분은 수능 세대이신가요? 제가 입시를 치를 때는 수능 위주의 정시모집만 있었고, 고3 2학기에 각 대학이 자율적으로 신입생을 선발하는 수시전형은 없었습니다. 지금은 수시 위주의 학생 선발이 정시보다 비율이 높으니 저의 입시 얘기는 역사 속에서만 존재합니다. 아이의 입시를 부모가 고등학교 때 입시 치를 때처럼 생각하면 안 됩니다. 입시는 매해 변하고 있어요.

지금 초등 저학년 아이들은 앞으로 10년 후에 입시를 치릅니다. 현재 고등학생이 치를 입시와 또 다른 입시를 치르게 될 거예요.

'2025년 고교학점제 전면 도입, 내신 절대평가'라는 말 들어보셨나요? 아이가 대학 입시를 치를 때쯤이면 그 말이 현실로 다가올 것입니다. 먼 미래 얘기가 아닙니다. 당장 우리 아이의 고등학교 생활입니다.

지금의 초등학생이 사회에 진출하는 2030~2040년에는 정보산업 기술이 사회 전반에 뿌리를 내리며 4차 산업혁명이 이루어진다고 합니다. AI, 빅 데이터, 슈퍼컴퓨터 등의 대중화로 일상에 걸쳐 큰 변화가 올 것이라 예상해요. 교육의 패러다임이 지식 위주에서 주도적 문제해결력, 창의성, 비판적 사고력, 소통 능력 등의 학습 역량을 요구하는 방향으로 바뀌고 있습니다.

2025년에 전국적으로 전면 시행될 고교학점제는 이러한 맥락에서 이해할 수 있습니다. 이 제도는 아이들의 개별성을 존중하고 주도적인 삶을 살게 해주는 새로운 교육 시스템입니다. 일부 교육 현장에서는 고교학점제가 '교육의 대변혁'이라고까지 얘기합니다. 교육 현장에 혼란을 일으킬 수 있다고 우려하는 목소리도 큽니다. 이렇듯 격렬하게 변하는 교육 현장에 부모가 뒷짐 지고 아이를 내던질 수는 없습니다. 고교학점제를 이해하고 대비해야 합니다.

고교학점제는 전 세계의 사회 흐름에 맞추는 자연스러운 교육의 변화입니다. 부모 시대의 교육과는 전혀 다릅니다. 교육의 흐름을 읽고 아이의 미래를 지혜롭게 준비해야 합니다. 아이에게 부모의 고등학교 시절은 추억으로만 얘기하고 아이가 겪을 고교학점제에 관해 얘기해주세요. "네가 고등학생이 되면 너의 진로를 개척하고 과목을 스스로 선택하는 고교학점제가 시행된단다."라고 말이에요.

기본에 충실하자

시시각각 변하는 입시 제도에 부모들은 불안합니다. 학원에 기웃거리며 학교 선생님보다 학원 선생님의 말을 더 신뢰하지요. 학원은 바뀌는 입시에 맞춰 발 빠르게 입시 설명회를 줄줄이 진행합니다. 초등부터 어떻게 준비해야 할지 구체적인 로드맵도 짜줍니다. 학원의 솔루션대로 아이를 맡겨두면 명문대에 갈 것처럼 마음이 든든하지요.

하지만 기억하세요. 공부의 주체는 아이입니다. 아이를 가장 잘 이해하는 사람은 부모이고요. 아무리 아이를 학원에 맡겨도 학원 선생님은 부모만큼 애정을 쏟지 않습니다. 학원은 적절하게 활용해야 하는 학습 도구일 뿐, 진짜 아이 공부는 부모가 함께해야 합니다.

입시가 변해도 교육의 본질은 변하지 않습니다. 공교육의 본질은 모든 아이가 학습 경험의 성장을 도모하고 다양한 경험을 바탕으로 자아실현을 하는 데 있습니다. 바른 인성을 바탕으로 자신의 진로와 삶을 개척하는 사람을 추구합니다. 공동체 의식을 가지고 민주 시민으로서 배려와 나눔을 실천하는 사람으로 성장하는 데 목표가 있어요. 이상적인 말로 들리겠지만 모든 학교의 교육과정은 이러한 목표를 두고 구성되어 있습니다. 대학에서 원하는 인재상과 크게 다르지 않지요. 변화되는 교육 환경은 정보로 받아들일 뿐, 학원을 더 보내야겠다, 무리하게 무언가를 더 해야겠다고 생각하지는 마세요. 초등이니까 더욱 교육의 본질적인 면을 생각하라는 뜻입니다. 초등 시기는 성적을 올리고 내신을 따는 것이 목표가 아닙니다. 아이가 스스로 목표를 설정하고 주도적으로 공부하도록 방향과 방법을 결정하는 시기예요. 넘쳐나는 교육 정보에 휘둘리지 마세요. 초등 아이에게 과도하게 기대하고 강요하지 않았으면 합니다. 교육부의 2015 개정 교육과정의 초등학교 총론 해설에서 초등학교 교육의 목표를 살펴보며 흔들리지 않는 초등 습관의 방향을 잡아보세요.

 초등학교 교육 목표

초등학교 교육은 학생의 일상생활과 학습에 필요한 기본 습관 및 기초 능력을 기르고 바른 인성을 함양하는 데 중점을 준다.

1) 자신의 소중함을 알고 건강한 생활 습관을 기르며, 풍부한 학습 경험을 통해 자신의 꿈을 키운다.
2) 학습과 생활에서 문제를 발견하고 해결하는 기초 능력을 기르고, 이를 새롭게 경험할 수 있는 상상력을 키운다.

3) 다양한 문화 활동을 즐기고 자연과 생활 속에서 아름다움과 행복을 느낄 수 있는 심성을 기른다.

4) 규칙과 질서를 지키고 협동정신을 바탕으로 서로 돕고 배려하는 태도를 기른다.

고교학점제가 시행된다 하고 입시가 변한다 하니 혼란스러운 마음이 들 거예요. 그 속에서 본질을 읽어 내세요. 기본이 되는 역량을 파악하셨으면 합니다. 변화하는 교육 시스템은 아이들의 개별성을 존중하며 주도적인 인간으로 성장하기를 바라고 있습니다. 초등 시절의 목표도 같은 맥락입니다. 기본에 충실한 아이들은 입시 제도가 어떻게 바뀌어도 흔들리지 않을 거예요.

Chapter 04

초등 공부습관의 핵심은
공부 자발성 키우기

2020년은 예기치 못한 코로나19 바이러스로 모두가 힘든 한 해를 보냈습니다. 즐거운 학교생활을 고대하던 아이들이 많은 시간 집에서 학교 공부를 하게 되었지요. 비대면 온라인 수업이라는 것도 시작했습니다. 학생도 부모도 불안한 학습 환경에 놓였습니다. 온라인 수업은 교실에서만큼 활발한 활동이 이루어지지 못하다 보니 교사의 피드백이 부족했던 것도 사실입니다. 안타깝게도 아이들 간의 학습 격차는 늘어나고 학습 결손이 증가했습니다.

이 시기 이슈로 등장한 것이 '혼공', '자기주도학습' 열풍이었습니다. '혼공'은 혼자 스스로 공부하는 것을 말합니다. '자기주도학습'은 학습자가 학습 참여 여부를 결정하고 학습 목표 설정, 학습 프로그램 선정, 학습 결과 평가 등 학습의 전체 과정을 본인의 의사에 따라 선택하고 결정하여 행하는 학습 형태를 의미합니다.

교육 환경이 어떻게 변하든 혼자 공부하는 힘은 성적을 유지하고 학습 결손을 막을 수 있는 최상의 공부 방법입니다. 저는 뜻을 같이하는 엄마들과 엄마표 영어 모임을 1년 넘게 이어오고 있어요. 이 모임의 엄마들은 2020년을 돌아보며 코로나가 위기가 아닌 기회였다고 합니다. 모임의 아이들은 영어뿐 아니라 국어, 수학, 독서, 논술 등 다른 과목도 대부분 집에서 합니다. 스스로 공부하는 힘을 기른 거지요. 오히려 코로나로 집에 있는 시간이 늘어나며 자기주도학습 연습을 꾸준히 할 수 있었다고 말합니다.

혼공, 자기주도학습은 코로나 시대이기 때문에 해야 하는 게 아니에요. 단시간에 완성되는 것도 아닙니다. 이미 학업 성적이 우수한 아이들에겐 공식처럼 꼭 필요한 역량이지요. 초등 시절에는 모르는 게 마땅합니다. 공부의 맛보기 시절일 뿐이니까요. 멀리 내다보며 초등 때 다져진 스스로 공부하는 힘은 혼란스러운 사회에서도 묵묵히 공부할 수 있는 내공을 마련해줄 것입니다.

즐기는 공부 만들기

'공부' 하면 어떤 느낌이 드시나요? 학창시절을 돌아보면 저에게도 공부는 어렵고 힘들었다는 생각이 듭니다. 하지만 해야 하니까 성실하게 공부했습니다. 우리 아이들은 어떨까요? 아이에게 "공부하는 거 재미있니?"라고 물어보세요. 공부가 재밌어서 하는 아이는 드물 거예요. 노는 게 더 좋은 나이니까요. 당연합니다. 공부가 귀찮고 하기 싫은 것은 자연스러운 감정이에요. 아이들은 씻는 것도 싫어하고 양치질하는 것도 귀찮아하잖아요. 하물며 어른도 그러니까요.

소수 아이야 공부가 재미있을 수 있겠지요. 제가 학교에서 만난 보통의 아이들은 공부의 재미를 느끼지는 못했습니다. 아니, 12년 동안의 교육 현장에서 공부가 미치도록 재미있어서 하는 아이는 아직 보지 못했습니다. 사람은 하고 싶은 것만 하고 살 수 없습니다. 하기 싫은 것도 인내하며 해내는 건 살아가며 겪어야 할 과정이지요. 그래야 삶에 발전이 있습니다. 다만, 아이들은 크면서 생각이 달라질 거예요. 중·고등학교 가면서 '공부, 이왕 할 거라면 즐기며 하자.'라고 생각할 수 있게 만들어주었으면 합니다.

공부하는 그 과정을 '힘들다'고만 생각하지 말고, 즐길 수 있으면 좋겠어요.
모르는 문제를 해결하고, 새로운 내용을 배워가는 좋은 기회라고 여기면서 공부하는 즐거움을 알아갔으면 좋겠어요.
― 김00, 서울대 의예과 2020학년도 수시 합격생

고등학생이 되면 아이들은 힘들지만 꿈을 위해 견뎌내며 매일 공부합니다. '이 순간만 지나면 나의 꿈을 이룰 수 있다.'라는 희망을 품고 하루하루를 지내지요. 이렇게 버티며 공부하는 힘은 어릴 때부터 습관처럼 하는 공부, 든든하게 믿어주는 부모의 사랑, 할 수 있다는 자신감에서 옵니다.

즐기는 공부를 위해서는 초등 때 부모의 밀당이 중요합니다. 아이의 성격, 성향, 버릇, 지적 수준을 가장 잘 아는 사람은 부모입니다. 내 아이에 맞춰 밀고 당겨야 합니다.

처음 공부습관을 잡기로 마음먹었으면 단호하게 매일 필요한 양을 정해 아이를 당겨주세요. 공부의 양은 아이의 수준에 맞게 정합니다. 아이가 할 수 있는 만큼의 양으로 공부합니다. 그리고 아이의 컨디션에 따라 밀어주세요. 매일 공부습관 잡겠다고 독감 걸린 아이를 책상에 앉히지 마세요. 제가 그런 실수를 했지만요. 공부습관을 잡으며 밀당을 잘해야겠다고 다짐하고는 자가당착에 빠진 적이 한두 번이 아니랍니다. 부모가 마음의 중도를 잘 지키고 아이를 밀고 당겨주세요.

아이가 문제집을 찢어버리고 죄 없는 연필에 화풀이할 만큼 억압받는다고 생각되면 안 됩니다. 공부가 견디지 못할 스트레스로 느껴지면 잘못 가고 있는 거예요. 지금은 조금 힘들어도 해볼 만한 것으로 느끼게 해주세요. 꼭 해야 하는 것, 하고 나면 신나게 놀 수 있는 자유를 맛보는 것으로 인식시켜주세요. 공부하며 작은 성취감들이 쌓이고 쌓여서 자신감을 올려줄 거예요. 그걸로 된 겁니다. 그 마음이 고등까지 유지되며 '피할 수 없으면 즐겨라.'라는 긍정의 마음을 심어줄 거니까요.

공부의 핵심은 자발성

아이가 태어나기 전 선배 엄마들이 육아서를 선물해주었습니다. 임신했을 때 대충 한 번 읽어봤는데 눈에 잘 들어오지 않더군요. 아이가 태어나고 육아는 현실이 되었습니다. 기저귀 가는 법이며 목욕시키는 법이며 어떻게 해야 할지 하나도 모르겠더라고요. 누가 시키지 않아도 육아서를 다시 읽게 되었습니다. 내용이 머리에 쏙쏙 들어오며 아이에게 바로 적용하기 시작했습니다.

내가 필요해서, 내가 하고 싶어서 하는 공부는 이렇게 강력한 힘을 가집니다. 스스로 동기부여를 하고 자발적으로 찾은 지식은 잘 잊히지 않아요. 공부의 핵심은 자발성입니다.

초등 아이들은 공부보다 놀이터에서 노는 게 즐겁습니다. 공부에 대한 내적 동기가 부족합니다. 왜 내가 지금 공부를 해야 하는지에 대한 필요성을 느끼기 어려워요. 자발성은 더욱더 생기기 힘듭니다. 중·고등학교 가서도 꿈이 없는 아이들이 많은데, 초등은 오죽할까요. 내적 동기가 부족한 아이를 습관 형성을 통해 자발적으로 공부할 수 있게끔 하는 게 초등 때 공부습관을 잡는 이유입니다.

> 올림픽 마라톤 금메달리스트 황영조 선수는 경기 중에 포기하고 싶다는 생각보다는 출발 직전에 포기하고 싶다는 생각이 훨씬 강하게 든다고 말한 적이 있다.
> 일단 공부가 궤도에 오르면 그럭저럭 진행하게 되는 법.
>
> — 김영민, 《공부란 무엇인가》

아이들은 공부할 동기가 생기기 어려우니 매일 습관의 힘으로 동기를 만들어줄 수 있습니다. 일단 공부를 시작하고 하나둘 습관이 쌓이면 '나는 할 수 있다.'라는 자신감을 맛봅니다. '내가 해냈다.'라는 성취감을 느끼지요. 저축해온 자신감과 성취감은 중·고등학교에서 공부를 해볼 만한 것으로 생각하는 원천이 됩니다. 지금까지 공부해온 것이 있으므로 어려운 공부도 습관처럼 이어서 할 수 있습니다. 공부의 궤도에 올라 공부를 일상처럼 이어갈 수 있습니다. 나아가 고등 시절 진짜 공부를 할 때 자발성으로 발휘될 것입니다.

초등 시절은 기본을 닦고 성취감을 차곡차곡 적금통장에 넣는 시기입니다. 옆에서 잘하고 있다고 칭찬하고 믿어주세요. 그것도 틀리냐며, 글씨가 엉망이라고 타박하지 마세요. 처음에는 부모가 이끌어주지만 점점 아이가 스스로 할 수 있도록 해주세요. '네 공부는 네 것, 네 인생은 네 것'이라는 신념을 심어주세요. 공부에 대해 주인의식을 심어주며 점점 주도권을 아이에게 넘겨주세요. 아이에게 주도권이 넘어간 후에는 두둑하게 쌓인 자신감통장에서 자신의 역량을 하나씩 발휘하며 공부하게 될 거예요.

스스로 동기부여를 잘하고 자발성이 있는 사람은 비단 공부뿐 아니라 사회에서도 자기 구실을 하며 살리라는 걸 우리는 알고 있습니다. 정성스럽게 들인 공부습관은 자기 삶을 주체적으로 사는 사람으로 자라게 할 것입니다.

Part 2

기본은 학교 공부다 : 학생부를 대비하는 초3의 공부습관

학생부에 우리 아이의
모든 것이 담겨 있다

학생부는 '학교생활기록부'입니다. 용어 그대로 아이의 학교생활
을 기록해놓은 문서지요. 공부의 기본은 학교 공부인 만큼 학생부를
정확히 이해해야 합니다. 학생부를 제대로 알고 학교생활에서 중요
한 공부와 생활습관을 지혜롭게 판단하세요.

내 아이의 종합 성장 보고서

학생부란 학생의 학교 생활태도 및 학습 성장 변화를 담아내는 학
생 종합 성장 보고서입니다. 학생의 학업 성취도와 인성 등을 종합
적으로 관찰·평가하여 학생지도 및 상급학교의 학생 선발에 활용할

수 있는 법적 자료입니다.(초·중등 교육법 제 25조) 선생님은 아이의 성장, 학습 태도, 신체적 발달까지 상시 관찰하며 누적 기록합니다.

과거엔 생기부, 학적부란 말로 불렸습니다. 1995년 5·31 교육개혁안에 따라 학생의 학교생활을 총체적으로 기록하는 형태의 종합 기록부를 도입하며 학교생활기록부로 명칭을 변경하였고, 이를 줄여서 학생부라고 부릅니다. 학생부에는 아이의 교과목별 성적뿐 아니라 성격 및 품성 등 학교생활의 전반적인 내용이 담겨 있습니다. 학생부는 상급학교의 학생 선발에 활용하기 위한 목적으로 쓰이기에 대학 입시에서도 매우 중요한 역할을 합니다. 입시에도 직결되는 자료이므로 선생님들은 학생부 기재에 공정성을 다합니다. 학생의 단순 평가가 아닌 개별성을 중요시합니다. 학교에서 실시되는 활동에 학생의 행동을 수시로 살펴 교육부령이 정하는 사항에 대하여 교육부령이 정하는 기준(초·중등 교육법 제25조)에 따라 객관적인 입장에서 인성, 태도, 학업 성과, 노력 정도를 작성합니다.

학생부에 기재되는 사항을 학교 급별로 자세히 살펴보겠습니다.

초등학교 학생부에 기재되는 항목

초등학교 학생부에는 인적·학적 사항, 출결 상황, 교과 학습 발달 상황, 창의적 체험 활동 상황, 행동 특성 및 종합 의견 항목이 기

| 학교별 학생부 항목 |

학생부 항목			초등학교	중학교	고등학교	대입 반영
교과	교과 학습 발달 상황	성취도	○	○	○	○
		과목별 세부 능력 및 특기사항		○	○	○
비교과		인적·학적 사항	○	○	○	×
		출결 상황	○	○	○	○
		수상 경력	×	○	○	×
		자격증 및 인증 취득 상황	×	×	○	×
	창의적 체험 활동 상황	자율 활동	○	○	○	○
		동아리 활동		○	○	○
		진로 활동	○	○	○	○
		봉사 활동	○	○	○	○
		독서 활동 상황	×	○	○	×
교과+ 비교과		행동 특성 및 종합 의견	○	○	○	○
		자유학기 활동	×	○	×	×

• 대입 반영은 2021년 현 고1부터 적용(2024학년도 대입)

재됩니다. 총 다섯 항목입니다. 중·고등학교에 있는 수상경력, 독서 활동, 자격증 및 취득 상황은 초등학교에서는 기재하지 않습니다.

인적·학적 사항

❶ 학생 정보	성명 : 성별 : 주민등록번호 : 주소 :
❷ 학적 사항	년 월 일 □□초등학교 제1학년 입학(년 월 일 전출) 년 월 일 ○○초등학교 제2학년 전입
❸ 특기사항	

① 학생 정보에는 학생의 성명, 주민등록번호 및 주소 등이 기록되어 있어요. 주소를 누가 기록하여 아이의 거주 관계를 이해하는 자료로 활용됩니다. 개명을 하거나 주소지가 변경된 경우 담임 선생님에게 증빙서류를 제출하여 변경사항을 꼭 알려주세요.

② 학적 사항에는 아이가 해당 학교에 입학하기 전에 졸업한 학교의 이름, 졸업 연월일 및 재학 중 변동이 있는 경우 그 날짜 내용 등이 기록되어 있어요. 전학 등의 학적 변동이 있을 때도 변동 사항이 적혀 있어요.

③ 학적 변동이 『학교폭력 예방 및 대책에 관한 법률』 제 17조의 조치사항에 따른 경우에는 그 내용도 적혀 있어요. 학교폭력의 가해자의 조치사항이 있거나 전학 한 경우가 있다면 특기사항에 기재됩니다.

출결 상황

학년	① 수업일수	② 결석일수			지각			조퇴			결과			③ 특기사항
		질병	미인정	기타	질병	미인정	기타	질병	미인정	기타	질병	미인정	기타	
1														

출결 상황에는 학생의 학년별 출결 상황 등이 기재되어 있습니다.

① 수업 일수는 『초 · 중등교육법 시행령』제 45조에 따른 수업 일수가 적혀 있어요. 학생은 수업 일수의 3분의 2이상 출석해야 다음 학년으로 올라갈 수 있습니다.

② 결석 일수는 아이가 학교에 출석하지 않은 일수를 뜻합니다. 학교장의 허가를 받아 교외체험학습을 신청한 경우에는 학교가 정한 기간 안에 출석으로 인정합니다. 대신 체험학습의 내용은 학생부의 어떤 항목에도 기재되지 않아요.

출결 상황을 살펴볼 때 '미인정' 결석이나 결과가 있는지 꼭 확인하세요. 미인정 결석은 학교의 허가 없이 출석 거부, 태만, 기타 합당하지 않은 사유로 결석한 경우를 말해요. 미인정 결과는 출석은 했지만 수업 시간을 무단으로 이탈한 경우에 해당합니다. 출결은 입시에서도 가장 신경 써야 하는 부분 중 하나이니 초등부터 정확하게 점검해주세요.

③ 특기사항은 개근, 장기결석, 단기결석, 기타결석 등의 내용이 적혀 있어요. 반복적인 지각, 조퇴, 결과에 대한 내용이 기술됩니다. 『학교폭력 예방 및 대책에 관한 법률』제 17조 조치사항에 따라 결석한 경우에 미인정 결석으로 특기사항에 입력됩니다. 학교폭력과 관련된 기재 내용은 조치에 따라 학년이 끝나거나 졸업 후 삭제되기도 합니다.

창의적 체험 활동 상황

학년	❶ 창의적 체험 활동 상황	
	영역	❷ 특기사항
	❸ 자율 활동	
	❹ 동아리 활동	
	❺ 진로 활동	
	❻ 안전한 생활	

학년	❼ 봉사 활동 실적				
	일자 또는 기간	장소 또는 주관기관명	활동 내용	시간	누계시간

① 창의적 체험 활동은 교육과정을 근거로 자율 활동, 동아리 활동, 진로 활동, 봉사 활동이 적혀 있습니다. 안전한 생활은 초1, 2만 해당되는 활동입니다. 초등학교는 중·고등학교와 달리 자율 활동, 동아리 활동은 통합하여 특기사항에 적혀 있고 진로 활동은 별도로 구분되어 있습니다. 봉사 활동 영역에 특기사항은 따로 없고 학교에서 한 실적이나 개인이 한 봉사 실적이 시간으로 입력됩니다.

② 특기사항은 학생의 활동 실적, 활동 과정, 진보의 정도, 행동의 변화 등을 종합적으로 보여줍니다. 활동명만 적는 것이 아닌 학생의 개별성을 염두에 두고 내용이 서술되어 있어요.

③ 자율 활동은 학교에서 하는 입학식, 졸업식, 종업식, 발표회, 자치회의, 반장선거 등의 활동이 포합됩니다. 반장, 부반장, 회장

등의 임원활동도 자율 활동에 기재됩니다. 학생의 적극적인 태도, 친구들과 협력한 정도, 활동 실적, 행동 특성이 개별적으로 기록됩니다.

④ 동아리 활동은 정규교육과정 내 동아리 중 연간 1개의 동아리 활동에 참여할 수 있어요. 동아리 활동 중 학생의 참여도, 협력도, 열성도, 특별한 활동 실적을 참고하여 실제적인 활동과 역할 위주로 기록됩니다.

⑤ 진로 활동은 학생의 특기, 진로희망과 관련된 노력과 활동, 진로와 관련된 각종 검사를 바탕으로 한 특기사항이 적혀 있어요. 학생, 학부모와 상담한 내용도 포함됩니다.

⑥ 안전한 생활은 초1, 2학년 아이들이 학교에서 배운 안전수칙과 예방 행동을 일상생활 속에서 위험을 예방하고 실천하는 태도를 구체적으로 기술됩니다. 수업 중 평가를 실시하여 그 결과를 서술형으로 기록해요.

⑦ 봉사 활동은 학교교육계획에 의해 실시한 봉사 활동과 학생 개인 계획으로 실시한 봉사 활동의 구체적인 실적을 입력합니다. 학생 개인 계획에 의해 실시한 봉사 활동은 학교장이 승인한 경우만 입력이 가능하기 때문에 담임 선생님에게 미리 계획서를 제출 한 후 허락을 받아야 해요. 보통 1365자원봉사포털(나눔포털)(행정안전부), VMS사회복지자원봉사센터(보건복지부),

DOVOL청소년자원봉사(여성가족부)에 가입 후 봉사 활동을 실시하고 교육정보시스템의 봉사 실적을 연계하여 기록할 수 있습니다.

교과 학습 발달 상황

학년	교 과	세부 능력 및 특기사항
		❶

초등학교의 교과 학습 발달 상황은 각 교과별 성취 기준에 따른 성취 수준의 특성 및 학습 활동 참여도 등을 '세부 능력 및 특기사항'란에 교과별로 문장으로 입력됩니다. 1, 2학년의 〈바른 생활〉, 〈슬기로운 생활〉, 〈즐거운 생활〉 교과는 통합하여 기록됩니다.

① 세부 능력 및 특기사항에서는 아이들의 특성이 보다 구체적으로 서술됩니다. 아이가 수업 중 평가에서 활동한 내용을 중심으로 수시, 상시 관찰한 결과를 담당 선생님이 종합적으로 기록해요. 아이의 수업 참여, 태도, 노력, 교과별 성취 기준에 따른 학습 목표를 위한 자기주도적 학습에 의한 변화와 성장 정도를 중심으로 기술됩니다. 교과별, 학년별, 학급별 평가 계획은 학기 초에 학생 및 학부모에게 공개하는 게 원칙이에요. 평

가 운영 및 방법에 대한 계획은 학교 홈페이지에서 확인할 수 있습니다.

『영재교육진흥법 시행령』제36조 제1항, 제2항에 의거 영재교육기관(영재학교, 영재학급, 영재교육원)에서 수료한 영재교육 관련 내용은 교과의 '세부 능력 및 특기사항'에 기록됩니다. 발명교육센터에서 운영하는 교육과정을 수료한 아이의 교육 실적도 법령에 따라 기록됩니다.

방과후학교, 교내외 대회에서 수상한 실적, 공인어학시험, 도서 출간, 지식재산권은 입력되지 않습니다.

행동 특성 및 종합 의견

학년	❶ 행동 특성 및 종합 의견	

　행동 특성 및 종합 의견은 담임 선생님이 학생을 수시로 관찰하고 누가 기록한 행동 특성을 바탕으로 총체적으로 작성합니다. 담임 선생님은 아이의 장점과 단점을 기록하되, 단점을 입력하는 경우에는 변화 가능성을 입력합니다. 행동 특성 및 종합 의견의 내용은 아이의 학습, 태도, 인성, 특기, 진로 등이 객관적으로 기술되어 있는 것

으로, 일종의 추천서 또는 지도 자료가 될 수 있어요.

행동 특성 중 학교폭력과 관련된 사항은 『학교폭력 예방 및 대책에 관한 법률』제 17조에 규정된 가해 학생에 대한 조치 사항도 입력됩니다.

초등 학생부와 중·고등 학생부의 다른 점

초등부터 고등까지 이어지는 학생부는 큰 틀에서 거의 유사합니다. 중·고등학교에서는 초등학교의 인적·학적 사항, 출결 상황, 교과 학습 발달 상황, 창의적 체험 활동 상황, 행동 특성 및 종합 의견 항목에 수상경력, 자격증 및 인증 취득사항, 독서 활동, 자유학기활동(중학교)의 항목이 추가됩니다.

1. 초등은 수상, 자격증을 기록할 수 없지만 중·고등 학생부에는 기록할 수 있습니다.

   초등은 학생부에 수상 실적을 적을 수 없어요. 하지만 중·고등학교는 학년 초 학교교육계획에 따라 실시한 교내상을 기재할 수 있습니다. 이때 학교 밖에서 받아오는 교외상은 안 되고, 학교 내에서 실시한 대회에서 수상한 실적만 기재됩니다. 수상경력은 상을 받은 아이들만 기재됩니다. 대회에 나갔는데 상을 못 받은 경우 어떤 항목에도 상에 대한 언급을 할 수 없어요. 중학교의 수상 기록은 지역별로, 학교별로 내신 성적에 반영되기도 합니다. 단, 고등학생의 수상 경력은 학생부에 기록되긴 하지만 지금 초등학생들이 대입을 치를 때는 입시자료로 활용되지 않습니다.

자격증은 초·중학교는 기재하지 않고, 고등학생이 재학 중에 취득한 기술 관련 자격증으로 법령에 의한 국가기술자격증, 국가자격증, 국가공인을 받은 민간자격증을 입력할 수 있습니다. 자격증도 수상 실적과 마찬가지로 대입에는 평가요소가 아닙니다.

2. 초등학교는 성적 산출이 없지만 중학교 2학년부터 고등학교까지는 성적이 산출됩니다.

초등은 과목별로 수치화된 점수가 없지만 중·고등학교는 과목별 성적일람표에 점수가 표시됩니다. 과목별 성적 일람표는 매 학기말에 작성되며 지필 평가, 수행 평가의 점수를 합산하고 원점수/과목평균, 성취도(수강자수)가 적혀 있어요.

중·고등학교는 과목별 점수와 성취도가 A(성취율90%이상) / B(성취율80이상~90%미만) / C(성취율70이상~80%미만) / D(성취율60이상~70%미만) / E(성취율60%미만)로 제공됩니다. 단 체육,

음악, 미술, 진로, 과학 실험 등의 과목 성취도는 A(성취율80이
상~100%) / B(성취율60이상~80%미만) / C(성취율60%미만)로 표
시됩니다. 고등학교는 더불어 과목별 석차 등급이 아래 표와
같이 1~9등급까지 제공됩니다.

	1등급	2등급	3등급	4등급	5등급	6등급	7등급	8등급	9등급
석차 누적 비율	~4% 이하	4% 초과~ 11% 이하	11% 초과~ 23% 이하	23% 초과~ 40% 이하	40% 초과~ 60% 이하	60% 초과~ 77% 이하	77% 초과~ 89% 이하	89% 초과~ 96% 이하	96% 초과~ 100% 이하

단, 중학교 1학년은 자유학년제로 시험이 없어 이수한 과목의
점수는 표시되지 않으며 성취도에 PASS를 의미하는 'P'가 기
록됩니다. 초등과 비슷하게 '세부 능력 및 특기사항'란에 모든
과목에 대해 각 과목별 성취 기준에 따른 성취 수준의 특성, 학
습 활동 참여도 및 태도, 활동 내역 등이 문장으로 서술됩니다.
초·중·고 모두 학생들의 등수는 없습니다. 따라서 학생들은
자신이 반에서 몇 등인지 알 수 없고, 성취도와 석차 등급만 확
인할 수 있습니다.

- **지필 평가** : '중간 또는 기말고사(1회, 2회고사 등)'와 같은 '일제식 정기고
사'를 의미하며, 중등의 '문항정보표'의 구성에 따라 '선택형', '서답형'으로 구
분합니다.
- **수행 평가** : 교과 담당 교사가 교과 수업 시간에 학습자들의 학습 과제 수
행 과정 및 결과를 직접 관찰하고, 그 관찰 결과를 전문적으로 판단하는 평
가 방법입니다.
- **성취 기준** : 학생들이 교과를 통해 배워야 할 내용과 이를 통해 수업 후 할
수 있거나 할 수 있기를 기대하는 능력을 결합하여 나타낸 활동의 기준을 의
미하며, 학생의 특성, 학교 여건 등에 따라 교육과정 및 교과서 내용을 분석
하여 교과협의회를 통해 재구조할 수 있습니다.

3. 초등은 독서 활동 상황 영역이 없지만 중·고등학교는 독서 활
동 영역이 있습니다.

학년	❶ 과목 또는 영역	❷ 독서 활동 상황

중·고등학교에는 초등에 없는 독서 활동 상황 영역이 있어요.
독서 활동 상황 칸에는 아이가 읽은 책의 제목과 저자의 이름
을 적습니다. 독서 활동 상황은 독서기록장, 독서 포트폴리오,

독서교육종합지원시스템의 증빙 자료를 근거로 담임 선생님이나 교과 선생님이 적어줍니다. 단순 독서가 아닌 교육활동을 전개하였다면 도서명을 포함하여 그 내용을 다른 영역(교과 학습 발달 상황, 창의적 체험 활동, 자유학기 등)에 입력할 수 있어요. 초등은 독서 활동 상황 영역이 따로 없지만 교과 학습 발달 상황이나 행동 특성 및 종합 의견에 기록될 수 있다는 뜻입니다.

4. 중학교 1학년은 자유학기 활동이 있습니다.

자유학기 활동은 중학교에서 학교별로 실시한 자유학기 활동을 영역별 이수 시간과 특기사항을 입력하는 것입니다. 자유학기 활동 상황은 아래 표에서 보는 바와 같이 하위 4개의 영역이 있어요.

영역	활동 내용
진로탐색 활동	학생들이 적성과 소질을 탐색하여 스스로 미래를 설계해 나갈 수 있도록 체계적인 진로학습 기회 제공
주제선택 활동	학생의 흥미, 관심사에 맞는 체계적이고 심층적인 학생 중심의 인문사회, 탐구, 교양 프로그램
예술·체육 활동	학생의 희망을 반영한 다양한 문화·예술·체육 활동
동아리 활동	학생들의 공통된 관심사를 바탕으로 구성된 자발적, 자율적인 학생 중심 활동

학년	학기	❶ 자유학기 활동 상황		
		영역	❷ 시간	❸ 특기사항
		❹ 진로탐색 활동		
		❺ 주제선택 활동		
		❻ 예술·체육 활동		
		❼ 동아리 활동		

자유학기 활동은 학교에서 정규교육과정 내에서 실시한 활동에 대한 시간과 특기사항을 보여줍니다. 아이의 활동 과정 및 참여 정도와 흥미 정도를 종합평가하여 기록됩니다.

자유학년제란?

자유학년제는 중학교 1학년 1,2학기 동안을 자유학기제를 확장하여 운영하는 제도입니다. 자유학기제는 중학교 과정 중 한 학기 동안 학생들이 꿈과 끼를 찾을 수 있도록 토론·실습 등 학생 참여형으로 수업을 개선하고, 진로 탐색 활동 등 다양한 체험 활동이 가능하도록 교육과정을 유연하게 운영하는 제도입니다. (교육부, 2015) 따라서 중학교 1학년 동안에는 중간고사와 기말고사 같은 각종 시험을 보지 않습니다. 오전에는 교과 수업이 주로 이루어지며, 오후에는 자유학기 활동이 이루어집니다. 시험의 부담에서 벗어나 직업을 미리 체험할 수 있는 장점이 있지요. 자유학기 수업은 학생의 실습 및 체험 위주의 참여 수업이 강화되고 과정 중심의 평가가 시행됩니다.

학생부 특징 알아보기

지금까지 초·중·고 학생부 구성을 살펴보았습니다. 초등에서는 가장 기본이 되는 학생부 영역이 구성되어 있습니다. 학생부는 아이의 학습과 태도의 성장을 기록한 문서예요. 학생부가 가지는 특징을 손꼽아 보겠습니다.

첫째, 학생부의 기본은 학교입니다. 학교 정규교육과정 내 활동만 기록됩니다. 학교가 아닌 외부에서 활동한 내용은 학생부 어디에도 기록되지 않습니다. 아이가 학교에서 어떻게 활동하느냐에 따라 학생부의 내용이 풍부해지는 것입니다.

둘째, 학생부는 공정성을 바탕으로 합니다. 부모가 의사, 변호사라서 아이가 대우 받는 경우는 전혀 없습니다. 담임 선생님은 부모의 직업을 알 수가 없거든요. 학생부 어느 항목에도 아이의 가정환경과 배경을 알 수 있는 정보는 존재하지 않습니다. 학생부에는 아이가 선택적으로 듣는 방과후학교 활동 내용조차 기재되지 않습니다. 학생부는 아이가 혹시라도 받을 불이익을 해소하고자 꾸며집니다. 학교 안에서 모든 아이가 공평하게 기회를 제공받고 활동하는 내용이 적힙니다.

셋째, 학생부는 개별성을 존중합니다. 동일한 학년에 같은 활동을 했더라도 학생 개개인의 교육활동을 보다 유의미하게 관찰하여 기록하지요. 단순히 시험의 결과만 적는 것이 아닙니다. 선생님은 교실에서 아이가 수업 중 참여하는 태도, 문제를 해결하는 과정, 독서 습관, 청소하는 모습 등 학교에서 행해지는 모든 활동을 개별적으로 관찰하고 시시때때로 기록합니다. 따라서 학생부만 보더라도 아이가 학교생활을 어떻게 했는지 어떤 분야에 관심과 재능을 가지고 있는지 알 수 있습니다.

학생부는 상급학교 진학을 위한 객관적인 자료이기 때문에 공정성과 신뢰도를 높여 작성됩니다. 학교 내의 활동을 중심으로 아이의 개별적으로 내면화된 성장을 기록합니다. 학생부는 아이의 학교생활에 대한 이해와 아이의 진로를 발견할 수 있는 중요한 자료가 됩니다.

아이가 학년말에 가져오는 통지표만 보지 말고 학생부를 꼭 확인하세요. 선생님이 인쇄해서 가정으로 보낸 통지표는 학생부의 전체가 아닌 부분이기 때문에 최종본이 아닐 수 있습니다. 부모는 나이스학부모서비스를 통해 언제, 어디서든 아이의 학생부를 열람할 수 있습니다. 아이 학교생활에 관심을 가지고 학생부를 열람해보세요. 나이스에서는 성적, 출결, 봉사 활동 내역, 건강기록부 등 아이의 학교생활을 항목별로 모두 확인할 수 있습니다. 또한 학교 안내, 학사 일정, 식단표, 가정통신문 등 아이와 관련된 정보를 간편하게 얻을 수 있습니다. 단, 해당 학년의 학생부는 다음 학년에 열람할 수 있습니다.

더불어 인터넷 홈페이지 〈학교생활기록부 종합지원센터〉에서는 학생부에 대한 궁금증을 즉각적으로 해결할 수 있는 정보를 얻을 수 있습니다.

▸ 나이스 대국민서비스 : https://www.neis.go.kr

▸ 학교생활기록부 종합지원센터 : https://star.moe.go.kr

Chapter 02

핵심 입시 정보 알아두기

아이가 초등학교에 입학하며 적응기를 가진 게 엊그제 같은데 벌써부터 입시를 알아야 한다니 머리가 아프시죠? 기본적인 입시 정보를 읽고 교육의 흐름을 잡으세요. 어차피 공부할 거라면 입시라는 목표를 간과할 수 없습니다. 불안한 마음을 잠재우고 제한된 시간을 효율적으로 쓰기 위해 최소한의 입시 정보는 알아두면 좋습니다.

수시? 정시? 간단한 입시 용어는 알아두자

대학 입시는 크게 선발 시기에 따라 수시와 정시로 나누어집니다. 정시는 11월에 치러지는 수학능력평가(수능) 성적을 중심으로 신입생을 선발하는 방식이고, 수시는 정시 모집 기간 외에 각 대학이 자율적으로 기간을 정해서 신입생을 선발하는 방식이에요. 보통 9월에서 12월 초에 선발이 이루어지며 학생부종합전형, 학생부교과전형, 논술전형, 특기자전형의 4가지로 구분됩니다.

입시는 평가이기에 평가와 관련된 용어가 많이 등장합니다. 내신 성적, 절대평가, 상대평가, 정량평가, 정성평가 등 다양한 용어의 뜻을 알아두면 입시 정보를 읽는 데도 도움이 됩니다. 다음 표를 통해 대입 전형, 평가의 방법과 뜻을 확인해보세요. 딱 이정도면 알고 있으면 웬만한 입시 정보는 파악할 수 있습니다.

학생부 위주 전형의 특징

대학 입시에서 학생부는 가장 중요한 문서예요. 학생부를 중심으로 하는 수시전형이 대입의 70% 정도를 차지하기 때문입니다. 그중 학생부를 평가 요소로 하는 학생부 위주 전형의 비율은 대입의 40%를 차지합니다. 특히 서울 소재 16개 주요 대학의 학생부종합전형의 비율은 40% 내외입니다. 정부가 정시 확대를 요구했어도 학생부종합전형의 중요도는 여전히 절대적입니다. 특히 서울대학교는 2021학년도 학생부종합전형의 비율이 78.1%를 차지하고 있어요.

학생부 위주 전형은 학생부교과전형과 학생부종합전형이 있습니

	입시 용어		설명
대입 전형	일반전형		국가가 권장하는 일반적인 교육과정을 수행한 학생, 즉 일반 학생들을 대상으로 하는 전형입니다.
	특별전형		자격 기준을 마련해 신입생을 선발하는 것으로 특기자, 대학별 독자적 기준, 고른기회 등으로 구분됩니다.
	정원 내/외 전형		모집단위별 모집할 수 있는 최대 인원을 '정원'이라고 합니다. 정원 내 전형은 대학에서 허가된 입학 정원 내에서 선발합니다. 정원 외 전형은 농어촌학생 전형, 특성화고교 졸업자 전형, 특수교육대상자 전형, 차상위계층 등을 말합니다.
수시 모집	학생부 위주 전형	학생부 종합전형	입학사정관 등이 참여하여 학생부 비교과를 중심으로 교과 및 면접 등을 통해 학생을 종합평가하는 전형입니다.
		학생부 교과전형	학생부 교과 성적을 중심으로 정량적으로 평가하는 전형입니다.
	논술 위주 전형		논술을 주된 전형요소로 반영하는 전형 유형으로, 논술고사를 실시해도 학생부 반영 비율이 논술 비중보다 높다면 학생부 위주 전형으로 구분합니다.
	실기 위주 전형		실기를 주된 전형요소로 반영하는 전형 유형으로 특기자전형을 포함합니다.
	수능최저학력기준		대학별로 입시 지원자들에게 정해 놓은 수능 성적의 하한선입니다. 수시로 최고 점수를 받더라도 각 대학에서 설정한 수준 이상의 수능 점수를 얻지 못하면 불합격입니다.
정시 모집	수능 위주 전형		수학능력시험 성적을 주된 전형 요소로 반영하는 전형 유형입니다.
평가	내신		상급 학교 진학과 관련하여 선발의 자료가 될 수 있도록 지원자의 출신 학교에서 학업 성적, 품행 등을 적어 보내는 내용이나 그 성적을 가리킵니다.
	학생부 교과		학생들이 각 교과목의 교육과정을 통해서 얻은 학업성취의 수준입니다. 학생부의 과목별 세부 능력 및 특기사항도 교과라고 할 수 있습니다.
	학생부 비교과		학생들이 교육과정 중 교과 성적 외에 경험한 모든 활동 내용을 말합니다. 학생부의 교과 외 자율, 동아리, 봉사, 진로, 독서 활동 등을 포함합니다.
	정량평가		객관적으로 수량화가 가능한 자료를 사용하는 평가 방법을 말합니다.
	정성평가		전형자료를 토대로 평가자가 그 의미를 찾아 해석하는 평가 방법을 말합니다.
	백분위		영역/과목 내에서 개인의 상대적 서열을 나타내는 수치입니다. 즉 해당 수험생의 백분위는 응시 학생 전체에 대한 그 학생보다 낮은 점수를 받은 학생 집단의 비율을 백분율로 나타낸 수치를 말합니다.
	표준점수		원점수에 해당하는 점수를 상대적인 서열로 나타내는 점수입니다. 즉, 표준점수는 영역 또는 선택과목별로 정해진 평균과 표준편차를 갖도록 변환한 분포 상에서 개인이 획득한 원점수가 어느 위치에 해당하는가를 나타내는 점수입니다.
	절대평가		학생들의 학업 성취도를 절대적인 기준에 따라 평가하는 것입니다.
	상대평가		한 집단 내의 구성원들과 비교한 상대적 위치로써 개인의 학력을 평가하는 것입니다.

출처: 대입정보포털어디가 www.adiga.kr 참조

다.

학생부교과전형은 전국에 있는 대학을 대상으로 보면 가장 많은 인원을 선발하는 전형입니다. 하지만 서울 소재 대학의 선발 비중은 낮습니다. 지금은 서울 상위권 대학에서도 학생부교과전형 선발이 조금씩 확대되고 있기는 합니다. 학생부교과전형은 보통 내신등급을 통해 1차 평가를 하고 이후 면접을 접목하여 신입생을 선발합니다. 경우에 따라 수능최저학력기준을 요구하는 경우도 있어요. 학생부교과전형은 교과 성적을 정량 반영하기 때문에 내신점수가 최우선입니다.

학생부종합전형은 교과 성적과 스펙을 평가 요소로 하는 전형으로, 흔히 '학종'이라 부릅니다. 학종은 내신의 좋고 나쁨으로만 결정되는 게 아니에요. 과목별 석차등급, 세부 능력 및 특기사항(세특), 출결 상황, 행동 특성 및 종합 의견 등 교과와 비교과 영역을 평가합니다. 학생의 학업 역량과 전공 적합성, 인성, 발전 가능성 등을 정성 평가하는 방식입니다. 학생부종합전형도 학생부교과전형과 마찬가지로 대학별로 면접이나 수능최저학력기준을 요구하기도 합니다.

학생부종합전형은 입시에 활용된 이래 '학종 시대'라고 불릴 만큼 입시에서 차지하는 비율이 매우 높았습니다. 학종을 위해 고가의 비용을 지불하고 사설 컨설팅을 받는 일도 많아졌죠. 교육부는 학종의 불공정성에 대한 비판을 받아들여 공정성과 신뢰도 회복을 위해

지속적으로 고민해왔습니다. 학종의 비율이 줄고 정시의 비율이 늘어나고 있습니다. 불필요한 비교과 영역의 기록도 입시에 반영하지 않고 있습니다. 그래도 학종의 중요성은 여전합니다. 학종의 핵심은 우수한 교과 성적, 성실한 학교생활, 진로를 위한 주도적 노력입니다. 이러한 역량들은 꼭 학종을 위한 준비가 아니더라도 초·중·고 학교생활에서 가장 기본이 되는 목표입니다. 초등부터 학종의 핵심에 집중해서 학교생활 습관을 잡으세요. 고가의 컨설팅보다 더 소중한 입시 비결을 품고 출발하는 것입니다.

수능 위주 전형 알아보기

"선생님, 저는 학종으로 대학 갈 거라서 수능 공부는 안할 거예요."

고등학교 1학년을 맡았을 때 반에서 중위권 성적을 가진 아이가 2학기가 시작되며 제게 말했습니다. 입시를 모르고 하는 말이지요. 수능이 존재하는 한 수능은 수시를 준비하더라도 꼭 준비해야 하는 시험입니다.

수능은 대학수학능력시험으로 정시모집 선발의 가장 큰 평가 요소입니다. 뿐만 아니라 수시모집에서 대학별로 수능최저학력기준을 요구할 수도 있기 때문에 절대 포기하면 안 됩니다. 학종에서 서류,

면접 모두 통과했어도 수능최저학력기준을 맞추지 못하면 불합격되니까요. 이것 때문에 수능최저학력기준을 요구하지 않는 학교만 지원하려 한다면 선택의 폭이 확연히 줄어들 거예요.

현재 수능은 국어, 영어, 수학, 한국사, 사회/과학/직업탐구, 제2외국어/한문 여섯 개의 영역이 있습니다. 이 중 영어와 한국사는 절대평가입니다. 즉, 1등급은 90점 이상~100점, 2등급은 80점 이상~90점 미만 등의 식으로 10점 단위로 등급이 나누어집니다. 2022학년도부터는 제2외국어/한문 영역도 절대평가로 바뀝니다. 그리고 영어 영역에는 듣기평가가 포함되어 있습니다.

학종도 그렇지만 교육의 변화에 따라 수능도 변하고 있습니다. 2022학년도 수능은 처음으로 문·이과 통합형으로 치러집니다. 국어와 수학을 공통과목과 선택과목으로 나눠 실시합니다. 대학별 학과별 평가하는 수능 과목이 다르기 때문에 고1 2학기에 선택과목을 고를 때 신중해야 합니다. 수능 볼 과목을 그때 선택해서 고2에 배워야 하니까요.

지금 초등 아이들이 수능을 치를 때쯤이면 또 다른 변수가 생길 거예요. 교육부는 2024년에 '미래형 수능'과 대입 방향을 발표한다고 했습니다. 대입 시험에서 서술·논술형 문항 도입을 적극적으로 고려하고 있는 실태입니다. 미국의 SAT나 ACT, 프랑스의 바칼로레아, 중국의 가오카오 등이 모두 서술·논술형으로 시험을 진행하고 있습니다. 단순 지식을 측정하는 것이 아닌 비판적 사고력, 문제 해결력, 창의력을 요하는 시험은 국제적인 추세입니다. 세계 교육의 방향성이 그렇기에 우리나라 수능도 대변화를 예고하고 있습니다.

수능 품는 학생부

2028년은 2022교육과정, 고교학점제로 고등학교 생활을 3년 동안 해온 아이들이 입시를 치르는 첫 해입니다. 새로운 교육과정과 교육 체제는 입시 패러다임의 전환을 가져올 거예요. 수능도 당연히 변할 겁니다. 하지만 변하지 않는 것이 있죠. 수능의 일반 과목은 변하지 않습니다. 국어, 영어, 수학, 한국사는 없어지지 않습니다. 4차 산업혁명이 도래한다고 갑자기 수능에 컴퓨터 과목이 공통과목으로 채택되지 않는다는 말입니다. 평가 방법이 변할 뿐 기본이 되는 내용은 변하지 않으니 초등에선 기본에 집중하면서 수단적인 부분을 준비하면 됩니다.

초등학생인데 학종도 준비하고 수능도 준비하라고 하는 것 같아 마음이 무거우실 거예요. 복잡하게 생각하지 마세요. 초등이기 때문에 기본에 충실하자는 겁니다. 학종에서 보여주는 학교생활과 수능은 유기적으로 연결되어 있어요. 매해 수능 만점자들이 "교과서 위주로 공부했어요."라고 말하는 진리는 변하지 않습니다. 수능 문제는 고난도의 몇몇 문제 빼고는 학교 수업을 충실히 받은 수험생이라면 해결할 수 있는 수준으로 출제됩니다. 그만큼 학교 공부와 활동에 충실하라는 것입니다.

입시의 변화를 읽으세요. 아이가 학교의 교육 자원을 충분히 활용하고 최선의 노력을 다하는 모습을 갖추게 해주세요. 학교에서 배우는 교과 내용과 활동을 아이만의 지식으로 내면화하는 습관을 들여야 합니다. 그렇게 학교생활을 하다 보면 학생부의 교과와 비교과 내용이 칭찬 일색으로 꽉꽉 채워질 거예요. 학종 준비가 따로 필요하지 않습니다. 초등부터 학교 공부를 최우선으로 하는 공부, 꾸준한 독서는 변화된 입시에서도 좋은 성과를 얻게 해줄 거예요

Chapter 03

초3 공부습관이
고3 학생부에 영향을 미치는 이유

학생부는 초·중·고 학교생활을 보여주는 지표입니다. 고등학교 3년 동안의 학생부 기록은 한 아이의 성적뿐 아니라 교내 활동 기록으로 대학 입시의 평가 자료가 됩니다.

고등학교에 가서 학생부의 교과, 비교과를 잘 만들어야지 하면 이미 늦습니다. 중학교 때까지 책 한 줄 안 읽던 아이가 고등학교 때 학생부 챙기겠다고 독서가 될까요? 초등학교부터 천천히 준비해야 합니다. 학생부에서 중요한 영역과 요소들을 살펴 초등 공부습관을 만들면 고등학교까지 힘들이지 않고도 부러워할 만한 넉넉한 학생부를 채워갈 수 있을 거예요.

교육부가 2019년 11월 28일에 발표한 '대입 공정성 강화 방안'에 따르면, 2024학년도 대입부터는 학교 내 정규교육과정 이외의 모든 비교과 활동을 대입에 반영하지 않는다고 합니다. 방과 후 활동, 자율동아리, 청소년 단체 활동, 개인적으로 수행한 봉사 활동, 독서 활동 영역, 수상 경력 등은 모두 대입에 활용할 수 없습니다. 자기소개서, 교사추천제도 폐지가 됩니다.

하지만 비교과 활동이 줄었다고 중요도가 떨어지는 것은 아닙니다. 정규 동아리 활동, 학교에서 벌이는 봉사 활동, 진로 활동은 여전히 대입에 반영됩니다. 기존 독서 활동 영역은 없어지지만, 교과 세부 능력 및 특기사항과 행동 특성 및 종합 의견에 충분히 활용되기 때문에 대입에도 당연히 평가 요소로 작용합니다.

교육부는 대입의 공정성을 위해 학생부종합전형과 논술 위주 전형 모집 인원이 전체의 45% 이상인 서울 소재 16개 대학에 대해 2023학년까지 수능 위주 정시 전형 비율을 40% 확대하기로 했어요. 정시가 늘어난다고 학생부의 영향력이 사라지는 건 아닙니다. 서울대는 2023학년부터 정시에서 교과 평가를 신설한다고 합니다. 수능뿐 아니라 학생부의 교과 학습 발달 상황을 반영하는 방식이지요. 교과 학습 발달 상황은 교과목의 성취도, 세부 능력 및 특기사항이 해당합니다. 즉, 정시와 학생부종합전형을 함께 평가하는 것으로 해석할 수 있어요.

대입의 흐름은 학교생활의 내실화와 공정성에 집중하고 있습니다. 학교 밖에서 받아온 상장은 대입에 어떤 도움도 되지 않습니다. 우리나라 최상위 대학 세 곳의 인재상을 보면 대학에서 어떤 아이들을 선발하고자 하는지 느낌이 올 거예요. 고등학교에서는 바로 그런 대학의 요구에 맞게 학생부가 꾸며집니다. 대학의 인재상과 실제 대학입시에 반영되는 학생부 영역의 사례를 초3, 고3의 학생부를 비교하며 초등 습관에서 핵심은 무언이지 생각해보겠습니다.

| 서울대 / 고려대 / 연세대 인재상 |

서울대학교 출처 : 2021학년도 서울대학교 학생부종합전형 안내	- 학교 교육과정을 성실히 이수하고 학업 능력이 우수한 학생 - 학교생활에서 적극적이고 진취적인 태도를 보인 학생 - 글로벌 리더로 성장할 수 있는 자질을 지닌 학생 - 다양한 교육적 사회적 문화적 배경과 경험을 지닌 학생 - 사회적 약자에 대한 배려심과 공동체의식을 가진 학생
고려대학교 출처 : 2021학년도 고려대학교 학생부종합전형 안내	- 공감능력, 이타심, 사회적 책임감, 리더십, 협동심을 기반으로 미래 사회에 공헌할 인성을 갖춘 인재 - 도전정신과 성장 욕구를 바탕으로 개척 정신을 갖춘 인재 - 논리력, 분석력, 비판적 사고력을 갖춘 인재
연세대학교 출처 : 연세대학교 홈페이지	- 뛰어난 학업 수행 능력과 학문적 수월성 추구에 대한 열정을 갖춘 자 - 다양한 능력과 개인적 자질을 바탕으로 고교 교육과정에서 경험할 수 있는 여러 활동에 관심을 갖고 적극적으로 참여한 자 - 연세대 건학 이념인 진리와 자유의 정신을 갖춘 리더로 성장할 잠재력이 있는 자

| 대입에 반영되는 학생부 주요 항목 사례 비교 |

		초3 학생부	고3 학생부	핵심 역량
교과영역	교과성적	국어, 사회/도덕, 수학, 과학, 영어, 체육, 예술(음악/미술)	*필수(고1) : 국어, 수학, 영어, 한국사, 통합사회, 통합과학 *선택(고2·3) : 필수 이수 후 일반 선택, 진로 선택 과목을 이수 *고1~고3 : 체육·예술(체육/예술), 생활·교양(기술·가정/제2외국어/한문/교양)	학업성취도 수능교과
	세부능력 및 특기사항	국어 : 여러 가지 독서 감상문의 형식이 있음을 알고, 알맞은 형식으로 독서 감상문을 쓸 수 있음. 수학 : 원의 지름과 반지름의 관계를 스스로 탐구하여 여러 가지 문제를 해결할 수 있으며 소수의 크기를 비교하는 방법을 알고 능숙하게 비교함.	(국어 I) 어휘의 체계와 양상에 대한 이해를 바탕으로 지역 방언과 사회 방언을 담화 상황에 적절하게 활용하려고 노력함. '진로 탐색 독서' 활동에서는 진로 정보 탐색이라는 독서 목적에 따라 본인이 관심 있는 직업인 정보보안전문가에 관한 책에서 신속하게 자료를 수집하는 능력을 보임. 자신의 정보 수집 능력을 활용하여 자료 수집에 어려움을 겪는 친구들을 도와주는 등 적극적인 모습을 보임. (기하와 벡터) '학교 모형을 제작하는 과제'에서 학교의 실측 정보를 바탕으로 축척에 맞게 좌표공간에 제시하고 이를 직선의 방정식과 평면의 방정식으로 표현하였으며, 모형을 만드는 과정에서 효율적이고 창의적인 아이디어를 제시하여 우수한 과제를 제출하는 데 많은 기여를 함.	지적호기심 유의미한 독서 학업에 대한 열정 탐구심 문제해결력
비교과영역	자율활동	학교에서 지켜야 할 기본 생활습관이 잘 형성되어 있고, 학급 일에 책임감을 갖고 임하며, 친구의 좋은 점을 찾아 칭찬해 주며 사이좋게 지냄. 교내 여름 학교 행사(2016.07.22.)에 주인 정신을 가지고 자신이 맡은 역할을 바르게 수행하며, 공중 시설물을 이용할 때 차례를 잘 지킴. (그리기부)(32시간)교내 학예발표회(2016.11.18.)의 전시회를 통해서 느낀 점을 잘 표현함.	학교 축제(2017.05.19.)에서 1부 사회를 맡아 축제의 시작을 매끄럽고 유쾌한 진행으로 모든 이들의 흥미를 돋우었으며, 전반적인 행사 준비 과정에서 '축제 준비 위원'으로 활동하며 성공적 축제를 위해 노력하였으며, 음악공연에서 알토 파트 장을 맡아 파트원들의 참여를 독려하여 환상적인 하모니를 만들어내는 데 큰 기여를 함. 또래드림팀(2017.08.23.-2017.12.29.) 활동에서 또래교사 역할로 멘티의 학업 향상을 위하여 아낌없이 도와주는 모습을 보임.	공동체의식 소통능력 협업능력
	동아리활동		(생명과학탐구반)(96시간) 실험 설계 능력과 데이터 분석 능력이 우수하고, 실험 장비에 대한 기본 지식이 풍부하여 평소 부원들에게 과학 실험 장비의 사용법과 주의 사항을 친절하게 알려줌. 과학의 달 행사 때 해부현미경 조작이 서툰 부원들에게 자신의 사용 경험을 바탕으로 사용법을 안내하고, 분리 시료의 농도 조절이 중요한 전기영동 실험에서 모둠장으로 참여하여 가장 오차가 작은 실험 결과를 도출함.	리더십 책임감 성실성
	봉사활동		*특기사항 미기재 *개인봉사 활동 실적 미반영 *단, 학교 교육계획에 따라 교사가 지도한 실적은 대입에 반영	나눔과 배려
	진로활동		교내에서 실시한 직업적성검사(2017.03.18)를 통해 자신이 예술가형과 진취형의 특성을 좀 더 많이 지니고 있음을 알게 되어 문화를 통한 삶의 질 향상 관련 직업에 관심을 갖고 구체적인 탐색 노력을 하고 있음. 커리어넷 진로탐색(2017.10.25.) 결과 창의력이 높은 것으로 나타났으며 따뜻하고 주변을 돌보는 것을 좋아하는 성품으로 유치원교사, 사육사 등의 직업이 성품과 어울리는 것으로 판단되어 그 방향으로 지도함.	노력하는 자세 잠재력

행동 특성 및 종합 의견	친화력이 좋으며 모둠협력 학습이나 단체생활에서의 리더십이 돋보임. 예습 및 복습, 조사 과제 등에 있어 꾸준히 노력하는 태도가 바람직하며 목표를 이루기 위해 부단히 애쓰는 면이 타의 모범이 되며 학습 활동에 호기심과 열의가 있어 적극 참여함.	외교관이라는 뚜렷한 진로 희망을 가지고 영어 학습에 많은 노력을 기울인 결과 폭넓은 어휘력을 바탕으로 영어 회화에서 다양한 상황 표현력이 탁월함. 진로종합검사 결과와 자신의 꿈이 일치하여 꾸준히 노력하고 있으므로 긍정적인 성장이 기대됨. 독서 활동을 즐겨하며, 독서 감상문, 독서 퀴즈, 독서 감상화 등으로 다양하게 정리하여 독서 활동을 내면화함. 독서 활동에서 관심과 호기심을 자극하는 분야에 대해서는 집중적으로 몰입하여 관련 도서를 찾아 읽고, 자료를 탐색하는 등 지적 호기심과 문제 해결을 모색하는 활동을 즐겨함. 또한 새로운 분야에 적극적으로 도전하는 진취적인 성향과 자신의 관심 분야에 집중적으로 몰입하는 성격으로, 주어진 과제에 흥미를 보이고 어려운 문제를 해결하기 위해 다방면으로 해결 방법을 모색하는 창의적이고 열정적인 모습을 보임.	열정 도덕성 긍정적 태도 자기주도적 학습

출처: <2018학년도 학교생활기록부 기재요령>에서 발췌 편집

표를 살펴보면 대학의 인재상과 학생부의 기재 사항이 일맥상통합니다. 원칙적으로 고등학교 학생부 각 항목에 기재 가능한 글자 수는 500~700자로 제한되어 있습니다. 한 학생의 학생부 자료만 수십 장이 되지요. 하지만 표에서 축약되어 보여주는 사례를 보더라도 초등과 고등이 비슷하다는 걸 파악하셨을 거예요. 초3과 고3을 비교했을 때 학교생활에서 추구하는 역량은 크게 다르지 않습니다.

대입에서 성공하는 학생부가 보여주는 결론은 '학교생활에 적극적인 아이, 학업 능력이 우수한 아이, 인성이 바른 아이'입니다. 초등에서도 바라는 인재상이지요. 이를 위해 아이들이 '매사 능동적인 참여 습관, 기초를 다지는 학습 습관, 존중을 실천하는 생활습관'을 만들 수 있도록 해주세요.

초등 때 주춧돌을 놓고, 중등 때 기둥을 올리고, 고등 때 멋진 집을 완성해봅시다. 강한 바람에도 흔들리지 않고 튼튼하고 화려한 집

이 지어질 거예요. 이제 단단한 주춧돌부터 놓을 준비, 되셨나요? 초등부터 하나씩 하나씩 신경 써서 시작해 봐요.

| 고3 학생부 핵심 역량에 따른 초3 핵심 습관 |

고3 학생부 핵심 역량			초3 핵심 습관
적극적인 학교생활	적극성, 노력하는 자세, 긍정적인 태도, 리더십, 공동체 의식, 책임감, 잠재력	▶	매사 능동적인 참여 습관
우수한 학업 능력	학업 성취도, 지적 호기심, 자기주도적 학습, 학업에 대한 열정, 진취성, 탐구심, 유의미한 독서, 문제해결력	▶	기초를 다지는 학습 습관
바른 인성	협업능력, 나눔과 배려, 도덕성, 성실성, 소통능력	▶	존중을 실천하는 생활 습관

매사 능동적인 참여 습관

학년 말이 되면 담임 선생님들은 1년 동안 함께 생활한 아이들의 모습을 학생부 각 영역에 적기 바쁩니다. 다수의 아이 중 가장 쓸 거리가 많고 칭찬이 가득한 아이는 누구일까요? 단연 학교생활에 매사 능동적으로 참여하는 학생입니다. 교과 성적만 우수한 아이가 아닙니다. 수업 시간에 집중하고 적극적으로 참여하는 아이, 학교 행사에 긍정적인 마음으로 열정을 가지고 참여하는 아이입니다. 실제로 이 아이들의 기록은 교육부에서 제한하고 있는 허용 최대 글자 수가 넘쳐서 줄여야 하는 실정이기도 하지요.

아이에게 학교 교육과정은 소중한 시간임을 알고 열심히 참여하는 습관을 들이도록 하세요. 교과 수업뿐 아니라 자율 활동, 동아리 활동, 봉사 활동, 진로 활동 등 학교에서 행해지는 모든 활동은 배움의 의미가 있습니다. 재미가 없어서 혹은 잘하지 못해서 참여하지 않으면 안 됩니다. 못하더라도 끈기를 가지고 열심히 하는 모습에서 배움의 성장이 일어나니까요. 이미 알아서 쉬운 내용을 배우더라도 적극적으로 활동하고 집중해야 합니다.

학급 반장을 하고 부반장을 해야만 한다는 의미가 아닙니다. 교실에서 내가 맡은 역할에 책임감을 느끼고 최선을 다하는 태도, 수업 시간에 딴청 피우지 않고 선생님 말씀에 집중하는 자세, 예능발표 대회에서 성실하게 연습하며 자신감 있게 발표하는 모습 등이 모두 해당됩니다. 아이 성격이 소극적이고 부끄러움을 많이 타는 것과 상관이 없습니다. 긍정적인 생각을 가지고 학교에서 주어진 활동에 능동적으로 활동하는 습관을 들이세요.

이렇게 들인 습관은 즐거운 학교생활을 만들어줄 뿐 아니라 아이에게도 성장의 동력이 됩니다. 앞으로 생활할 중·고등학교 생활의 기본 자세가 될 것입니다. 진심으로 열심히 학교생활을 하는 모습은 담임 선생님 눈에도 모범적이고 훌륭한 아이로 보일 것입니다. 글자 수 700자가 뭐예요? 1,400자도 부족해서 담임 선생님을 행복한 고민에 빠지게 할 아이가 될 것입니다.

기초를 다지는 학습 습관

고3 학생부는 그야말로 한 권의 책 같습니다. 각 영역에 꽉꽉 채워진 글자들은 아이의 태도, 인성 등의 정성적인 부분을 보여줍니다. 반면, 교과 영역의 교과 성적은 숫자만으로 아이의 객관적인 학업 성취도를 보여주지요. 현실적으로 교과 성적은 좋지 않은데 태도만 탁월해서는 상위권 대학에 갈 수 없습니다. 학교 내신도 잘 받아야 하고 수능도 준비해야 합니다. 학생부종합전형을 준비한다고 수능을 손 놓을 수도 없지요. 어느 하나 중요하지 않은 것이 없습니다. 발등에 불이 떨어졌을 때 끄지 말고 지금부터 기본기를 다지면 중·고등학교에서는 여유가 생길 거예요.

학습 습관의 내용 면에서는 수능 필수 과목에 집중하세요. 고등학교의 필수 이수 과목은 국어, 영어, 수학, 한국사, 통합과학, 통합사회입니다. 이 중에 국어, 영어, 수학, 한국사는 수능에서도 필수 영역입니다. 수능에서의 과학과 사회는 아이들의 진로에 따라 선택으로 이루어져요. 국어, 영어, 수학은 초등부터 고등학교까지 위계를 가지고 수업이 이루어집니다. 앞선 개념을 이해해야만 다음 단계의 학습을 할 수 있어요. 특히 수학은 전형적인 나선형 교육과정이기에 한 학년 한 학년의 개념을 정확히 이해하고 가는 것이 중요합니다. 한국사는 객관적 사실을 배우는 것이기에 국어, 영어, 수학만큼 강한 위계성은 띠지 않습니다. 초등 저학년부터 집중해야 할 과목은 국어, 영어, 수학입니다. 매일 국어, 영어, 수학을 공부하며 기본기를 다져야 해요.

학습 습관의 방법 면에서 고등학교 교과별 세부 능력 및 특기사항을 보면 자기주도학습과 문제해결력이 중요합니다. 아직 초등 아이들은 공부하는 방법을 몰라요. 당장 자기주도학습이니 문제해결력이니 하는 것들은 불가능합니다. 공부하는 방법을 배우고 익히는 데 초점을 두어야 합니다. 처음엔 부모님과 함께 공부를 계획하고 실천하고 반성하는 과정을 거칩니다. 점점 아이 주도적으로 공부를 할 수 있도록 해야 합니다.

모든 학습의 기본은 독서가 선행되어야 합니다. 서울대학교에서 발행한 '2021학년도 학생부종합전형 안내' 책자에는 "예비 서울대 학생이라면 독서는 기본입니다."라고 적혀 있습니다. "독서를 통해 생각을 키워온 큰 사람을 기다린다."라는 설명도 있더군요. 입시에 학생부 독서 활동 영역이 사라져도 교과, 비교과의 다른 영역에서 독서 활동을 충분히 보여줄 수 있습니다. 교과 시간에 탐구를 위해 읽은 책, 진로를 위해 읽은 책은 아이의 진취적인 학습 역량을 보여주기에 충분합니다. 수능을 위해서도 독서는 필수이지요. 수능의 국어 지문 중에는 교과서에 없는 것이 더 많습니다. 다년간 쌓아온 독해력과 사고력으로 풀어야 할 문제들이에요. 이러한 것들은 꾸준한 독서 경험이 밑바탕이 되어야 나옵니다.

교과 공부습관, 자기주도적 공부습관 방법, 독서 습관에 관한 설명은 뒤에서 자세히 설명하겠습니다.

존중을 실천하는 생활습관

대학과 미래 사회는 '나 혼자 잘난 사람'을 바라지 않습니다. 아무리 똑똑해도 이기적이고 배려하는 마음이 없는 사람은 어디를 가든 환영받지 못하지요. 학생부종합전형에서는 인성 부분을 매우 중요시합니다. 에듀 동아 기사(2018.04.25.)에서는 학생부종합전형의 인성 평가 항목을 협업 능력, 나눔과 배려, 도덕성, 소통 능력, 성실성의 여섯 가지를 기준으로 삼습니다. 앞서 표에서도 고3의 학생부를 보면 여섯 가지 덕목을 보여주기 위해 활동 내용과 태도를 풀어쓴 것을 확인할 수 있습니다.

학교에서 협동심을 발휘하는 아이, 친구들로부터 좋은 동료로 인정받는 아이, 기꺼이 친구를 도와주는 아이, 규칙을 잘 지키는 아이, 지각하지 않는 아이, 남의 말에 경청하는 아이 등이 바람직한 인성을 가진 아이입니다.

이런 아이들은 본인뿐 아니라 타인을 존중하는 마음이 있습니다. 선생님을 존중하면 선생님을 보자마자 90도 인사가 나옵니다. 선생님을 공경하는 마음이 생기지요. 자연스럽게 수업 시간에도 경청하게 됩니다. 친구를 존중하면 친구의 처지에서 생각하게 됩니다. 친구를 배려하는 마음이 생기고, 도움이 필요한 일은 없나 살피게 되지요. 수업 시간에 지각도 하지 않을 거예요. 나 하나가 지각해서 선생님과 친구들의 학습 시간을 빼앗는다는 걸 알게 될 테니까요.

아이들은 아직 몰라서 못 하는 겁니다. 부모님이 모범을 보이며 이끌어주세요. 가정에서 부모님을 존경하고 형제를 존중하는 마음을 기르도록 해주세요. 타인을 존중하는 마음은 화려하게 적힌 학생부에도 영향을 미치지만, 미래 사회 발전을 주도할 인재로 성장하기 위한 필수 덕목입니다.

Chapter 04

초3, 학생부 교과 영역을 대비하라

초등학교 1, 2학년이 학교생활의 적응기였다면 3, 4학년부터는 앞으로 고3까지 이어질 공부의 기초를 닦기 시작하는 시기입니다. 초3의 학생부에는 수능 영역과 똑같은 과목이 등장합니다. 국어, 수학, 사회/도덕, 과학이 그렇지요. 1, 2학년 때 통합 과목으로 배우던 체육, 음악, 미술도 분화됩니다. 늘어난 과목과 심화된 학습으로 초3이 되면 학습 격차가 벌어지기 시작합니다.

하지만 학교 교육과정은 아이큐가 높은 아이들만 우수한 성적을 받을 수 있는 공부가 아닙니다. 평균 수준의 아이라면 공부하는 방법을 알고 꾸준히 노력하면 높은 성취도를 얻을 수 있어요. 이제 막 공부를 시작한 초등 아이들이기에 무한한 희망이 있습니다. 초3부터 수포자라는 말이 있다니 마음이 아픕니다. 습관으로 기초를 다지면 학교 공부는 충분히 잘 할 수 있습니다.

과목이 늘어나며 학습량도 많아진다니 어떻게 공부해야 할지 갈피가 잡히지 않을 거예요. 아이마다 수준과 성향이 다르지만 현재의 공부에 충실하며 고3이라는 목표를 염두에 두고 공부습관을 잡는 큰 틀을 드리고자 합니다. 고3에서 중요한 공부와 활동은 초등에서도 중요하다는 게 핵심입니다. 어른 못지 않게 아이들에게도 시간은 한정되어 있어요. 꼭 필요한 공부만 열심히 하고 나머지 시간은 마음껏 뛰어 놀았으면 합니다.

이후 챕터부터는 학생부의 교과별 공부습관과 비교과별 활동에서 집중해야 할 내용을 담았습니다. 아이들이 공부에 어려움을 느끼지 않고 '할 수 있다.'라는 자신감을 가지며 공부하기를 바랍니다.

Chapter 05

교과 영역 1 : 국어

전과목 학습의 바탕

"국어를 잘해야 수학도 잘한다."라는 말이 있습니다. 국어는 모든 학습의 토대가 되는 중요한 과목입니다. 학교에서 배우는 학습은 말하기, 읽기, 듣기, 쓰기 등의 형태로 국어를 통해 이루어지고 있습니다. 중·고등학교의 시험문제, 수능은 모두 글로 제시되지요. 수행평가는 보고서 쓰기, 논술문 쓰기, 발표, 토론 등으로, 모든 과목에서 국어 능력이 활용되고 있어요. 학습의 성패가 국어 능력에 있다고 해도 과언이 아닙니다.

우리가 모국어로 쓰는 언어이기에 쉬울 것 같으면서도 어려운 게 국어이지요. 어른이 되어 사회에서도 보고서 작성, 발표 능력이 탁월하면 유리한 점이 많습니다. 국어 능력은 학교에서 배우는 국어시간의 학습 활동을 바탕으로 생활과 학습에 필요한 기본적인 능력을 키우는 것입니다. 하지만 국어는 학교 교육과정 외에 가정에서 독서가 필수입니다. 독서는 국어뿐 아니라 모든 과목에 있어 기초가 되는 활동이지요. 초등 공부에서 가장 힘주어야 할 부분은 독서일 정도로 매우 중요합니다.

국어의 최종 목표는 수능 국어영역에서 익숙하지 않은 지문을 빠르게 독해하고 핵심을 파악하여 문제를 정확하게 푸는 것입니다. 수능은 교과서에 있는 지문이 활용되기도 하지만 교과서 밖의 철학, 법, 과학기술 등 전문 분야의 지문이 출제되는 게 특징입니다. '환율의 오버슈팅, 콰인의 총체주의, 민사소송의 판결, 움직이는 물체의 종단 속도 등' 실제 출제되었던 수능 주제를 들으니 어떤 느낌이 드시나요? 머리가 지끈거립니다.

아이들은 1,500자 정도 되는 이 지문을 2분 안에 읽고 글쓴이의 의도를 꿰뚫어야 합니다. 문법이야 외워서 푸는 문제라지만 어렵고도 긴 지문을 읽어내는 힘은 고등학교 때 단기간에 만들어내기 어렵습니다. 주어진 지문을 빠른 시간 내에 독해, 내용 구조화, 추론해야 합니다. 하루아침에 만들어질 수가 없지요. 초등 때부터 꾸준한 독서와 국어 공부습관이 필요한 이유입니다.

수능 얘기를 하니 벌써부터 독해 문제집을 풀며 훈련해야겠다고 생각하지 않았으면 합니다. 초등은 문제 푸는 요령을 배우는 시기가 아닙니다. 지금은 책을 읽고 사고력을 확장해야 하는 시기입니다. 다른 사람의 말을 경청하고 예의 바르게 말하기, 읽은 내용을 간추려 보기, 글쓰기에 자신감을 갖는 게 초3 국어 공부의 목표입니다. 학교에서 배우는 교과서를 기본으로 독서, 글쓰기, 말하기, 어휘력 신장에 초점을 두세요.

그렇게 독서를 날마다 밥 먹듯이 하며 학교 공부로 한 단계 한 단계 실력을 쌓는 것입니다. 초6이 되면 논리적인 토의·토론하기, 타당한 근거를 들어 글쓰기, 문학의 다양한 해석이 가능해질 거예요.

기본은 교과서

교과서는 모든 과목의 기본입니다. 국어도 마찬가지예요. 제 학년의 교과서 내용을 충분히 이해하고 설명할 수 있으면 잘 따라가고 있는 겁니다. 국어 교과서의 구성은 제시된 지문이 있고 지문의 내용을 제대로 이해하고 있는지 확인하는 서너 개의 문제가 나옵니다. 단원이 바뀌어도 형식은 거의 같으며 필요에 따라 선생님이 활동지를 추가하기도 합니다.

아이의 교과서를 자주 확인하세요. 국어 수업이 있는 날 꼬박꼬박 확인하면 더욱 좋습니다. 혹시라도 빈 칸이 있거나 답을 정확하게 적지 못한 문항이 있다면 다시 풀 수 있도록 해주세요. 교과서를 학교

| 초등 국어 학년별 교과서 단원명 |

학년	1학기(가)	2학기(가)
3	0. 책을 읽고 생각을 나누어요 1. 재미가 톡톡톡 2. 문단의 짜임 3. 알맞은 높임 표현 4. 내 마음을 편지에 담아 5. 중요한 내용을 적어요	0. 책을 읽고 생각을 나누어요 1. 작품을 보고 느낌을 나누어요 2. 중심 생각을 찾아요 3. 자신의 경험을 글로 써요 4. 감동을 나타내요
4	0. 책을 읽고 생각을 나누어요 1. 생각과 느낌을 나누어요 2. 내용을 간추려요 3. 느낌을 살려 말해요 4. 일에 대한 의견 5. 내가 만든 이야기	0. 책을 읽고 생각을 나누어요 1. 이어질 장면을 생각해요 2. 마음을 전하는 글을 써요 3. 바르고 공손하게 4. 이야기 속 세상
5	0. 책을 읽고 생각을 넓혀요 1. 대화와 공감 2. 작품을 감상해요 3. 글을 요약해요 4. 글쓰기의 과정 5. 글쓴이의 주장	0. 책을 읽고 생각을 넓혀요 1. 마음을 나누며 대화해요 2. 지식이나 경험을 활용해요 3. 의견을 조정하며 토의해요 4. 겪은 일을 써요
6	0. 책을 읽고 생각을 넓혀요 1. 비유하는 표현 2. 이야기를 간추려요 3. 짜임새 있게 구성해요 4. 주장과 근거를 판단해요 5. 속담을 활용해요	0. 책을 읽고 생각을 넓혀요 1. 작품 속 인물과 나 2. 관용표현을 활용해요 3. 타당한 근거로 글을 써요 4. 효과적으로 발표해요

에 두고 다닌다면 같은 교과서를 한 권 더 사서 가정에서 복습용으로 문제를 풀어도 좋습니다. 선생님이 따로 준 학습지가 있다면 그것도 꼼꼼하게 챙겨서 다시 한 번 살펴보는 시간을 갖도록 하세요.

단원 평가는 교과서를 바탕으로 이루어집니다. 담임 선생님의 재량으로 학급별로 실시되기 때문에 시기, 문항 수, 횟수가 학급마다 다릅니다. 단원 평가를 위해 문제집을 풀 필요는 없어요. 단원 평가 문제는 모두 수업 시간에 선생님과 함께 한 학습 활동에서 나옵니다. 교과서에서 완전히 이해하지 못했던 부분만 점검해보면 됩니다. 단원 평가 한두 문제 틀린다고 큰일 나는 거 아닙니다. 아이가 80% 이상 정답을 적어냈다면 잘 하고 있는 겁니다. 대신 틀린 문제는 왜 틀렸는지 꼭 다시 한 번 살펴보는 습관을 들여야 합니다.

단원 평가에서 아이들은 실수로 틀렸다는 말을 자주 합니다. 아는 문제인데 문제를 잘 못 봐서 답을 잘못 골랐다는 거지요. 빨리 풀어버리고 재검을 하지 않으니 일어나는 실수입니다. 고등학생들도 그런 안타까운 실수를 자주 하니 초등부터 덜렁대지 않도록 잡아주세요. 문제 빨리 푼다고 백 점 맞는 거 아니니까요. 단원 평가 같이 공식적인 평가에서는 꼭 문제를 꼼꼼히 읽고 풀고 재검하며 푸는 습관을 들여주세요.

독해력 키우기

독해력은 글을 읽고 이해하는 능력입니다. 글을 읽을 때 문자만 읽는 것이 아닌 중심 내용을 파악할 수 있어야 합니다. 모든 과목의 교과서는 글로 되어 있어요. 독해력이 부족하면 국어뿐 아니라 다른 과목의 내용도 이해하지 못합니다. 수업을 따라 갈 수가 없어요. 교과서의 내용을 이해하지 못하니 수업에 집중력이 떨어지고 학습 결손이 올 수 있습니다. 반면 독해력이 뛰어난 아이들은 선생님의 설명을 척척 알아듣고 수업에 주도적으로 참여합니다.

초3만 되어도 아이들의 독해력 차이가 어마어마하게 납니다. 짧은 시간에 자극적인 영상 노출에 익숙한 아이들은 교과서 한 쪽짜리 지문도 읽기 어려워합니다. 글이 길어질수록 이해하기가 어렵습니다. 같은 초3이어도 300쪽짜리 문학책을 읽는 아이가 있는가 하면 아직 줄글 책을 못 읽는 아이도 있습니다.

탄탄한 독해력은 단기간에 형성되지 않습니다. 독해력은 어릴 때 형성된 독서 습관이 고등까지 꾸준히 이어질 때 길러집니다. 주변에 독해 문제집을 따로 몇 권 풀지도 않았는데 수능 국어 영역에서 만점을 받은 아이들의 사례, 들어보셨지요? 그런 아이들의 공통점은 어려서부터 해온 꾸준한 독서 습관을 들 수 있습니다. 제 학년의 수준에 맞게 책의 두께가 두꺼워지고 내용이 점점 깊어지도록 다독을 실천해왔습니다.

독서를 생활화하며 하나의 즐거운 취미로 삼을 수 있도록 습관을 들여야 합니다. 책을 읽고 내용을 이해하고 자신의 것으로 만들어 가는 과정을 매일 쌓고 쌓아야 합니다. 그렇게 키워진 독해력은 아이의 초·중·고등학교 공부를 즐겁고 적극적으로 할 수 있게 만들어줍니다. 나아가 어휘력, 의사소통 능력, 정보 처리 능력 등에 도움을 주며 전 과목 학습 능력을 향상시킬 거예요. 독서에 대해서는 뒤에서 좀 더 자세하게 다루겠습니다.(164쪽)

독해력 향상을 위해 독서뿐 아니라 독해 문제집을 활용할 수 있습니다. 단, 독해 문제집을 풀기로 했다면 몇 가지 주의 사항을 기억하고 활용하세요.

첫째, 독서가 선행되어야 합니다. 우리의 주식이 밥인 것처럼 독해력의 주식은 독서입니다. 독해 문제집은 반찬입니다. 밥은 꼭 먹어야지만 밥 없이 반찬만 먹진 않잖아요. 독서가 먼저이며 독해 문제집은 독서를 보조하는 역할입니다.

둘째, 교과서 내용을 모두 이해했다는 전제 하에 해야 합니다. 교과서 내용은 아이의 독해력을 키우는 가장 기본이 되는 교재입니다. 교과서 내용을 이해하지 못하고 활동지에 오답인 문제가 많은데도 독해 문제집을 푸는 건 방향이 잘못된 거예요. 교과서를 모두 이해하고 욕심을 조금 내어 독해력 신장에 힘쓰고 싶을 때 문제집을 선택하세요.

셋째, 하루 5분 내로 끝냅니다. 독해 문제집을 풀기로 했다면 하루에 딱 5분만 투자합니다. 시간 여유가 있다면 그 시간에 독서를 더 하세요. 독해 문제집은 아이가 질리지 않게 잠깐 하는 게 비법입니다.

독해 문제집을 하루 5분만 하라고 하니 효과가 궁금하실 거예요. 독해 문제집의 역할은 독서로 채워지지 않는 부분을 보충한다고 생각하세요. 독서는 평생 가져가야 할 습관입니다. 읽은 책에 관해 문제를 풀며 독해력을 확인하려 하지 말고 차라리 독해 문제집으로 독해 실력을 확인하라는 것입니다. 이왕이면 아이의 독서 시간에 접하지 않았던 분야의 글이 담긴 문제집을 선택하세요. 만약 문학 책을 많이 읽는 아이라면 비문학 지문이 많은 독해 문제집을 활용하면 좋습니다.

물론 교과서 내용을 완벽히 이해하지 못했다면 교과서 학습의 완성을 기본으로 삼아야 합니다. 독해 문제집은 선택일 뿐이니 가정에서 아이의 수준에 맞게 선택하세요.

글쓰기 실력 키우기

초등 3, 4학년의 글쓰기 목표는 기본적인 쓰기의 방법을 익히고 여러 종류의 글을 문단 형태로 쓰는 것입니다. 1, 2학년까지는 서너 줄의 문장 형태의 글쓰기를 했을 거예요. 일기도 써봤을 겁니다. 3학년이라고 글쓰기 실력이 확 늘지 않습니다. 친숙한 소재를 가지고 자신감 있게 쓰도록 하는 게 초3 글쓰기의 목표입니다.

국어 교과서만 보더라도 아이들은 이미 문장 쓰기 훈련이 되어 있습니다. 단답형 문제가 아닌 서술형 문제가 많기 때문이에요. 서술형 문항은 학년이 높아질수록 쓰는 양이 많아지고 논술형 문항까지 등장합니다. 글쓰기 실력이 곧 수행 평가에서 좋은 성과를 얻을 수 있는 역량이 됩니다. 중·고등학교에 가면 서술·논술형 수행 평가가 전 과목에서 최소 20%에서 최대 50%까지 시행됩니다. 글쓰기 실력은 바로 성적과 직결됩니다.

저는 중·고등학교에 있으면서 반 아이들에게 학급일기를 쓰게 합니다. 매일 돌아가며 한 명씩 한 권의 노트에 그날의 일기를 쓰지요. 학급일기 노트를 보면 30명의 글쓰기 실력이 여실히 드러납니다. 중2인데도 아직 초등학생 수준의 글쓰기에서 벗어나지 못한 아이들이 허다합니다. 반면 한 쪽이 모자라 두 쪽까지 일목요연하게 쓰는 아이도 분명 존재합니다.

글쓰기 실력 또한 독해력과 마찬가지로 하루아침에 완성되는 것이 아닙니다. 그렇기에 저는 학교에서도 집에서도 아이들에게 글쓰기는 매일 하도록 합니다. 글쓰기는 독서와도 연계성이 있습니다. 독서를 통해 익힌 어휘와 문장 구조 능력 등을 바탕으로 글쓰기 능력이 신장될 수 있어요. 글쓰기를 잘하려면 매일 책을 읽는 습관이 되어 있어야 효과적입니다.

초3 글쓰기는 A4 한 장 꽉 채운 정도를 원하지 않습니다. 형식은 중요하지 않아요. 흥미를 가지고 자신감 있게 쓸 수 있어야 합니다.

아이들은 아직 글쓰기에 두려움이 있습니다. 두려움을 없애고 뭐라도 쓸 수 있게 하세요. 아이가 주제도 정하지 못하고 갈팡질팡 한다면 초반에는 주제를 정해주면 글쓰기 부담이 적어집니다.

일기 쓰기는 가장 쉽게 할 수 있는 글쓰기 형태입니다. 일기를 매일 쓰려고 하니 "오늘은 뭐 써요?"라는 말이 아이 입에서 나올 거예요. 그럴 경우 대화를 통해 쓰고 싶은 것을 함께 정해 보세요. 꼭 그날 일어난 특별한 일이 아니어도 괜찮아요. '좋아하는 음식, 엄마에게 받고 싶은 선물, 할아버지께 쓰는 편지, 내가 애완동물을 키워야 하는 이유' 등 아이가 평소에 관심 있어 하는 주제를 선정해서 쓸 수 있도록 해주세요. 질문을 수시로 던지면 아이의 사고가 확장되어 쓸거리가 많아집니다. 글의 형식은 수필, 시, 설명문 등 아이가 좋아하는 걸로 씁니다.

아이 글을 보고 있노라면 빨간 펜을 들고 고쳐주고 있은 마음이 들 거예요. 참으셔야 합니다. 지적은 절대 금물입니다. 잘했다고 칭찬해주세요. 그래야 매일 쓸 맛이 납니다. 엄마가 하라고 해서 겨우 글쓰기를 하고 있는 아이를 나무라면 점점 쓰기 싫어집니다. 맞춤법이며 글쓰기 기술은 글을 쓰면서 자연스럽게 고쳐집니다. 시간을 두고 기다려주세요. 처음에는 꾸준히 많이 써보는 것이 목표가 되어야 합니다. 어느 정도 글쓰기가 익숙해지면 그때 가서 분량을 조금씩 늘리는 거예요. 5줄에서 시작했다면 점점 늘려 초3 겨울방학에는 15

줄을 쓸 수 있게요.

중학교에 들어가자마자 보는 국어 중1 논술형 평가는 800자 정도는 쓸 수 있어야 합니다. 중1~3학년이 함께하는 교내 글쓰기 대회에는 1,500자 정도는 거뜬히 쓸 수 있어야 해요. 일주일에 한 번씩 논술 학원을 다녀 단시간에 해결되는 능력이 아닙니다. 매일 글쓰기 습관으로 조금씩 양을 늘리고 글의 내용도 탄탄하게 잡기로 해요.

어휘력 키우기

"갑오개혁이 갖는 역사적 의의를 쓰시오."

중2 한국사 지필고사 시험 문제 중 하나입니다. 반 아이들 중 여럿이 '의의'가 무슨 뜻인지를 몰라 정답을 못 골랐다는 말을 했습니다. 인터넷 신조어는 빠삭하게 알고 있으면서 기본적인 어휘조차 모르는 아이들이 늘고 있습니다. 어휘력이 부족하면 시험 문제를 제대로 이해하지 못하고 문제를 풀 수 없습니다. 어디 그뿐이겠어요? 글쓰기 실력, 독해 능력에도 영향을 줍니다.

어휘력을 키우기 위한 가장 확실한 방법은 독서입니다. 독서를 통해 모르는 어휘에 노출되고 앞뒤 맥락을 통해 어휘를 유추하며 자연스럽게 뜻을 알게 되지요. 책에서 반복해서 등장하는 어휘는 아이의 언어로 자리 잡게 됩니다. 문학책뿐 아니라 신문이나 잡지 등의 짧은 글에서도 어휘력이 늘게 됩니다.

이 외에 어휘력을 향상시키는 세 가지 방법을 소개하겠습니다.

첫째, 국어사전을 활용하세요. 국어사전을 꺼내기 쉽고 항상 보이는 곳에 두어 친숙하게 하세요. 아이가 모르는 낱말이 있을 때 사전을 자주 들춰볼 수 있게 해주세요. 대표적인 국어사전인 〈보리국어사전〉, 〈동아 연세초등국어사전〉을 사용하거나 인터넷 사전을 활용해도 괜찮습니다. 아이가 모르는 어휘를 물어보면 바로 대답해주지 말고 아이에게 직접 사전으로 찾아보라고 하세요. 직접 찾아본 낱말은 기억에 더욱 오래 남을 확률이 높습니다.

둘째, 부모가 의도적으로 다양한 어휘를 사용하세요. 저는 아이와 대화할 때 사자성어, 속담 등을 적절하게 활용해서 말합니다. 아이가 어렸을 때부터 그랬어요. 유치원생일 때는 들어도 무슨 뜻인지 잘 몰랐지만 지금은 역지사지, 일석이조, 마이동풍, 약육강식, 청출어람 등의 기본적인 사자성어를 알게 되었습니다. 부모의 언어는 아이의 어휘력에 영향을 미칩니다. 아이가 말을 배울 때 엄마 말을 똑같이 따라하는 걸 보면 알 수 있어요. 부모가 아이와 함께 있는 자리에서 정치, 경제, 사회 얘기를 자연스럽게 하세요. 아이가 대화에 끼지는 못 해도 풍부한 어휘를 받아들이고 있는 중이랍니다. 아이가 대화에 참여하고 싶어 질문할 때 어려운 용어를 쉽게 설명해주면 더할 나위 없이 좋습니다.

셋째, 한자를 많이 알고 있으면 어휘력 향상에 도움이 됩니다. 한자까지 해야 되나 싶어 부담감이 크시죠? 아시다시피 우리말은 70%가 한자로 되어 있습니다. 한자의 뜻과 음을 알고 있으면 단어의 뜻을 이해하는 데 분명 도움이 됩니다. 한자급수시험을 보라는 게 아닙니다. 한글 독서, 영어 독서, 수학 문제집까지 다 풀고, 아이가 원한다면 시험을 준비해도 됩니다. 한자를 쓸 수 없어도 괜찮아요. 한자를 보고 음과 뜻만 알면 됩니다. 그리고 그 한자가 어디에 활용되는지 일상에서 자주 얘기해주세요. 예를 들어 가족家族은 집 가, 겨레 족의 결합이라는 정도만 알면 됩니다. 문제집으로 한자 실력을 키우려면 급수시험보다 어휘와 결합하여 한자를 설명하는 문제집을 선택하세요.

영어 단어는 달달 외우게 하면서 국어 어휘력은 소홀하게 다뤄지는 부분이 있습니다. 영어 어휘력은 모국어 어휘력을 따라갑니다. 영어 단어의 뜻을 우리말로 번역은 했는데 그 의미를 알지 못하면 달달 외운 영어 단어가 아무 소용이 없겠지요. 독서를 바탕으로, 일상에서의 대화를 통해 우리말 어휘력이 성장할 수 있도록 해주세요. 아이가 어휘를 몰라 시험 문제를 못 푸는 일은 없어야 하잖아요.

바탕은 듣기와 말하기

국어는 의사소통의 도구입니다. 듣고 말하는 활동은 국어와 다른 모든 교과에서 활발하게 이루어지고 있습니다. 아이가 공부를 잘하게 하는 최고의 방법은 뭘까요? 바로 수업 시간에 제대로 듣는 것입니다. 부모님들이 학교 다닐 때나 지금이나 변하지 않는 사실입니다. 아이들은 수업 시간에 잘 들어야 합니다. 선생님이 설명하는 수업 내용에 집중하며 경청해야 합니다.

집에서는 어떤가요? 부모가 말할 때 잘 듣고 있나요? 어른들이 말하는데 자기가 하고 싶은 말을 불쑥 하며 끊지는 않나요? 집에서부터 어른 말에 귀를 기울일 수 있게 습관을 잡아주세요. 부모님이 말할 때는 눈을 맞추고 잘 듣도록 합니다. 상대방에게 예의를 갖추고 잘 듣는 자세는 어릴 때부터 갖추어야 할 기본 자세입니다. 아이들은 자기중심적 사고를 가지고 있기 때문에 바람직한 대화의 방법을 모릅니다. 하나씩 부드럽게 말해주세요. 예의를 지키며 상대방의 말을 먼저 들을 수 있도록 말입니다.

말하기는 아이의 성향에 따라 확연하게 다른 양상을 보입니다. 내성적인 아이들은 발표를 하고 싶어도 선뜻 손을 들고 발표하지 않지요. 괜찮습니다. 억지로 발표하라고 강요하지 마세요. 다만, 발표를 꼭 해야 하는 경우라면 자신감 있게 발표할 수 있어야 합니다. 초등에서도 발표 수업이 많지만 중·고등학교에서의 발표는 가장 활발하게 활용되는 수행 평가 방법 중 하나입니다. 모든 과목에서 자신의 생각과 느낌을 자신 있게 말할 수 있어야 합니다.

부모의 자세가 중요합니다. 가정에서 아이가 의견을 말할 때 호응하고 들어주셔야 해요. 아이가 그린 그림에 신나게 떠들고 있으면 잘했다고 칭찬하고 뭘 그린 건지 질문을 마구 해주세요. 아이가 설명할 때 최대한 집중해서 들어주고요. 말하기는 자신감입니다. '다른 사람이 나를 어떻게 평가할까?'라는 생각이 들기 시작하면 두려워서 입이 안 떨어집니다. 가정에서부터 말하기 자신감이 충만한 아이는 학교에서도 능동적으로 말할 수 있습니다.

또한 아이가 말할 때 논리적으로 차근차근히 말하는 습관을 들일 수 있도록 해주세요. "오늘 학교에서 뭐 했어?"라고 물었을 때 시간 순으로 말을 해보게 한다든지 사건을 중심으로 말하게 하는 식으로요. 다양한 질문을 통해 대답을 유도해주면 좋습니다.

요즘은 말하기 수행 평가 때문에 초등부터 스피치 학원을 다닌다고 합니다. 가정에서 충분히 할 수 있습니다. 대화로 아이의 자신감을 높여주고 자신의 경험과 의견을 정확하게 전달할 수 있으면 됩니다.

아이들이 초등 중학년쯤 되면 친구들과도 휴대폰으로 의사소통하는 횟수가 늘어납니다. 문자는 감정이 섞이지 않은 텍스트이기에 말보다 조심해야 합니다. 인터넷이나 문자, 메시지를 주고받을 때는 상대방의 감정을 상하지 않게 배려해야 한다는 것을 알려주세요. 지금은 특히 초등 고학년만 돼도 SNS나 문자로 고통 받는 아이들이 많습니다. 학교폭력의 온상이 되기도 해요. 따라서 이제 막 문자를 주고받는 아이들에게 매체 언어 예절을 일깨워주세요.

Chapter 06

교과 영역 2 : 수학

기초를 다지는 공부

수학 과목은 수학의 개념, 원리, 법칙을 이해하고 기능을 습득하여 수학적으로 추론하고 문제를 해결하는 능력을 요하는 과목입니다. 수학 문제를 풀며 아이들이 꼭 한 번은 "이 어려운 수학, 왜 배우는 거예요?"라고 묻지요. 사실 수학은 실생활과 직접적인 연관이 있는 교과입니다. 요리를 할 때도 집을 지을 때도 수학적 사고력은 반드시 필요합니다. 더욱 복잡하고 전문화되는 미래 사회에 수학적 사고는 아이들이 사회 구성원으로서 성공적으로 살아갈 기초 역량이 됩니다.

하지만 수학은 어렵습니다. '수학을 포기한 아이들'을 일컫는 '수포자'라는 말이 왜 나오겠어요? 2015년 시민단체 사교육걱정없는세상에 따르면 전국의 초·중·고교생과 현직 수학교사 등 총 9천 22명을 대상으로 설문 조사를 한 결과 초등학생 36.5%, 중학생 46.2%, 고등학생 59.7%가 일명 '수포자'로 집계되었습니다. 학교 급이 올라갈수록 수포자가 늘고 있습니다. 실제 고등학교 교실엔 수학 시간에 다른 과목을 공부하거나 엎드려 있는 학생들이 반은 되니까요.

초3 1학기 수학 교과서 분수 파트가 나오며 아이들은 수학 공부의 첫 번째 고비를 맞이합니다. 초3부터 수포자라는 말이 나오는 시기입니다. 1, 2학년까지는 더하기, 빼기만 하다 3학년이 되어 곱셈, 나누기, 분수, 도형까지 등장하니 갈 길을 헤맵니다. 고3도 아니고 초3이 수학을 포기한다니요? 아직 시작도 안했는데 포기해선 안 됩니다. 수학은 위계성이 높은 교과입니다. 제 학년의 개념과 원리를 단원별로 제대로 학습하지 않을 경우, 다음 학년에서 배울 상위 개념을 이해하기 어렵습니다. 한 번 놓치면 따라잡기가 힘들어요. 초3부터 학업 결손 없이 충분한 학습으로 다지며 공부해야 합니다.

고등에서는 '수학머리가 있는 아이들이 수학 1등급을 맞는다.'고 합니다. 수학머리가 없는 아이들은 제아무리 노력해도 1등급은 어렵다고 해요. 힘 빠지는 말 아닌가요? 현실이 그렇다 해도 수학은 너무나 중요한 과목입니다. '좋은 직장을 얻으려면 영어를 잘해야 하고, 좋은 대학을 가려면 수학을 잘해야 한다.'는 말도 있잖아요. 수학머리가 있는 아이들은 어려서부터 싹이 보이지요. 누가 시키지 않아도 초등 저학년이 원의 넓이를 구하고 근의 공식을 외우기도 합니다.

제 아이는 평범하더군요. 그렇다고 수학을 포기하게 하고 싶진 않습니다. 수학 공부의 목표는 우선은 끝까지 해보는 것입니다. 수학머리가 있는 아이들보다 두세 배 시간이 들더라도 노력하면 할 수 있다는 걸 가르쳐주고 싶어요. 지금의 수학은 부모 세대보다 학습량이 적고 난이도가 많이 낮아졌습니다. 이제는 수학머리가 없어도 제대로 된 공부법과 성실함을 장착하면 내신 1등급도 가능하다는 뜻입니다.

앞으로 학교 교육과정은 더욱 더 머리를 떠나 누구나 공평하게 공부하고 재능을 펼칠 수 있는 평가를 할 거예요. 아이들이 제때 결손 없이 공부한다면 수학 학습에 즐거움을 느끼고 자신감을 가지고 수학 공부를 할 수 있습니다. 절대 포기하면 안 됩니다.

기본은 교과서

교과서는 학교 교육과정을 가장 잘 반영하고 있는 교재입니다. 수학 교과서는 수학과 수학익힘책으로 이루어져 있습니다. 아이들은 수학 교과서로 개념을 배우고 이해한 개념을 확인할 수 있는 문제를 풉니다. 교과서 문제를 풀고 난 후엔 수학익힘책에 제시된 문제

학년	1학기	2학기
3	1. 덧셈과 뺄셈 2. 평면도형 3. 나눗셈 4. 곱셈 5. 길이와 시간 6. 분수와 소수	1. 곱셈 2. 나눗셈 3. 원 4. 분수 5. 들이와 무게 6. 자료의 정리
4	1. 큰 수 2. 각도 3. 곱셈과 나눗셈 4. 평면도형의 이동 5. 막대 그래프 6. 규칙 찾기	1. 분수의 덧셈과 뺄셈 2. 삼각형 3. 소수의 덧셈과 뺄셈 4. 사각형 5. 꺾은선 그래프 6. 다각형
5	1. 자연수의 혼합계산 2. 약수와 배수 3. 규칙과 대응 4. 약분과 통분 5. 분수의 덧셈과 뺄셈 6. 다각형의 둘레와 넓이	1. 수의 범위와 어림하기 2. 분수의 곱셈 3. 합동과 대칭 4. 소수의 곱셈 5. 직육면체 6. 평균과 가능성
6	1. 분수의 나눗셈 2. 각기둥과 각뿔 3. 소수의 나눗셈 4. 비와 비율 5. 여러 가지 그래프 6. 직육면체의 부피와 겉넓이	1. 분수의 나눗셈 2. 소수의 나눗셈 3. 공간과 입체 4. 비례식과 비례배분 5. 원의 넓이 6. 원기둥, 원뿔, 구

를 추가적으로 풀게 되지요. 초등 모든 과정의 수학 수업은 이와 같은 방식으로 진행됩니다.

아이의 수학 교과서와 수학익힘책을 확인해보면 수업에서 배우는 내용을 잘 이해하고 있는지 확인할 수 있습니다. 낙서만 되어 있는지 꼼꼼하게 문제를 풀었는지 교과서를 꼭 확인해보세요. 풀지 못한 문제가 있다면 다시 풀어보고 완전히 이해하고 넘어가야 합니다. 문제집은 교과서를 다 이해한 다음에 활용하는 도구입니다. 교과서 내용은 가장 기초가 되는 학습 내용입니다. 모든 학생이 성취할 수 있도록 만든 문제들이에요. 따라서 수학, 수학익힘책의 내용은 완벽하게 이해하고 있어야 합니다.

초등 수학이야 어른이 보기엔 너무 쉽지요? '이걸 왜 틀리지?'라며 속이 터질 때도 한두 번이 아닐 겁니다. 아이가 틀린다고 야단치지 마세요. 아이는 이제 처음 접하는 개념이니까요. 밥을 처음 지었을 때 기억하시나요? 베테랑 주부들이야 식은 죽 먹기지만, 물 양을 못 맞춰 죽밥을 만들기도 하고 된밥을 만들기도 했습니다. 아이들도 그래요. 처음이니까요. 공부할수록 점점 좋아집니다. 잘할 수 있다는 믿음의 눈빛을 발사해주세요. 개념을 완전히 이해하고 문제도 잘 풀었다면 아낌없이 칭찬도 해주세요. 아이가 '나는 잘하고 있다.'라고 스스로 느껴야 합니다. 그래야 분수, 도형에서도 자신감을 가지고 하고, 이후 공부도 포기하지 않을 수 있습니다.

수학 수업이 있는 날이면 아이와 수학, 수학익힘책을 확인하세요. 선생님이 내주는 숙제는 꼭 해야 합니다. 수학도 단원 평가가 있습니다. 아이가 수업을 잘 따라가고 있다면 단원 평가를 위해 따로 준비할 필요는 없습니다. 대신 단원 평가를 본 후 시험지는 반드시 확인하세요. 실수로 틀린 것인지 개념을 몰라서 틀린 것인지 파악해야 합니다. 개념 이해가 부족한 것이라면 복습을 통해 개념을 완전히 이해해야 합니다.

수학은 공부할 때 무엇보다 개념과 원리를 정확하게 알아야 합니다. 개념에 대한 이해 없이 문제풀이에 몰두하는 암기식 수학 공부는 고등학교에 가서 힘을 발휘하지 못합니다. 초등부터 교과서를 중심으로 각 단원별 기본 개념을 익히는 것이 필수입니다.

문제집으로 실력 다지기

아이가 유치원 다닐 때부터 주변에서 수학 공부에 대해 조언을 해 주었습니다. 유치원 때부터 초등 저학년 때까지 가베, 오르다, 사고력 수학을 해야 한다고요. 수학에 흥미가 붙고 사고력, 창의력이 확장된다고 했습니다. 전문가들이 만든 프로그램이니 수학적 사고력 신장에 얼마나 효과적이겠어요?

그런데 안타깝게도 남들 말만 듣고 저학년 때 사고력 수학 학원에 아이를 떠밀어 보내고 엄마도 아이도 괴로워하는 경우를 많이 봤습니다. 시간이 있고 아이가 좋아한다면 분명 긍정적인 효과를 나타나겠지요. 하지만 여러 수학 활동의 최종 목표를 생각하며 현명하게 선택하시길 바랍니다.

저는 교과 수학에 집중합니다. 수학 공부는 교과서, 교과 문제집, 연산 문제집이면 됩니다. 교과서로 개념을 익히며 수학적 사고력을 높이고 교과 문제집으로 응용력, 문제해결력을 키웁니다. 문장제 문제가 걱정되신다고요? 독서를 잡으세요. 꾸준한 독서는 문장제 문제를 읽고 해석하는 능력을 키워줍니다. 또 교과서와 교과 문제집을 꾸준히 풀다 보면 문장제 문제도 자연스럽게 익숙해집니다.

교과서 내용을 잘 이해하고 있다면 문제집을 한 학기에 한두 권씩 풀어보는 것을 추천합니다. 교과서는 개념 이해와 기본이 되는 문제가 있습니다. 다양한 문제를 통해 개념을 단단히 하고 응용력을 키우고 싶다면 문제집을 활용하세요.

교과 문제집은 난이도에 따라 기본, 응용, 유형, 심화, 경시대회 문제집 등이 있습니다. 아이의 수준에 따라 선택하면 됩니다. 기본은 학교 교육과정과 비슷한 수준으로 꼭 풀어보며, 교과서 내용을 다시 점검할 수 있습니다. 하루 2쪽이면 충분합니다. 학교 진도에 맞게 문제집을 풀면 복습 효과가 있습니다.

기본 한 권을 잘 풀어내고 여유가 된다면 심화 문제집을 풉니다. 심화 문제집은 기본보다 복합적인 개념을 활용해서 난이도가 높은 문제들이 제시됩니다. 심화 문제집은 난이도가 높은 문제를 풀며 감을 잡아보는 것에 목적이 있습니다. 초등 단원 평가는 성취 기준에 따라 문제가 출제되지만 중·고등 수학은 난이도에 따라 문제가 고르게 출제됩니다. 난이도의 상, 중, 하를 매겨 쉬운 문제와 어려운 문제를 내어 다양한 점수 분포가 나올 수 있도록 시험이 치러지지요. 고난도 문제 해결은 상위권 성적을 위해 필요합니다. 초등학생 때부터 조금씩 연습해두면 도움이 될 거예요. 물론 기본 내용을 90% 이상 이해하고 있을 때입니다.

기본 문제집을 잘 풀던 아이도 심화 문제집을 풀면 힘들어할 수 있습니다. 그럴 때는 문제 수를 확 줄여서 한 문제라도 끈기를 가지고 풀 수 있도록 해보세요. 심화 문제집의 모든 문제를 풀지 않아도 됩니다. 아이 수준과 흥미에 맞게 대표 문제만 풀어도 됩니다. 아이가 할 수 있을 만큼의 문제를 집중해서 풀 수 있도록 시도해보세요.

노파심에 말씀드리지만 심화는 양으로 정해서 하는 학습이 아닙니다. 아이의 수준과 컨디션에 따라 조절해야 합니다. 교과서와 수학익힘책, 기본 문제집을 충분히 이해한 뒤에 하는 공부입니다. 아이가 심화 문제집을 풀며 수학이 지긋지긋해지면 안 됩니다. 심화 문제집의 목적은 사고력, 도전의식, 과제집착력, 성취감을 위해 하는 거예요. 하루 한두 문제면 충분합니다.

수학 문제집을 풀고 공부를 하는 것은 오답을 확인하고 다시 풀어보는 것까지가 끝입니다. 아이가 직접 채점하게 해주세요. 아이가 채점을 하며 틀린 문제를 자세히 살펴보며 왜 틀렸는지 생각해보는 계기가 됩니다. 틀린 문제에 대한 해설도 스스로 읽고 이해해보도록 시간을 충분히 주세요. 시간이 걸리더라도 먼저 탐구하고 문제를 해결하는 습관을 들여야 합니다. 아무리 생각해도 잘 모르겠다고 할 때 도움을 받아 해결하도록 합니다. 오답 노트까지 만든다고 하면 금상첨화겠지요. 하지만 초등학교에서 오답 노트가 꼭 필요한 건 아니랍니다. 초등 고학년쯤 되고 수학 공부양이 많아질 때 오답 노트도 시도해보세요.

바탕은 연산

초·중·고를 통틀어 수학 과목을 살펴보면 초등 시절은 연산이 대부분을 차지합니다. 초등 때 사칙연산만 잘 해도 단원 평가에서 좋은 성적을 받을 수 있지요. 또한 초등에서 잡아놓은 연산 실력은 중·고등 시험에서 문제 푸는 속도와 정확도를 가져옵니다. 연산은 수학의 기본이에요. 고난도 문제에서 식을 잘 세워도 연산 실수 하나로 오답을 적어낼 수 있습니다. '연산을 해야 되나, 안 해도 되나?' 의 문제가 아닙니다. 연산은 수학에 있어 반드시 해야 할 기본 공부입니다. 중학교까지도 연산을 계속 하기를 추천합니다.

연산은 매일 반복하며 습관적으로 하는 것이 효과적입니다. 꾸준히 하는 연산은 계산하는 데 자신감을 심어줍니다. 실수를 줄이고 계산하는 속도가 빨라집니다. 연산 공부의 핵심은 아이가 만만하게 하는 데 있습니다. 보통 매일 문제집 한 장이면 충분합니다. 아이마다 받아들이는 강도가 있기에 한 장이 버거우면 양을 줄이고 아이가 할 수 있을 만한 양부터 시작하세요. 중학교까지 해야 하는 연산 공부에 처음부터 너무 힘을 주면 수학을 싫어하게 되는 부작용이 발생합니다.

중학생들과 상담을 해보면 수학을 싫어하는 이유 중 하나가 초등학생 때 매일 비슷한 문제를 수십 개씩 푼 연산이 힘들었다고 얘기하더라고요. 비슷한 유형의 연산은 수학에 대한 흥미를 떨어뜨릴 수 있습니다. 아이에 맞게 양을 조절하고 문제집이나 학습지에 있는 문제를 모두 풀지 않아도 좋으니 유연하게 학습하기를 권합니다.

연산은 단순 계산의 반복 같지만 수학의 개념과 원리를 정확하게 이해해야 합니다. 개념 이해가 먼저 이루어지고 문제를 풀어야 합니다. 개념 없이 하는 암기식 연산은 문제를 계속 풀어 나갈 때 응용력이 떨어질 수 있어요. 예를 들어 곱셈 구구를 공부할 때 암기만 하는 게 아니라 제대로 된 개념을 알고 이해해야 한다는 말입니다. 곱셈 구구의 개념을 이해하면 구구단뿐 아니라 십구단까지도 응용이 가능하지요. 연산 문제를 풀기 전에 시간이 좀 걸리더라도 개념을 정확하게 잡아주세요. 만약 1, 2학년 때 배웠던 더하기, 빼기, 곱셈 구구가 완전하지 않다면 꼭 다시 짚고 넘어가야 합니다.

초등 때는 연산에 자신 있는 아이들이 수학을 좋아합니다. 속도보다는 정확도에 중심을 두고 연산을 조금씩 날마다 공부하도록 해주세요. 스스로 채점하며 뿌듯함을 맛보도록 해주세요.

현명하게 선행학습 하기

선행학습은 학교 진도보다 앞서 배우는 것을 말합니다. 초·중·고 학생 중 수학 선행을 하는 학생의 비율은 어느 정도일까요? 2015년 한국교육개발원이 전국 199개 초·중·고 학생 1만 351명을 대상으로 선행학습 실태를 설문조사한 결과 초등학생은 61%, 중학생은 54%, 고등학생은 36%가 선행학습을 한 것으로 조사되었어요. 특히 고등학생의 7.5%는 초등학교 때부터 고교과정의 수학을 미리 배웠다고 답했습니다.

초등학생 10명 중 6명은 선행학습을 하는 셈입니다. 소위 똘똘한 아이들은 과학고, 영재고, 자사고, 의대를 준비한다고 초등 고학년에 미분, 적분을 공부합니다. 하지만 과도한 선행은 지나친 학습량으로 학업 스트레스를 불러일으키고 극단적인 선택까지 생각하게 만들 수 있어요. 부모의 불안 때문에 아이를 궁지에 내몰고 있는 건 아닌지 생각해봐야 합니다.

남들은 다 선행을 한다니 불안하신가요? 중학교 이후 학년이 올라갈수록 교과 수준이 가파르게 오르고 고등학교에 가면 공부량이 두세 배로 많아지는 게 사실이니까요. '미리 어려운 것을 공부하다 보면 실력이 늘어서 지금 하는 것을 쉽게 느끼지 않을까?'라고 바랄 수도 있습니다. 하지만 지금 배우는 것에 능숙해지지 않으면 선행한 내용은 그저 외우는 셈이 되고 시간과 노력을 낭비하는 꼴이 됩니다.

꼭 선행을 해야겠다면 똑똑하게 하세요. 지금 공부하는 내용을 완전하게 이해해야 합니다. 선결되어야 할 것은 학교 진도입니다. 제 학년의 복습을 철저하게 해서 학습 완성도를 높여야 합니다. 학습 구멍이 없다면 선행학습을 시작해도 좋습니다. 예습 개념으로 다음 학기 교과서를 읽어보고 문제를 푸는 것을 추천합니다. 선행을 하면서도 지금 배우는 학교 공부의 복습은 병행해야 합니다.

아이 수준에 맞춰 선행학습을 진행해야 합니다. 당연하겠지만 선행학습의 형태도 문제를 먼저 푸는 것이 아니라 개념을 꼼꼼하게 잡아야 해요. 교과서의 내용이 파악되었다면 문제집을 활용해서 응용력을 높여주세요. 아이가 힘들어하지 않고 성취감과 자신감을 맛볼 수 있다면 효과적인 선행학습이 되고 있다는 거예요.

선행을 하면 아이들은 완벽하게 알지도 못하면서 앞서 배운 내용이 자신의 실력이라고 착각할 수 있어요. 아는 내용이라며 제 학년의 수업을 제대로 듣지 않을 수도 있습니다. 아무리 교과 내용을 익혔더라도 수업 시간은 가장 중요한 공부 시간이며 선생님 말씀을

새겨들어야 한다고 알려주세요. 초3 교실에서는 중3 문제집을 푸는 아이보다 초3 수학익힘책을 꼼꼼히 푸는 아이가 모범생입니다. 이런 자세는 중·고등학교 가서도 매우 중요합니다. 시험 문제를 내는 사람은 지금 눈앞에 선 선생님이니까요.

수학 흥미도 높이기

수학은 학년이 높아질수록 추상적인 개념이 등장하며 아이들이 어려워합니다. 한 번 잃어버린 흥미는 다시 돌리기 힘들어요. 일상에서 수학의 원리를 자연스럽게 노출하며 수학에 재미를 느끼도록 해주세요. 지금부터 재미도 느끼고 수 감각, 도형 감각, 수학적 사고력, 문제해결력을 키워줄 수 있는 방법을 소개해드리겠습니다.

먼저, 보드게임을 활용해보세요. 저는 아이가 사칙계산을 처음 배울 때 학습지는 하지 않고 〈인생게임〉, 〈할리갈리〉 등의 보드게임을 자주 했습니다. 엄마, 아빠와 하하 호호 웃으며 하는 게임이니 얼마나 재미있겠어요? 더하기, 빼기가 되어야만 하는 게임이기 때문에 게임을 하면서 자연스럽게 계산 실력이 늘었습니다. 요즘 초등 교실에는 다양한 보드게임이 놓여 있습니다. 보드게임은 건전한 놀이이면서 수학적 감각을 키울 수 있는 효과적인 교구입니다. 적극적으로 활용해보세요. 수 감각을 위해서는 〈로보77〉, 〈셈셈피자가게〉, 〈루

미큐브〉, 〈페르마〉 등을 활용할 수 있고, 도형 감각을 위해서는 〈트라이앵글메이커〉, 〈우봉고〉, 〈펜토미노〉 등을 추천합니다. 살짝 복잡한 수학적 사고력을 요하는 보드게임은 〈다비치 코드〉, 〈파라오 코드〉, 〈쿼리도〉 등이 유용합니다.

초3의 '분수가 분수령'이라고 하니 분수를 접하기 전부터 엄마도 아이도 두렵습니다. 분수에 관한 설명을 아이에게 어떻게 해줄까요? 피자가 번뜩 떠오르지 않나요? 아이가 수를 처음 배울 때 손가락, 발가락까지 세어가며 수의 개념을 직관적으로 설명해주었을 겁니다. 귤 하나를 먹을 때도 너 하나, 나 하나 주며 연산의 개념을 자연스럽게 생활에서 익히도록 했을 거예요. 초3도 마찬가지입니다. 피자를 직접 잘라보며 수학적 경험을 할 수 있도록 해주세요. 손으로 만지고 몸으로 느낀 경험은 개념 학습에 효과적입니다. 실생활에서 수학적 개념을 찾아보고 호기심을 갖고 생각할 수 있도록 해보세요. "맨홀 뚜껑은 왜 둥근 모양인가? 오늘 일기예보의 비 올 확률은?" 등의 질문을 통해 일상에서 숨겨진 수학을 발견하고 재미를 느끼도록 해주세요. 수학 원리를 주입식으로 습득하는 것보다 스스로 머릿속으로 생각하고 정리한 개념은 수학적 사고력을 확장시켜줄 거예요.

책은 좋아하는데 수학을 어려워하는 아이들도 있습니다. 이런 아이들에게는 수학 개념을 스토리 형식으로 풀어놓은 수학동화책이 좋습니다. 창작동화처럼 스토리가 탄탄하지는 않지만 스토리에 수학 개념을 녹여 서술하고 있어요. 하지만 책을 읽었다고 개념을 정확하게 이해하는 것은 아니니 흥미를 높여주는 용도로만 활용하세요. 학년이 높아지면 수학자나 수학 원리를 구체적으로 소개하는 책으로 확장해도 좋습니다. 수학에 대한 유익한 정보를 얻는 방법이 될 거예요.

Chapter 07

교과 영역 3 : 영어
읽기와 듣기에 집중

영어는 국제적으로 통용되는 만국 공통어입니다. 글로벌 시대, 지식 정보화 시대에 주요한 의사소통의 언어이지요. 우리는 영어 울렁증에 시달린 세대입니다. 12년 동안 학교에서 영어를 배우긴 했지만 외국인을 만나면 꿀 먹은 벙어리처럼 입이 꾹 다물어집니다. 그래서일까요? 유독 조기교육 열풍을 몰고 다니는 과목이 영어입니다. 말도 못하는 어린 아기에게 영어 영상을 틀어주고, 거금을 들여 영어 유치원을 보내고, 초등학생이 되면 방학마다 외국으로 어학연수를 갑니다. 사교육 시장에서 가장 많은 비용을 투자하는 과목도 영어입니다.

저도 아이가 영어를 잘했으면 좋겠습니다. 내신 점수도 잘 받고 외국인을 만나면 자유자재로 말할 수 있으면 좋겠습니다. 아이가 일곱 살 때 제가 근무하던 교무실에 영어 선생님이 세 명 있었어요. 영어에 한 맺힌 엄마로서 영어 선생님들의 조언을 안들을 수가 없더군요. 선생님들은 베테랑 영어 교사로 본인들의 아이 교육엔 각각 다른 방향으로 조언을 해주었습니다.

A선생님은 학원파, 학교 공부에 최적화된 학원을 보내라고 했어요. 영어는 투자한 만큼 실력을 보장받는다고 했습니다. 본인의 자녀도 대형 어학원을 보내고 있었습니다. B선생님은 독학파, 엄마가 집에서 초등 고학년 아이를 하나하나 챙겨가며 영어 단어를 외우고 문법 공부를 했어요. 우리 때 공부 스타일과 비슷합니다. 학교 내신에 중점을 두는 스타일이지요. C선생님은 독서파, 영어로 된 원서를 읽히라고 했어요. 집에서 하든 영어도서관에 가서 하든 책을 읽히면 문법은 나중 문제고 수능이나 내신은 쉽게 따라간다고 말했습니다. 그 선생님의 자녀는 이미 그렇게 키워 대학생이 되었습니다.

저는 A선생님처럼 매달 수십만 원씩 돈을 쓰기 싫었고 B선생님처럼 아이 영어를 가르쳐줄 수 없어서 C선생님의 방법을 선택했습니다. C선생님이 교무실에서 여가 시간마다 원서를 읽고 계시는 모습이 더 끌렸는지도 모릅니다. 영어 공부에 정답은 없습니다. 가정의 경제 상황, 아이의 성향, 수준에 맞추어 하는 것이지요. 하지만 영어의 최종 목표 중 하나는 중·고등 내신과 고3 때 볼 수능에서 좋은 성적을 받는 것입니다. 아무리 원어민처럼 말을 잘해도 글을 읽고 해석하는 능력이 없으면 좋은 점수를 받을 수가 없습니다.

미국에서 10년 살다 온 아이도 한국에서 영어 시험을 보려면 문법을 공부하는 실정입니다. 중·고등학교 영어 시험의 성격을 파악하고 미리 대비해야 합니다. 초·중·고에서 배우는 영어는 읽기, 듣기, 쓰기, 말하기 영역으로 나누어져 있습니다. 수능에는 듣기와 읽기 영역만 출제되지요. 말하기, 쓰기 수행 평가가 학교에서 시행되기는 하지만 수업 시간에 선생님의 지시를 따르고 준비한다면 충분히 만점을 받을 수 있습니다.

영어는 수능을 염두에 두고 공부해야 합니다. 국어와 마찬가지로 어떤 영역의 지문이 나올지 모릅니다. 어휘력, 독해력, 추론 능력을 길러야 해요. 이러한 능력을 국어에서 독서를 통해 길렀듯이 영어에서도 책을 적극적으로 활용해야 합니다.

물론, 초등 영어교육의 목표는 영어에 흥미를 갖고 자신감을 기르는 것이 우선입니다. 흥미를 가지며 영어에 접근하는 것이 가장 중요합니다. 책이 영어의 흥미를 높일 매개체가 될 수 있습니다. 영어 독서를 통해 영어에 대한 재미도 잡고 중·고등학교 내신까지 대비할 수 있다면 일석이조 아닐까요?

영어는 언어이기 때문에 충분한 노출이 있다면 누구든 듣고, 읽고, 말하고, 쓸 수 있습니다. 모든 과목이 중요하겠지만 초3, 4에 가장 시간을 많이 투자해야 할 과목은 영어입니다. 아직 알파벳도 모른다고 좌절하지 마세요. 절대 늦지 않았습니다. 중3이 된 것도 아니고, 고3이 된 것도 아니니까요.

| 초등 영어 학년별 교과서 단원명 |

학년	1학기	2학기
3	1. Hello, I'm Jinu 2. What's This? 3. Stand Up, Please 4. It's Big 5. How Many Carrots? 6. I Like Chicken	7. I Have a Pencil 8. I'm Ten Years Old 9. What Color Is it? 10. Can You Skate? 11. It's Snowing
4	1. How Are You? 2. This Is My Sister 3. What Time Is It? 4. He Is a Firefighter 5. Is This Your Bag? 6. What Day Is It?	7. Let's Play Soccer 8. It's on the Desk 9. Line Up, Please 10. How Much Is It? 11. What Are You Doing?
5	1. Where Are You From? 2. Whose Drone Is This? 3. Please Try Some 4. What's Your Favorite Subject? 5. I Get Up at Seven 6. Can I Take a Picture?	7. What Did you Do During Your Vacation? 8. She Has Long Curly Hair 9. Is Emily There? 10. Where Is the Market? 11. I Want to be a Photographer 12. I Will Join a Ski Camp
6	1. What Grade Are You In? 2. Do You Know Anything About Hanok? 3. When Is Earth day? 4. How Much Are These Pants? 5. What's Wrong? 6. I'm Going to Go on a Trip	7. You Should Wear a Helmet 8. How Can I Get to the Museum 9. How Often Do You Exercise? 10. Emily Is Faster than Yuna 11. Why Are You Happy? 12. Would You Like to Come to My Graduation?

대교출판사 영어 교과서 수록 단원

기본은 교과서

교육과정에서 영어는 3학년부터 배웁니다. 초등학교에 입학해서 한글을 배우듯 알파벳부터 차근차근 익힙니다. 간단한 인사말을 시작으로 놀이와 활동 위주로 수업이 진행되어 아이들이 흥미를 가지고 수업에 참여합니다. 하지만 같은 3학년이어도 한 교실에서 아이들의 수준 차이는 천차만별입니다. 알파벳을 모르는 아이가 있는가 하면 영어로 된 〈해리 포터〉 시리즈를 줄줄 읽는 아이도 있습니다.

영어 실력이 있다고 생각하는 아이들은 자신감을 가지고 적극적으로 수업을 주도합니다. 그렇다고 주눅들 필요는 없습니다. 학교 수업에 바르게 임하고 교과서 내용을 이해할 수 있으면 됩니다. 기본은 교과서입니다. 선생님에 따라 단어 시험을 보거나 숙제를 내주는 경우도 있어요. 이럴 때는 가정에서 성실하게 준비할 수 있도록 해주셔야 해요. 별 것 아니지만 학교에서 보는 단어 시험에 자신감이 붙고 영어 수업을 재밌게 느끼는 계기가 됩니다.

교과서에서는 각 단원별로 일상생활에서 기초가 되는 말하기와 간단한 문장을 다루고 있습니다. 처음 영어를 접하는 3학년에서는 짧은 문장으로 질문하고 대답하는 과정을 통해 의미를 파악하도록 교육과정이 이루어집니다. 즉, 3, 4학년에는 듣기와 말하기 위주의 수업으로 아이들에게 영어에 대한 흥미와 자신감을 가지도록 수업이 진행됩니다. 읽기와 쓰기는 알파벳, 짧은 단어와 구문을 배워요. 5학년부터는 듣기, 말하기 뿐 아니라 읽기, 쓰기가 본격적으로 병행됩니다. 국어만큼의 분량을 원하는 읽기, 쓰기는 아닙니다. 초등 영어 교육과정에서는 짧은 글을 쓰고 읽는 데 성취 기준을 두고 있습니다.

재미있게 듣기

중·고등학교에서는 학기마다 영어듣기평가를 시행합니다. 20문항이 출제되고 전국의 학생들이 시험을 다 같이 봅니다. 학교마다 수행 평가 점수로 반영하기도 해요. 수능 영어 영역 듣기평가 문항은 총 45문항 중 17문제로, 낮지 않은 비율입니다. 수능 듣기 평가는 독해 문제보다 난도가 낮아 한 문제라도 틀리면 1등급이 어렵다는 말이 수험생들 사이에서는 정설처럼 얘기되고 있습니다.

영어의 모든 영역이 중요하지만 듣기 영역은 가장 기본이 되어야 합니다. 중·고등학생이 되어 영어 듣기만을 위해 공부 시간을 투자할 수도 있겠지만 그 시기는 독해에 쏟아야 할 때입니다. 귀는 단숨에 뚫리지 않습니다. 초등학생 때부터 습관적으로 날마다 조금씩 듣기를 추천합니다.

영어 듣기에는 영어 영상 노출이 효과적입니다. 영상과 함께 소리를 노출하는 듣기를 흘려듣기라고 합니다. 영어로 된 노래, 애니메이션, 드라마, 시트콤 모두 괜찮습니다. 아이가 흥미를 가질 수 있는 분야의 영상을 하루 30분씩 노출해주세요. 여유가 된다면 시간을 더 늘려도 좋아요. 꾸준히 매일 화면을 오디오와 함께 보는 거예요. 단, 한글 자막은 보지 않습니다. 영어 소리에 집중할 수 있게 자막 없는 형태로 보거나 영어 자막을 켜두고 시청합니다.

한글 영상만 보던 아이라면 영어 영상을 거부할 수도 있습니다. 처음부터 너무 어려운 영상을 보여주지 말고 아이 수준과 취향을 고려해서 영상을 선택하세요. 유튜브와 넷플릭스를 활용하면 손쉽게 아이의 취향에 맞는 영상을 고를 수 있을 거예요. 꼭 아이가 좋아하는 영상을 봐야 합니다. 듣기를 하루 이틀 할 게 아니니까요. 영상을 보고 한글로 해석은 하지 않습니다. 간혹 너무 궁금한 단어가 있다면 단어를 영한사전으로 찾는 것은 도움이 됩니다. 하지만 전체를 해석할 필요는 없어요.

아이가 영상을 볼 때는 최대한 편하게 노는 시간으로 인식할 수 있도록 환경을 조성해주세요. 영화관에 온 것처럼 팝콘을 먹으며 봐도 좋고, 부모와 함께 시청해도 좋아요. 다 이해했는지, 무슨 내용인지는 묻지 마세요. 그저 아이가 웃고, 보고, 듣고 있다면 된 겁니다. 아이를 믿고 재밌는 영상을 계속 공급해주세요. 듣기가 익숙해지면 엄마가 묻지 않아도 영상의 내용을 영어로 얘기하는 날이 옵니다.

영어 듣기를 오랫동안 지속한 아이들의 특징은 영어 듣기 시간을 공부라고 생각하지 않는다는 점입니다. 우리 어렸을 때 만화 영화 보며 휴식을 취했듯이 그 아이들에게는 영어 영상을 보는 시간이 노는 시간입니다. 영어 듣기 습관을 처음 들일 때는 엄마가 챙겨야 하지만 나중엔 아이가 재밌어서 알아서 챙겨 봅니다. 수능 영어 듣기 평가요? 꾸준히 영어 소리에 노출된다면 따로 공부하지 않아도 우수한 결과를 가져올 거예요. 물론, 뒤에서 설명할 영어 독서도 필요합니다.

가볍게 말하기

영어를 잘한다는 의미는 뭘까요? 외국인을 만나면 당황하지 않고 자연스럽게 말할 수 있는 거라는 생각이 듭니다. 네, 말하기 중요합니다. 하지만 아이가 태어나 모국어로 '엄마'라고 말하던 때를 생각해보세요. 돌은 지나야 외마디를 말했을 거예요. 제대로 된 문장은 두 돌은 지나야 할 수 있었죠. 논리적인 근거를 들어 말하기는 지금도 부족합니다. 초등 고학년쯤 되어야 토론이 가능하니까요.

영어도 마찬가지입니다. 간단한 회화야 외워서 할 수 있지요. 외워서 논리적인 말하기까지 실력을 쌓을 수 있을까요? 우리 학창시절을 돌아보세요. 6년 동안 영어를 배웠어도 미국 사람을 만나면 얼어버렸지요. 미국 사람보다 단어는 빠삭하게 알고 있지만 간단한 문장조차 말하지 못했습니다. 암기한 영어로는 모국어처럼 논리적으로 말하기 실력까지 끌어올릴 수가 없습니다.

모국어 배우는 원리를 생각해보세요. '엄마'란 단어의 충분한 듣기가 선행된 후 말을 시작했던 아이를요. 영어도 듣기가 쌓이고 쌓이면 자연스럽게 말하기가 됩니다. 읽기와 같이 병행해주면 효과는 더 커집니다. 원어민 회화 수업이나 화상 영어를 하지 않아도 됩니다. 듣기와 읽기를 차고 넘치도록 노출해주면 됩니다. 아이의 성향에 따라 말하는 걸 좋아하는 아이들은 영어 말하기 발현도 빠르게 나타날 수 있어요. 아이가 영어로 말하기 시작하더라도 호들갑 떨며 잘한다고 과도하게 칭찬할 필요도 없습니다. 자연스러운 현상이에요. 1년 정도 꾸준히 영어 노출에 힘쓰고 기다리면 됩니다.

그래도 불안한 마음에 말하기 연습을 해보고자 한다면 책 낭독하기를 권합니다. 교과서도 좋고 짧은 그림책도 좋아요. 하루에 한 권씩 소리 내어 읽도록 해보세요. 아직 읽기가 어렵다면 한 문장이어도 괜찮습니다. 아이 속도에 맞게 문장을 조금씩 늘려 5분 내외로 매일 낭독하면 좋습니다. 대신 낭독할 때 발음이나 속도를 지적하면 안 됩니다. 칭찬으로 아이의 자신감을 올려주시고 낭독에 대해 긍정적인 생각이 들 수 있게 해줘야 합니다.

수능에 말하기 영역은 없습니다. 말하기가 아닌 읽기와 듣기에 집중하세요. 중·고등학교 수행 평가에 말하기 영역이 있긴 합니다. 하지만 수행 평가는 수업 시간에 잘 들었다면 수행할 수 있는 수준의 과제를 제시합니다. 선생님이 설명해주는 평가 항목을 잘 보고 성실하게 준비하면 누구나 만점을 받을 수 있어요. 그런 걱정은 붙들어 매고 읽기와 듣기가 영어 공부의 전부라 할 만큼 시간을 투자하세요. 아이는 엄마가 시키지 않아도 고학년쯤 되면 영어로 자연스럽게 말하게 될 거예요.

영어 원서 읽기

영어 읽기는 영어로 된 책을 읽는 것을 말합니다. 흔히 말하는 원서를 독서하는 거예요. 본격적으로 책을 읽기 전 단어가 가지는 소리, 발음을 배우는 파닉스를 어느 정도 떼고 시작하면 좋습니다. 파닉스는 알파벳이 가지는 음소 간의 일정한 규칙을 통해 글을 읽도록 도와줍니다. 요즘은 학습지를 하기도 하지만 유튜브 영상으로도 충분히 파닉스를 경험할 수 있습니다. 파닉스 영상을 영어 영상 듣기로 활용하면 효과적일 거예요.

그렇다고 파닉스를 완벽하게 알 필요는 없습니다. 어느 정도 감을 잡았다면 청독(집중듣기)을 시도해보세요. 청독은 오디오를 들으면서 눈으로 책의 문자를 따라 가는 읽기 활동을 말합니다. 오디오는

CD나 음원을 통해 들려주거나 부모님이 직접 읽어주셔도 됩니다. 청독은 듣기와 읽기를 동시에 하는 활동이에요. 청독을 하는 목적은 듣기에 도움이 될 뿐 아니라 혼자 읽지 못하는 아이들이 책을 읽을 수 있게 하는 효과를 볼 수 있습니다. 또한 처음 보는 단어도 어떻게 읽는지 발음을 들을 수 있어 말하기에도 도움이 됩니다.

청독을 처음 시도할 때는 아이의 수준에 맞는 책부터 시작합니다. 한 줄짜리 책으로 시작해 점점 문장이 긴 책으로 가고, 시간도 늘려줍니다. 5분에서 시작해 매일 30분 정도 청독할 수 있도록 습관을 잡아보세요. 엄마나 아빠가 옆에서 같이 눈으로 읽어주면 좋아요. 단, 감시의 눈빛을 보내면 안 되고, 엄마도 재미있게 읽고 있다는 느낌으로 함께 해주세요. 청독은 고학년이 되어도 꾸준히 하면 말하기, 듣기, 읽기에 좋습니다.

한글 읽기 독립에도 시간이 필요하듯 영어를 독립해서 읽기란 쉽지 않은 일입니다. 아이가 어렸을 때 무릎에 앉혀 한글 그림책을 열심히 읽어주셨을 거예요. 몇 년을 읽어주고 한글도 깨쳤지만 바로 읽기 독립이 이루어지지 않았던 것처럼 영어 읽기 독립도 시간이 필요합니다. 청독과 함께 읽기 독립을 시도할 수도 있겠지만 청독을 6개월 정도 하고 아이의 상황에 따라 천천히 묵독을 시도하기를 추천합니다.

책을 눈으로 따라 가는 묵독을 처음 시도할 때는 한 문장부터 시작합니다. 단어를 하나하나 사전에서 찾지 않습니다. 물론 아이가 너무 궁금해하면 한두 개 정도는 영어사전에서 찾아보게 합니다. 하루에 그림책 한 권에서 시작해 20분이라도 매일 영어책을 읽을 수 있게 습관을 들이세요. 아이가 책을 읽은 후 해석해보라며 강요하지 마세요. 내용을 묻지도 마세요. 수고했다고 격려의 말을 건네면 됩니다. 모든 공부가 그렇겠지만 영어를 싫어하게 만들면 안 됩니다.

저는 영어 듣기에 읽기까지 챙기려니 어떤 영상, 책을 골라야 하나 머리가 복잡했어요. 그래서 선택한 것이 온라인 영어도서관인 〈리틀팍스〉입니다. 처음 파닉스와 듣기를 리틀팍스에 있는 콘텐츠를 활용했어요. 영어 단계별로 콘텐츠가 제공되어 있어 아이 수준에 맞게 영어 공부를 진행하기가 수월했습니다. 청독을 할 때는 온라인 도서관인 〈라즈키즈〉를 통해 책을 읽도록 했어요. 알파벳부터 시작해 긴 소설까지 단계별로 전자책이 제공됩니다. 전자책과 함께 오디오가 나오니 청독의 효과가 있었습니다. 이후 책이나 영상에 대한 정보는 《잠수네 아이들의 소문난 영어공부법》에 수록되어 있는 리스트를 참고합니다. 또는 인터넷 온라인 영어 서점에서 판매하는 책 목록을 보고 선택합니다.

▶ 리틀팍스 https://www.littlefox.co.kr

▶ 라즈키즈 https://www.raz-kids.com

부담 없이 쓰기

영어의 꽃은 '쓰기'라고 합니다. 그만큼 쓰기는 가장 복잡한 사고를 요하는 영역이죠. 영어를 웬만큼 읽는 어른들도 영작을 하라고 하면 '주어, 동사, 목적어'부터 그리며 머리가 하얘집니다. 하물며 아이들은 어떨까요. 한글도 이제 막 그림일기에서 벗어나 줄글 일기를 쓰기 시작했습니다. 5줄 쓰는 데도 쩔쩔 매는 아이에게 영어로 일기를 쓰라는 건 너무나 버거운 일입니다.

한글 쓰기가 그렇듯이 영어 쓰기도 충분한 독서가 먼저입니다. 아이의 영어 독서가 매일 꾸준히 이루어지면 어느 순간 영어로 낙서를 하는 기적을 볼 수 있습니다. 저절로 글쓰기 하는 순간이 옵니다. 말하기와 마찬가지예요. 인풋인 듣기와 읽기가 쌓이면 아웃풋인 말하기, 쓰기는 자연스럽게 나옵니다. 쓰기가 가장 나중에 발현되기에 엄마의 인내가 필요하지만요.

불안하고 답답한 마음을 이해합니다. 제 아이가 초1 때 이제 막 청독을 시작하고 쓰기는 엄두도 못 내고 있을 때였어요. 옆집 아이는 대형 어학원에 다니며 영어 쓰기를 지도 받고 한글 글쓰기 하듯 영어로 일기를 써놨더라고요. '와, 부럽다. 내 아이는 이제 cat, dog 쓰는데, 역시 돈인가?'라며 별의별 생각이 들었습니다. 하지만 참고 기다렸습니다. 기다리면 아웃풋이 나온다는 말을 굳게 믿었어요. 그렇게 2년 동안 매일 읽기와 듣기에 힘썼습니다. 2년 후 제 아이는 영어로 소설을 쓴다며 A4 용지 한 바닥을 영어로 채웠습니다. 속으로 만세를 불렀어요. 이제는 영어 유치원 나오고 3년 동안 영어 학원을 다니며 공부한 아이의 실력이 부럽지 않습니다. 제 아이의 속도로 잘 해나가고 있으니까요.

믿고 기다리면 아이들은 분명히 기적같이 쓰기를 하게 됩니다. 아이마다 다르겠지만 듣기, 읽기 다음으로 한글 글쓰기를 했듯 영어 인풋의 양이 차면 아웃풋은 나옵니다. 기적 같은 순간이 옵니다.

그래도 불안하시죠? 쓰기를 간단하고 쉽게 훈련할 수 있는 방법을 알려드리겠습니다.

'필사'를 시작해보세요. 독서하고 있는 책의 한 문장이면 충분합니다. 매일 한 문장을 노트에 베껴 쓰는 것으로 1분이면 끝납니다. 아무 문장이나 필사하는 것도 좋지만 이왕이면 모르는 단어가 있는 문장을 필사하도록 하세요. 필사한 후 단어의 뜻을 사전에서 찾아보는 것까지 '한 줄 필사'의 과정입니다. 쓰기도 연습하며 단어까지 익힐 수 있는 활동입니다. 짧은 시간이기에 아이들은 까짓것 하며 쉽게 할 수 있습니다. 한 권의 노트에 필사한 내용을 살펴보면 따로 단어장이 필요 없습니다. 모르는 단어를 모아놓은 노트가 아이만의 단어장이 되니까요. 아이들이 짧은 문장만 골라 쓰려 할지 몰라요. 괜찮습니다. 부담 없이 하는 게 목적입니다. "오늘 단어는 뭐야?"라며 한 번 상기만 시켜주세요. 저절로 단어와 문장 구조를 습득하게 될 것입니다.

영어 글쓰기는 한글 글쓰기가 바탕이 됩니다. 한글 글쓰기가 익숙해지고 영어 독서가 쌓이면 제대로 된 글쓰기를 시도해볼 수 있습니다. 아이가 영어 문장으로 낙서를 하면 청신호일 수 있어요. 그때 영어 일기 쓰기를 시작해보세요. 한글 글쓰기를 처음 했던 때와 같은 맥락으로 영어 글쓰기를 하면 됩니다. 3줄, 5줄 점점 양을 늘리며 글쓰기를 합니다. 주중엔 한글 글쓰기, 주말엔 영어 글쓰기를 하며 매일 글 쓰는 습관을 들이세요. 처음 영어 글쓰기를 하면 당연히 엉망일 거예요. 이게 영어인지 외계어인지 스펠링도 문법도 모두 틀릴 거예요. 그래도 눈감아 주세요. 영어로 이런 문장도 쓸 수 있냐며 칭찬해주세요. 자신감을 뿜뿜 심어주셔야 합니다. 신나게 글을 쓸 수 있게요.

앞서 말했듯 쓰기는 말하기와 마찬가지로 수능에는 출제되지 않습니다. 수행 평가를 위해서 쓰기를 하고 준비하고 싶다면 너무 많은 시간을 투자하지는 마세요. 듣기, 읽기가 쌓이면 자연스럽게 나오니까요. 부담 갖지 말고 한 줄 필사하기와 주말 영어 일기 쓰기만 하세요. 그거면 충분합니다.

Chapter 08

교과 영역 4 : 사회
사회생활의 시작

사회 과목은 사회생활에 필요한 지식과 기능을 익혀 민주 사회 구성원으로 자라나는 데 필요한 가치와 태도를 배우는 교과입니다. 지리, 역사, 정치, 경제, 법, 사회 제도와 문제 등을 종합적으로 다루고 있어요. 초등에서 사회는 아이들이 주변의 사회현상에 대해 관심과 흥미를 가지며, 생활과 관련된 기본적 지식과 능력을 습득하는 데 목표를 두고 있습니다. 나아가 습득한 지식을 통해 주변 환경이나 문제에 적용할 수 있는 적극적인 태도를 기르는 데 초점이 맞춰져 있습니다.

초등에서 배우는 사회 과목의 영역은 정치, 법, 경제, 사회 · 문화, 지리, 장소와 지역, 자연환경과 인간생활로 구성되어 있습니다. 영역명만 살펴보더라도 고등학교 과목과 연계가 있다는 걸 발견할 수 있습니다. 수능에서 사회탐구영역은 생활과 윤리, 윤리와 사상, 사회·문화, 한국지리, 세계지리, 세계사, 동아시아사, 법과 정치, 경제 9개의 선택 과목으로 형성되어 있습니다. 한국사는 필수 과목으로 지정되어 있고 절대평가를 합니다. 대부분의 대학에서는 사회, 과학 영역 구분 없이 두 과목을 선택하여 입시에 반영합니다. 국, 영, 수에 비해 사회, 과학 탐구 영역은 비중이 적게 느껴질 수도 있습니다.

하지만 사회, 과학 과목도 꾸준히 공부해야 하는 과목임은 틀림없습니다. 초등 사회는 고등으로 가는 기초적인 지식의 기반을 마련하고 공부에 대한 흥미를 이끌어주는 역할을 하기에 놓쳐서는 안 됩니다. 앞서 배운 개념들을 이해하지 않고 지나친다면 나중에 걷잡을 수 없이 학습량이 많아질 테니까요.

초등 사회 공부의 목표는 학교에서 현재 하는 공부에 흥미를 가지고 참여할 수 있는 걸로 충분합니다. 새로 접하는 개념들을 이해하고 사회생활에 관한 기본적 지식과 자질을 갖추는 데 중점을 둔다 생각하세요.

기본은 교과서

초3이 되니 과목이 늘어나 공부할 게 많아집니다. 사회는 초3에

| 초등 사회 학년별 교과서 단원명 |

학년	1학기	2학기
3	1. 우리 고장의 모습 2. 우리가 알아보는 고장 이야기 3. 교통과 통신 수단의 변화	1. 환경에 따른 삶의 모습 2. 시대마다 다른 삶의 모습 3. 가족의 형태와 역할 변화
4	1. 지역의 위치와 특성 2. 우리가 알아보는 지역의 역사 3. 지역의 공공기관과 주민 참여	1. 촌락과 도시의 생활 모습 2. 필요한 것의 생산과 교환 3. 사회 변화와 문화의 다양성
5	1. 국토와 우리 생활 2. 인권 존중과 정의로운 사회	1. 옛사람들의 삶과 문화 2. 사회의 새로운 변화와 오늘날의 우리
6	1. 사회의 새로운 변화와 오늘날의 우리 2. 우리나라의 정치 발전 3. 우리나라의 경제 발전	1. 세계 여러 나라의 자연과 문화 2. 통일 한국의 미래와 지구촌의 평화 3. 인권 존중과 정의로운 사회

등장하는 과목이지만 1, 2학년에서도 통합교과로 사회과 내용이 녹아 있었어요. 겁먹을 필요 없습니다. 아이들이 충분히 이해할 수 있는 쉬운 내용과 학습량입니다.

사회 공부는 교과서 하나면 끝입니다. 교과서에 핵심적인 개념과 설명이 모두 담겨 있습니다. 흥미 있는 삽화로 개념 이해를 돕고 있어 교과서가 최고의 교재입니다. 교과서를 제대로 이해하고 있다면 다른 문제집이 필요 없습니다.

초등 3, 4학년 사회 과목의 개념에는 주변의 지역 생활, 가족의 형태, 촌락과 도시의 공통점과 차이점, 교통수단의 발달, 한국사의 기본 내용 등이 포함되어 있습니다. 사회 과목의 성격상 대부분 우리 생활과 밀접한 관련이 있어요. 직접 경험하고 있는 사회의 형태와 공간에 대해 배우기에 아이들은 흥미를 가집니다. 수업이 있는 날 교과서를 한 번씩 훑어보며 복습하는 것만으로도 충분한 공부가 됩니다.

사회 단원 평가에 서술형 문제가 나온다니 따로 준비해야 하나 걱정될 수 있는데, 서술형 평가 문제는 개념을 이해하고 있는지 묻는 질문입니다. 교과서 내용만 이해하면 문제에서 원하는 답을 적을 수 있습니다. 단원 평가가 있기 전날 빈 종이에 개념과 설명을 쓰는 연습을 해보세요. 눈으로 봐서 안다고 생각했던 것과 글로 쓰는 것은 다른 결과를 가지고 올 수 있거든요. 교과서를 덮고 개념을 제대로 쓸 수 있다면 완전한 학습이 되었다는 것이니 단원 평가에 대해 걱정할 필요는 없습니다.

맥락으로 개념 익히기

사회 과목은 흔히 암기 과목이라고 말합니다. 새로운 개념과 용어들이 등장하고 뜻을 외우고 있어야 하지요. 그러나 주입식으로 달달 외운 개념은 금방 까먹기 일쑤입니다. 용어와 개념을 정확하게 외울 수 있는 방법 중의 하나는 맥락을 통해 공부하는 거예요.

사회 용어가 나온 데는 사회의 흐름이 존재합니다. 예를 들어, '민주주의'가 등장하게 된 배경에는 당시 사회 흐름과 역사적 사건들이 있습니다. 사건의 흐름 속에 '선거', '주권' 등의 용어가 생겨났지요. 각 단원에서 아이가 배울 내용의 큰 흐름을 이해하고 있으면 용어를 학습하는 데 도움이 됩니다. 특히, 역사 공부를 할 때는 전체적 흐름을 잡고 스토리를 공부하는 것이 효과적입니다.

개별적 맥락을 통해 사회 교과의 흥미를 높이고 문제해결력을 키울 수 있습니다. 사회 과목은 교과의 성격상 일상과 밀접하게 연결되어 있어요. 아이가 살고 있는 집, 다니는 학교, 주변의 도로, 마트까지 모두 사회 공부의 장이 됩니다. 가까운 고장의 관공서를 방문하거나 박물관, 유적지를 관람해보세요. 아이와 인터넷 지도에서 원하는 지역을 찾아보며 그 지역의 특징을 설명해주는 것도 좋습니다. 은행에 가서 입출금을 직접 해보고 이율은 무엇인지 등에 대해 대화를 나눠보세요. 교과서의 내용을 아이가 생활과 연결시켜 이해한 개념은 공부에 흥미를 높이고 학업 성취에도 효과가 있습니다.

한자를 알면 사회 용어를 이해하는 데 도움이 됩니다. 앞서 국어 어휘력 키우기에서도 말했듯이 사회 용어는 대부분 한자를 사용하고 있기 때문에 한자의 뜻과 음을 알고 있으면 개념 이해가 용이합니다. 예를 들어 '지도地圖'에 관해 배울 때 방위傍位, 축척縮尺, 등고선等高線 등 낯선 낱말이 등장합니다. 교과서를 함께 보며 국어사전을 들춰 사전적 의미를 찾아보세요. 사례를 들어 설명할 수 있으면 더욱 이해가 잘 됩니다. 이와 같은 방법은 아이들에게 딱딱한 사회 용어와 개념을 알기 쉽게 이해하고 기초를 탄탄하게 해줍니다.

배경지식 넓히기

직접적인 체험으로 경험의 기회를 제공하였다면 간접 경험인 책을 통해 배경지식을 넓혀주세요. 요즘은 사회 용어를 스토리로 풀어낸 책들이 많습니다. 학교 진도에 맞는 책을 선택하여 독서를 하고 아이 수준과 흥미에 맞게 책을 선택하여 배경지식을 넓히는 데 활용하세요.

저는 학습만화를 적극적으로 활용합니다. 제 아이의 사회 지식은 거의 학습만화에서 습득했다고 해도 과언이 아니에요. 학습만화는 재치 있는 글과 유쾌한 그림으로 사회, 역사 개념을 쉽게 설명하고 있습니다. 아이들이 지루해하지 않고 재미있게 개념을 익힐 수 있다는 장점이 있습니다. 아이가 부담스럽지 않게 책을 즐기면서 학업 성취도를 높이는 데 효과적입니다.

책과 함께 신문이나 어린이잡지를 활용해서 배경지식을 쌓을 수도 있습니다. 인터넷의 어린이신문만 보더라도 아이가 혹할 만한 주제가 많습니다. 〈어린이 동아〉나 〈어린이경제〉 등 인터넷 신문을 활용해보세요. 아이가 호기심 가질 만한 뉴스를 발견하고 아이와 함께 읽으며 대화를 나눠보세요. '돈'에 관심이 많은 아이라면 '소비, 저축, 투자, 기부' 등의 개념을 신문을 통해 파악할 수 있습니다. 아이가 이해할 수 있게 쉽게 설명해주고 아이는 실생활에서 용돈을 관리하는 방법까지 계획할 수 있을 거예요. 경제 개념을 알고 범위를 넓혀 경제 관념까지 잡을 수 있는 기회가 될 것입니다.

Chapter 09

교과 영역 5 : 과학
호기심의 확장

  과학은 자연 현상과 사물에 대한 호기심에서부터 시작하는 과목입니다. '운동과 에너지', '물질', '생명', '지구와 우주' 영역 등의 개념을 이해하고 탐구 능력을 함양하는 데 목적이 있지요. 이는 고등학교에서 선택 교육과정인 물리Ⅰ, 화학Ⅰ, 생명과학Ⅰ, 지구과학Ⅰ, 물리Ⅱ, 화학Ⅱ, 생명과학Ⅱ, 지구과학Ⅱ 과목들과 긴밀한 관계를 갖습니다. 초등 때 배운 과학적 지식이 고등까지 체계적이며 깊이를 더해 구성됩니다.

  문·이과 대신 아이들은 고2가 되면서 사회와 과학 계열 중 진로에 맞게 과목을 선택합니다. 대학 입시 때 인문 계열 전공에서는 사회, 과학 중 어느 과목이든 아이가 자신 있어 하는 과목의 성적을 제출하지만 자연·이공 계열 전공은 그렇지 않습니다. 대학의 전공 수업을 따라가려면 고등학교 단계에서 기초적인 과학 지식이 있어야 한다는 판단 아래 과학 과목을 입시의 평가 요소에 필수로 포함시키고 있습니다. 만약 기계항공공학부의 경우 대학에 들어가자마자 물리학 강의를 들으려면 고등학교 때 물리학 I 은 필수로 이수하고 가야 한다는 의미입니다. 따라서 문·이과가 통합된다고 점수 따기 쉬운 과목만 선택해서 공부할 수가 없습니다. 자연·이공 계열에 꿈이 있는 아이들은 중·고등학교에서 과학 공부를 깊이 있게 해야 하고, 그러기 위해 초등에서는 기초를 단단히 다지는 게 필요합니다.

초등 과학은 일상생활에서 일어나는 과학적 문제와 자연 현상에 관심과 호기심을 갖는 것부터 시작합니다. 자연 현상이 어떻게 일어나는지 관찰하고 궁금증을 해결하고자 하는 태도가 바탕이 되어야 합니다. 더불어 과학의 핵심 개념을 이해하고 과학에 대한 흥미를 유지하는 게 필요합니다.

기본은 교과서

과학도 사회와 마찬가지로 교과서가 최고의 교재입니다. 과학은 과학 교과서와 보조 교과서인 실험관찰이 있습니다. 과학 교과서는 각 단원에서 '재미있는 과학', '과학 탐구', '과학과 생활', '단원 마무

학년	1학기	2학기
3	1. 과학자는 어떻게 탐구할까요? 2. 물질의 성질 3. 동물의 한살이 4. 자석의 이용 5. 지구의 모습	1. 재미있는 나의 탐구 2. 동물의 생활 3. 지표의 변화 4. 물질의 상태 5. 소리의 성질
4	1. 과학자처럼 탐구해볼까요? 2. 지층과 화석 3. 식물의 한살이 4. 물체의 무게 5. 혼합물의 분리	1. 식물의 생활 2. 물의 상태 변화 3. 그림자와 거울 4. 화산과 지진 5. 물의 여행
5	1. 과학자는 어떻게 탐구할까요? 2. 온도와 열 3. 태양계와 별 4. 용해와 용액 5. 다양한 생물과 우리 생활	1. 재미있는 나의 탐구 2. 생물과 환경 3. 날씨와 우리 생활 4. 물체의 운동 5. 산과 염기
6	1. 과학자처럼 탐구해볼까요? 2. 지구와 달의 운동 3. 여러 가지 기체 4. 식물의 구조와 기능 5. 빛과 렌즈	1. 전기의 이용 2. 계절의 변화 3. 연소와 소화 4. 우리 몸의 구조와 기능 5. 에너지와 생활

리'로 구성되어 있어요. 단원마다 실험, 관찰, 측정, 분류, 추리 등의 과정이 활발합니다. 그래서 아이들의 수업 참여도가 다른 과목보다 높습니다. 실험관찰은 과학교과서를 통해 배운 내용들에 대한 문제에 대해 답을 적어 보는 형식입니다.

3학년 교과서를 보면 아이들이 흥미롭게 과학을 접할 수 있는 활동이 많습니다. 자석을 물에 넣어 본다든가 야구공을 잘라 단면을 관찰하는 등의 활동으로 호기심을 자극합니다. 간단한 실험으로 아이들이 과학적 원리와 개념을 익힙니다. 온라인 수업으로 실험 수업이 적어지긴 했지만 학습량이 많지 않기 때문에 교과서를 정독하고 이해할 수 있다면 충분히 슬기롭게 공부할 수 있습니다.

다른 수업 시간에 조용하던 아이들도 과학 시간엔 눈이 반짝반짝하며 실험에 참가합니다. 목소리가 커지고 손이 바쁘게 움직이지요. 하지만 가장 중요하게 생각해야 하는 부분은 실험 후 몸으로 느낀 경험을 머릿속에 지식으로 쌓아야 한다는 거예요. 활동은 재미있게 했으면서 어떤 개념도 정리가 되지 않는다면 공부를 반만 한 거나 다름없습니다. 따라서 가정에서 교과서를 보며 아이가 개념을 정확하게 이해하고 있는지 한 번씩 점검해주세요.

과학은 단원이 끝나거나 학기말에 평가가 있습니다. 평가의 내용은 보통 교과서의 내용과 실험관찰 문제를 활용합니다. 교과서와 실험관찰 책에 빼곡히 적혀 있는 것을 확인했다면 굳이 문제집은 사지 않아도 됩니다. 사회와 마찬가지로 빈 종이에 교과서를 보지 않고 개념을 적어보는 것만으로도 충분합니다.

제대로 체험하기

"오늘은 학원에서 뭐 배웠어?"

"열쇠고리 만들었어요."

엄마는 큰마음 먹고 과학 실험 학원에 보냈는데 아이 대답은 단답형입니다. 과학 실험 학원이 재미있다는 아이, 하지만 과학적 원리나 개념을 물으면 답하지를 못하지요. 결과물을 가져오긴 하는데 이게 과학 수업인지 미술 수업인지 헷갈립니다. 엄마 눈엔 뭘 배워온 건지 답답합니다.

온라인 수업이 증가하면서 홈스쿨로 과학실험을 하거나 과학 실험 학원을 이용하는 사례가 늘고 있습니다. 과학실험은 아이들이 과학적 원리를 이해하고 호기심을 불러일으키기 좋은 학습법입니다. 하지만 자칫 체험에만 그치는 활동이 되기 쉽습니다. 학원에서든 가정에서든 실험을 하더라도 개념을 정리하는 습관이 필요합니다. 베이킹소다에 식초를 부우며 부글부글 폭발하는 화산 실험을 하고 나서 "와, 신기하다."가 아니라 "알칼리성과 염기성 물질이 만나 중화작용이 일어난다."라는 원리를 아는 게 목적입니다. 아이들이 자발적으로 실험을 하고 싶을 때 학습 효과가 커집니다. 아이가 직접 할 수 있는 활동을 체험하게 하세요. 교과서나 책을 보며 실험을 하고 싶다고 말할 때 적극적으로 지원해주면 됩니다.

요즘은 지역마다 과학관에서 다양한 체험을 제공하고 있습니다. 온 가족이 참여할 수 있는 과학 축제와 과학 행사도 개최되지요. 지진, 태풍, 전기 등 집에서 할 수 없는 체험을 직접 할 수 있으니 나들이 삼아 가족과 함께 방문하셔도 좋습니다. 체험 부스마다 설치되어 있는 안내문을 활용해 과학 원리를 쉽게 설명해주면 유의미한 공부가 될 거예요. 체험학습을 다녀와서 새롭게 배운 지식과 느낌을 일기로 적어보는 것도 효과적입니다.

가정에서 하는 과학 실험이나 체험학습은 매일 독서나 글쓰기를 하는 것만큼 필수는 아닙니다. 수영을 배울 때 8살에는 1년에 걸쳐 기본기를 닦았다면 14살에는 한 달 만에 진도를 뺄 수 있습니다. 과학 체험도 그렇습니다. 초등 때 한 실험으로 원리를 터득하는 것들은 중1이 되면 단숨에 이해할 수 있는 것들이에요. 너무 부담 갖지 마세요. 아이 재능과 꿈이 과학 분야에 있을 경우 지적 호기심을 충족시켜 주기 위한 활동 정도입니다. 보통의 아이들은 학교 공부로도 충분합니다.

배경지식 넓히기

독서를 좋아하지 않는 아이들도 〈WHY〉 시리즈 같은 과학 학습만화책은 재미있게 읽습니다. 도서관에 가면 과학 학습만화가 제일 먼저 너덜너덜해지는 것이 학습만화의 높은 인기를 말해줍니다. 제 아이도 과학 학습만화를 즐겨 읽습니다. 학교에서 배우지도 않았는데 혈액형이 유전원리, 지구의 구조, 바이러스의 종류를 알고 있더라고요. 저도 모르는 과학 용어를 말할 때면 깜짝 놀랍니다. 저는 아이가 학습만화 읽는 것을 말리지 않습니다. 단, 독서 시간으로 포함하지는 않습니다.

학습만화는 스토리와 함께 어려운 과학 용어가 자연스럽게 설명되어 있습니다. 아이들이 실생활에서 궁금한 과학적 내용들을 쉽게 이해할 수 있어요. 그림만 보는 건 아닐까 걱정되겠지만 어쩌다 과학 용어를 하나씩 툭툭 말하면 잘 보고 있는 것이니 걱정하지 마세요. 학습만화를 꼭 읽을 필요는 없지만 밥 먹다가 가끔 라면 먹듯 한두 번 봐도 괜찮으니 활용해보세요. 당연하겠지만 과학 분야에 관심이 높은 아이들에겐 줄글로 된 과학 분야의 독서가 유익합니다.

인터넷 뉴스를 읽다 보니 애플에서 전기차를 개발하고 있다고 합니다. 일론 머스크는 일반인도 우주를 갈 수 있도록 프로젝트를 개발하고 있다고 해요. 관심을 가지고 뉴스를 보거나 유튜브의 영상을 보면 아이들의 과학적 사고력을 높일 만한 이야깃거리가 지천에 널려 있습니다. 꼭 신문기사를 읽지 않더라도 엄마가 듣고 본 최근 과학 분야의 이야기를 아이에게 들려주세요. 그러면서 "왜 애플에선 전기차를 만들까?"라고 물으며 과학적 탐구심을 넓혀주세요.

과학 잡지를 활용하는 것도 과학적 사고력을 높일 수 있는 방법 중 하나입니다. 〈어린이과학동아〉, 〈우등생과학〉, 〈과학소년〉 등 월간으로 발행되는 과학 잡지는 교과 연계 과학, 과학자, 최신 과학,

과학 관련 진로, 과학 만화 등 다양한 과학 분야의 정보를 담고 있습니다. 과학 상식을 풍부하게 해주고 관심을 유지하는 데 도움이 됩니다. 다만 아이의 수준과 흥미를 고려하여 선택해야 합니다. 학습에 도움이 된다고 해서 들이밀었다간 읽지도 않고 과학은 어려운 과목이라고 생각할 수도 있기 때문입니다.

Chapter 10

교과 영역 6 : 예체능

즐거운 음미체

학생부의 교과에는 국어, 수학, 영어, 사회, 과학과 함께 체육, 음악, 미술이 있습니다. 국어, 수학, 영어, 사회, 과학이 전공 과목이라면 체육, 음악, 미술은 교양 과목이에요. 전공 과목은 지식을 배우는 과정이고 교양 과목은 살아가며 여유와 정서적 안정감을 주는 역할을 합니다.

초등학교에 입학하며 피아노, 태권도, 미술 학원은 필수로 시켜야 한다고들 하죠. '반드시'라는 건 없습니다. 특히 학교 수업에 도움이 될까 하는 마음으로 접근한다면 예체능 교과가 갖는 의미를 간과하는 거예요. 학교와 아이 생활에서 균형을 가지며 슬기롭게 예체능 교육을 하길 바랍니다.

체육

체육은 초등학생들이 가장 좋아하는 과목 중 하나입니다. 중·고등학교에서도 일주일에 2~3시간 정도 수업이 배정되어 있습니다. 사회, 과학과 비슷한 시간입니다. 왜 그럴까요? 공부에 지친 아이들에게 신체활동을 통해 체력을 길러 건강한 생활을 할 수 있도록 돕기 위해서입니다. 또한 체육 수업을 통해 신체와 움직임을 매개로 내면의 감정이나 생각을 적극적으로 표현하기도 합니다. 음악줄넘기나 무용 등의 영역이 그렇습니다.

중·고등학교에서 체육은 A(80점 이상~100점), B(60점 이상~80미만), C(60점 미만)의 세 단계로 절대평가가 이루어집니다. 80점이나 100점이나 똑같은 내신 점수를 받는다는 거예요. 만약 사교육을 한다면 교과 점수를 위해서라기보다 아이의 흥미와 자신감에 중점을 두어야 하는 이유입니다.

초등학생 때는 줄넘기, 발레, 태권도, 수영 등 체육과 관련된 사교육을 많이 합니다. 아이의 건강과 정서적 안정을 위해 좋은 프로그램들이 정말 많죠. 그만큼 경제적 부담도 들어가기 마련이에요. 학교 수업만으로도 기본적인 운동은 할 수 있지만 아이에게 평생 취미로 삼게 해주려는 마음이 클 거예요. 어린 시절 배운 운동이 중·고등 시절을 넘어 어른이 되어서까지도 꾸준히 할 수 있는 힘이 되니까요.

이런 종목을 선택할 때는 아이의 기질과 의견을 존중해주세요. '남자는 축구지.'라며 축구는 꼭 해야 한다며 등 떠밀지 않았으면 합니다. 아이가 관심 있어 자발적으로 배우고자 할 때 시작해도 늦지 않습니다. 그렇게 시작한 운동이라면 아이가 선택한 만큼 책임감을 가지고 꾸준히 할 수 있도록 지도해주세요. 아무리 좋아서 선택했다지만 운동을 배우면 고비가 오기 마련입니다. 아이의 심리를 잘 파악해 고비를 극복하고 끈기 있게 할 수 있도록 이끌어주세요.

사실 운동은 가정에서 엄마, 아빠와 하는 산책, 달리기, 줄넘기, 요가, 배드민턴, 축구, 야구로도 충분합니다. 운동을 하고자 한다면 유튜브에 좋은 콘텐츠가 넘쳐나니 잘만 활용하면 유용합니다. 부모님과 함께 하는 운동은 유대감이 생기고 정서적으로 안정이 됩니다. 학교에서 줄넘기 수업이 있다면 함께 뛰어주세요. 매일 목표를 가지고 50개, 100개를 넘길 때면 박수쳐주세요. 그보다 좋은 체육 사교육은 없습니다.

음악

아이들은 이미 어렸을 때 동요를 듣고 노래를 부르며 음악을 경험해왔습니다. 소리가 가지는 아름다움을 느끼고 자신의 감정을 음악으로 아름답게 표현했지요. 초등학생이 되면서 주변에서 악기를 하나 둘 배우는 걸 보면 음악에 대한 부담감이 생깁니다. 계이름은 제대로 읽을 수 있을까, 실로폰은 계이름에 맞게 치고 있을까 걱정이 시작됩니다.

음악은 체육만큼 주당 수업 시간이 많지 않지만 중·고등학교에서도 필수 과목으로 배정되어 있습니다. 악기 연주, 노래 부르기, 음악 감상, 창작 등의 영역을 배우게 됩니다. 성적은 체육과 마찬가지로 3단계 절대평가이기 때문에 크게 부담을 가질 필요는 없습니다.

"그래도 악보라도 보려면 피아노 학원은 다녀야 하지 않나요?"라는 궁금증이 생길 거예요. 악보 보는 법을 위해 피아노 학원을 보내는 거라면 "아니오."라고 대답하겠습니다. 학교 수업만으로도 악보 보는 법은 물론 실로폰, 리코더 연주법까지 배울 수 있으니까요. 피아노 학원을 다니는 목적은 '악보를 보기 위해서'가 아니라 '아이가 좋아해서'에 두어야 해요. 모든 아이가 피아노 체르니를 연주할 필요는 없습니다.

아이가 악기를 취미로 삼으면 좋지요. 고등학생들만 보더라도 공부하다가 지치거나, 엄마에게 잔소리를 듣거나 할 때, 아무 생각 없이 피아노 연주에 몰두해 스트레스를 푸는 아이들이 있습니다. 악기가 아이 삶의 재충전의 도구가 되는 것이지요. 그러나 어디까지나 아이의 성향과 관심의 정도에서부터 악기 교육은 시작되는 거예요.

악기를 하지 않아도 음악 감상으로 스트레스를 풀기도 하니까요.

악기 배우기는 능동적인 활동이 있어야 하지만 음악 감상은 일상에서 자연스럽게 노출할 수 있습니다. 저는 아이가 잠자리 들기 전 클래식 음악을 매일 틀어줍니다. 참고로 저는 모차르트, 베토벤, 바흐 이름만 아는 클래식 젬병이에요. 그래도 잠들기 전 10분 정도 차분하게 아이와 음악을 듣습니다. 제목과 작곡가의 이름을 말해주며 함께 감상하고 스르르 눈을 감아요. 가끔 아이가 음악을 듣고 "이 음악은 고양이가 부르르 떠는 느낌이네요."라며 감상평을 말합니다. 이젠 잠자리에 누우면 아이는 어떤 음악을 들려줄까 기대합니다. 음악이란 이처럼 그저 향유하고 즐기면 되는 것 아닐까요?

미술

미술은 느낌과 생각을 시각적으로 표현하며 자신을 이해하고 다른 사람과 소통하며 삶의 질을 향상시키는 데 중요한 과목입니다. 초1, 2에는 따로 미술 과목이 없지만 글쓰기가 능숙하지 않은 아이들이기에 수업 전반에 걸쳐 그리고 만드는 활동을 주로 합니다. 3학년부터 시작하는 미술 교과는 미술의 기초적인 개념을 이해하고 기본 표현 능력을 배웁니다. 무엇보다 흥미와 관심을 갖는 데 중점을 두고 있습니다.

모두 그런 건 아니지만 여자 아이들의 꼼꼼한 그림 실력에 아들 엄마들은 깜짝 놀랐을 거예요. '미술 학원에라도 보내야 하나?' 생각이 들지요. 그림을 잘 그리면 학교 수업 때 유리한 점이 많은 게 사실입니다. 초등학생 때는 더 그렇죠. 사회며 과학이며 그림으로 표현하는 활동이 많거든요. 이왕이면 같은 내용이어도 정갈하고 예쁘게 꾸민 보고서가 보기에도 좋으니까요. 그렇다고 미술 학원까지 보내며 훈련시킬 필요는 없습니다. 아이들은 성장하는 과정에 있습니다. 자라며 소근육은 점점 정교해집니다. 점점 글씨가 반듯해지는 것처럼 그림도 그렇게 발전합니다.

그래도 중·고등학교 수행 평가가 고민된다고요? 중·고등학교에서 미술은 음악 과목처럼 3단계로 평가가 이루어집니다. 미술 선생님은 아이들의 실력 차이를 잘 알고 있습니다. 지금의 수업은 그림만 잘 그린다고 'A'를 주지 않아요. 성실한 태도, 반짝이는 아이디어, 잘 쓴 감상문 등을 보고 종합적으로 평가합니다. 그림을 못 그려도 괜찮습니다. 그저 즐기며 자신의 생각을 시각적으로 표현할 수 있으면 됩니다.

모든 예체능 과목이 그렇지만 아이가 관심을 가지고 배우고 싶은 마음이 있다면 사교육을 적극적으로 활용하면 좋습니다. 다만, 국, 영, 수와 독서, 운동, 여가 시간을 우선순위에 두어야 합니다. 아이들은 학교 수업만으로 충분히 미적 감수성, 표현 능력, 미술 작품을 배웁니다. 꼭 학원이 아니라도 인터넷에서도 활용할 수 있는 정보는 넘쳐납니다. 어쩌다 한 번씩 가는 미술관, 박물관 체험이면 충분합니다.

Chapter 11

교과 영역 7 : 과세특, 행동 특성 및 종합 의견

수업 활동의 거울

초등 학생부에서 가장 눈여겨봐야 할 항목은 '과세특'과 '행동 특성 및 종합 의견'입니다. 이 두 항목만 제대로 읽으면 아이가 1년 동안 어떻게 학교생활을 했는지 알 수 있어요. 부모가 아닌 선생님은 아이를 어떻게 평가할까요? 가정에서와 비슷한 모습인지, 혹시 아니라면 어떤 부분이 다른지 정확하게 파악하셔야 합니다.

과세특 제대로 읽기

과세특은 학생부에서 '과목별 세부 능력 및 평가'를 줄여서 하는 말입니다. 고등 학생부에서 과세특은 별표 백만 개를 해야 할 만큼 중요한 영역이에요. 과세특에는 아이들이 수업 중에 보이는 태도, 학업 능력, 지적 호기심, 탐구심, 자기주도학습 능력, 연계 독서 등의 모든 교과와 관련된 활동이 녹아 있기 때문입니다. 입시에서 평가 요소로 중대하게 다루고 있습니다.

초등부터 중1 학생부는 고등학교와 달리 점수화된 교과 성적을 기록할 수 없기 때문에 과세특 부분에 담임 선생님이 아이의 과목별 성취 수준, 태도, 노력을 종합하여 서술합니다. 초등학교 때는 과세특에 성적까지 서술되어 있으니 꼼꼼하게 살펴보셔야 합니다.

초등학교 성적, 어디까지 믿으시나요? 아이의 과세특에 적혀 있는 교과 특기사항을 보면 '능숙하다, 설명할 수 있다' 등등 칭찬 일색입니다. 그러다 중2가 되어 1학기 중간고사 성적표를 받고 나면 아이와 부모는 현실을 자각합니다. 초1부터 중1까지 성적표엔 '잘한다'고만 쓰여 있어서 정말 잘하고 있는 줄 알았을 거예요. 70점, 80점, 그리고 A, B, C…로 수치화된 점수는 아이의 수준을 적나라하게 보여줍니다. 그때 가서 정신 차리려니 눈앞이 깜깜합니다. 다음 표(160쪽)에서 초3의 실제 학생부에 나와 있는 과세특 내용을 읽어보겠습니다.

표의 내용을 보면 정말 우등생이구나 싶지요? 우등생이라서 이렇게 적힌 게 아니라 반에서 대부분의 아이들이 이와 같이 기록됩니다. 초등 평가는 기초 중의 기초적인 내용을 평가한다고 생각하세

학년	세부 능력 및 특기사항
3	• 국어 : 여러 가지 독서 감상문의 형식이 있음을 알고, 알맞은 형식으로 독서 감상문을 쓸 수 있음. 인물의 특성에 주의하며 이야기를 바꾸어 보고, 연극으로 능숙하게 표현을 잘함. • 도덕 : 화목한 가정생활의 중요성을 알고, 부모님께 효도하며 형제간에 우애 있게 지내려고 노력함. 생명을 존중하고 소중히 여기는 생활을 바르게 실천함. • 사회 : 학교를 중심으로 고장의 모습을 관찰, 조사, 견학한 결과를 그림지도로 잘 표현함. 지도를 보고 고장의 중심지를 찾을 수 있으며 중심의 특징을 자세하게 서술함. • 수학 : 원의 성질을 잘 알고, 지름과 반지름의 관계를 스스로 탐구하여 여러 가지 문제를 해결할 수 있으며 소수의 크기를 비교하는 방법을 알고 능숙하게 비교함. • 과학 : 여러 가지 동물의 생김새를 관찰하고 그 특징에 따라 기준을 정하여 분류를 잘하며, 하늘을 나는 동물의 공통점과 차이점을 설명할 수 있음. ○○교육지원청 발명교실 '발명·특허 기초'과정(20시간)을 수료함. • 체육 : 전략을 짜고 게임의 흐름을 이해하며 피구형 게임에 적극적으로 참여함. 빠르게 달리는 방법을 알고, 여러 가지 빠르게 달리기 위한 게임을 통해 기록을 단축하려고 노력함. • 음악 : 올라가는 가락과 내려가는 가락을 구별하여 바른 자세와 호흡으로 노래를 부름. 주어진 리듬꼴을 바르게 치고 구분할 수 있으며 곡의 흐름과 방향에 대해서 잘 이해함. • 미술 : 수채화의 여러 가지 기법을 적절하게 사용하여 주제에 어울리는 그림을 그릴 수 있고, 주변의 자연에서 다양한 선, 형, 색과 질감, 양감, 동세를 찾아 특징과 느낌을 표현함. • 영어 : 간단한 대화나 사실을 설명하는 말을 듣고, 내용을 이해하는 능력이 우수함. 감정과 물건을 나타내는 낱말을 정확하게 읽고 뜻을 쓸 수 있음.

출처: 2016 학교생활기록부 기재 요령

요. 고차원적인 학습 역량을 평가하지 않습니다. 상대평가가 아니기 때문에 기본적인 수업 내용을 이해하고 있으면 너도 나도 '매우 잘함'입니다. 그렇기 때문에 간혹 '부족', '노력을 요함'이라고 쓰여 있으면 아이의 공부 이해도를 꼭 점검해보셔야 합니다. 과세특에 그렇게까지 써 있다는 건 후행학습을 하더라도 부족한 공부를 보충해야 한다는 얘기입니다.

행동 특성 및 종합 의견 제대로 읽기

과세특만큼 행동 특성 및 종합 의견은 대입에서 가장 중요한 평가 요소 중 하나입니다. 담임 선생님이 1년 동안 아이를 관찰하고 학습, 인성, 태도, 진로 등에 관해 종합적으로 서술하기 때문에 하나의 추천서 같은 느낌을 줍니다.

저는 교육 현장에서 초·중·고 학생부를 모두 경험해봤습니다. 학생부에서 가장 학교별 차이가 없이 기록되는 부분이 행동 특성 및 종합 의견이 아닐까 합니다. 고등학교에서는 입시에 직접적으로 활용되어 초·중학교보다 서술되는 양이 많긴 해도 기본적으로 추구하는 바는 같습니다. 개인의 특성을 서술하는 것만큼 선생님들이 학생부에서 가장 심혈을 기울여 쓰는 영역입니다.

중2 담임이었을 때입니다. 아이들은 한창 사춘기라 반항심이 가득하지요. 반에 욕을 생활화하고 다른 친구들을 괴롭히고 밥 먹듯이 수업을 땡땡이치는 아이가 있었습니다. 그 아이의 행동 특성 및 종합 의견을 쓰는데 장점을 찾아 쓰려고 해도 한 줄이면 끝나더군요. 고민 끝에 '평소 언어 습관이 거칠고~'라고 적었는데 옆 반 선생님이 제가 쓴 것을 점검하면서 절대 그렇게 쓰면 안 된다고 했습니다. 당장 수정하여 다시 작성했지요. '~ 바른 언어를 사용하려고 꾸준히 노력한다.'라고요.

선생님들이 아이들의 행동 특성 및 종합 의견을 쓸 때는 유의점이 있습니다. 아무리 말썽꾸러기이고 문제를 많이 일으킨 아이라도 긍정적인 언어로 순화해서 써야 합니다. 아이의 발전 가능성을 고려해서 쓰는 게 철칙입니다. 교육부에서 선생님들에게 제공하는 〈학교생활기록부 기재 요령〉 예시를 살펴볼게요.

표에서 보는 바와 같이 전반적으로 장점과 훌륭한 측면을 묘사하고 있습니다. 부정적인 부분도 '꾸준히 노력하고 있다, 노력한다면

학년	행동 특성 및 종합 의견
3	친절하고 이해심이 많아 항상 남을 도와주려는 마음이 아름다운 학생임. 체육부문에서 탁월한 기량을 선보이며 교내 각종 체육대회에 참가하여 학급의 사기를 높이는 데 큰 역할을 함. 학업 면에서는 학습계획 실천력과 집중력이 다소 낮지만, 자신의 부족한 부분을 개선하기 위한 노력을 꾸준히 해오고 있음. 무엇보다도 배움에 대한 동기가 높아 긍정적인 성장이 기대되는 학생임. 실제로 학년 초 성적보다 학년 말 성적이 많이 향상된 노력하는 학생임.
4	항상 밝고 긍정적이며 교우관계가 좋음. 마음이 순수하고 여리며 다른 친구들의 어려움에 귀 기울일 줄 아는 착한 학생임. 말과 행동이 침착하고 사려 깊으며 시간을 유익하게 잘 활용하고, 자기의 잘못을 인정하고 수정하여 행동하는 곱고 착한 마음씨를 지녔음.
5	자기주도적 학습 태도가 바르게 형성되어 있고 문제해결력과 창의성이 뛰어나며, 학습에 대한 성취욕이 높아 전교과 성적이 우수함. 기초생활 습관이 바르게 형성되어 있어 학급 규칙을 잘 지키고 주변 정리정돈을 잘함. 1인 1역할을 성실히 수행하며, 시간을 유익하게 활용할 줄 알고, 자신에게 주어진 일은 미루지 않고 신속하고 빈틈없이 마무리하는 끈기를 가지고 있음. 승부욕이 강하고 운동기능이 우수하여 축구, 피구, 야구 등 구기 종목뿐만 아니라 육상에서도 뛰어난 성취를 보여줌. 그림을 그리고 꾸미는 것을 어려워하고 기능이 좋은 편은 아니지만 항상 최선을 다해서 작품을 만들어내는 모습이 다른 친구들에게 모범이 되며, 1인 1악기로 리코더를 선택하여 꾸준히 연습한 결과 친구들 앞에서 연주할 실력을 가짐.

출처: 2016 / 2017 학교생활기록부 기재 요령

발전 가능성이 있다.'로 아름답게 포장되어 있습니다. 아이의 행동 특성 및 종합 의견은 담임 선생님이 입력하지만 서너 명의 다른 선생님이 점검을 합니다. 내용은 올바른지, 오타는 없는지 등 기재 요령에 어긋나는 내용들을 수정합니다. 그렇기 때문에 아무리 미워하고 문제가 많은 아이라도 행동 특성 및 종합 의견에서는 노력하고 개선하려는 아이로 기술되어 있습니다.

만약 아이의 부족한 점과 문제 행동이 서술되어 있다면 담임 선생님과 꼭 상담을 해봐야 합니다. 가정에서와는 다른 학교에서의 모습이 있을 수 있어요. 부모가 발견하지 못한 부족한 부분을 선생님은 발견했을 수 있습니다. 학생부의 내용은 당해 연도에는 보지 못하고 다음 학년도에 볼 수 있기 때문에 시기를 잘 알아보고 상담을 요청하세요. 3학년의 학생부를 보려면 4학년이 되어야 합니다.

그렇다고 다짜고짜 학생부 내용을 수정해달라고 하면 곤란합니다. 특별한 사유가 아니고는 학생부는 정정이 되지 않는 게 원칙입니다. 아이의 어떤 부분이 부족한지 확인하세요. 만에 하나 학생부에 부정적인 내용이 적혔더라도 선생님에게 항의하기보다 아이를 객관적으로 바라보고 그릇된 행동을 개선하려고 해야 합니다. 아이들은 아직 미성숙해서 그러는 거니까요. 언제든 긍정적으로 성장할 수 있습니다. 이것이 학생부에 아이들의 단점도 발전 방향성을 두고 쓰라는 이유입니다.

Chapter 12

초3, 학생부 비교과 영역을 대비하라

학교에서는 교과 수업 외에 독서 활동, 창의적 체험 활동 등의 비교과 활동이 있습니다. 교과와 비교과 영역은 상호 보완적 관계 속에서 배움을 실천합니다. 교과 영역에만 치우치다 보면 비교과 활동을 소홀히 할 수 있어요.

몇몇의 아이들은 시험에 나오지 않는 수업 시간이기에 대충 시간을 때우려 하기도 해요. 하지만 학교 정규교육과정에 있는 시간인 만큼 중요한 시간이라 생각하고 충실히 활동에 임해야 합니다. 학생부를 기록하는 선생님은 그 시간에도 늘 아이를 관찰하며 파악하고 있거든요. 비교과 활동 시간은 아이들에게 공동체 의식을 심어주고 건전한 삶을 살아가는 데 필요한 자질을 경험하는 의미 있는 시간입니다. 비교과 시간도 교과 시간만큼 소중하게 생각하는 습관은 고등학교에서는 입시와 바로 직결되지요. 비교과 영역의 독서 활동과 창의적 체험 활동을 지혜롭게 습관을 들이는 방법을 함께 고민해보겠습니다.

Chapter 13

비교과 영역 1 : 독서활동
공부습관의 토대

초등 공부습관의 8할은 독서입니다. 독서의 중요성은 아무리 강조해도 부족이 없습니다. 독서는 모든 학습의 토대가 됩니다. 어휘력, 사고력, 상상력, 창의력을 길러줍니다. 퇴계 이황, 손정의, 버락 오바마, 워렌 버핏 등 동서고금을 막론하고 세계적인 지도자들은 독서를 생활화했습니다. 독서 습관은 지혜를 배우고 사고의 근육을 키우는 과정입니다. 스스로 읽고 생각하는 힘을 키워줍니다. 공부머리로도 만들어준다잖아요.

학교에서 만난 공부 잘하는 학생들의 공통점 중 하나는 독서를 생활화한다는 것이었습니다. 초등 때는 티가 나지 않지만 제대로 독서한 아이들은 중·고등학교에 가서 힘을 발휘합니다. 그렇기에 초등 시절 무엇보다 독서에 우선순위를 두고 투자해야 합니다.

고등학생이 되면 대학 입시를 생각하지 않을 수가 없지요. 아이들은 고 1부터 학생부 관리에 들어갑니다. 학생부에 기록해달라며 아이들이 독서 감상문을 가져옵니다. A라는 학생은 《꽃들에게 희망을》, 《어린왕자》, B라는 학생은 《사피엔스》, 《데미안》을 읽고 독서 감상문을 써왔습니다. 어떤 독서 기록이 입시에 유리할까요? 책의 수준만 봤을 때 말이죠. A는 입시에서 독서가 중요하다고 하니 마음이 급해졌습니다. 전에 독서를 해본 적이 없으니 초등학생 수준의 책을 읽었어요. 반면 B는 어릴 때부터 꾸준히 독서를 해온 아이입니다. 심지어 《사피엔스》는 영어 원서로 읽었습니다. 입학사정관이라면 당연히 B학생에게 더 높은 점수를 주겠지요. 이렇듯 초등 때부터 다져온 매일 독서 습관은 고등학교 학생부를 변화시킵니다.

학생부종합전형에서 독서 활동 기록을 없앤다고 합니다. 기존에는 학생부에 책의 제목과 저자만 쓰는 형태였는데, 이 소식을 듣고 일부 학생들은 '이제 독서는 안 해도 되겠구나.' 생각하더군요. 비교과 영역의 독서 활동 기록이 없어진다고 독서를 안 해도 된다는 판단은 위험합니다. 과세특, 행동 특성 및 종합 의견란에는 독서 활동을 유의미하게 쓸 수 있도록 해두었기 때문입니다. 즉, 교과, 진로와 관련하여 읽은 책이 아이의 지적 성장에 어떻게 유기적으로 영향을 미쳤는지 쓸 수 있어요. 독서 습관, 절대로 놓치면 안 됩니다. 습관을 꾸준히 들인 만큼 수준 차이가 나는 것도 독서예요.

아이가 학습만화책만 읽어서 속상하신가요? 괜찮습니다. 뭐라도 읽고 있으니 천천히 습관을 잡아보기로 해요. 아예 책은 손에 대지 않으니 답답하신가요? 지금부터 재미있고 짧은 책으로 하루 한 권씩 부모와 함께 읽도록 해요. 늦지 않았습니다. 고등학생이 되어서도 초등학생 수준의 책을 읽으면 안 되잖아요. 입시까지는 아직 시간이 충분하니 지금부터 독서 습관을 잡으면 됩니다. 독서를 초등 때만 하고 끝내면 안 됩니다. 요즘은 고등학교 국어 교과 시간에 독서 시간이 따로 있을 정도입니다. 중·고등학교에서도 독서는 이어져야 합니다. 시간이 없다는 핑계로 독서를 놓치지 마세요. 우리는 알고 있습니다. 어른이 되어도 독서가 삶의 자양분이 된다는 것을요.

매일 책 읽기

책 읽기는 밥 먹기입니다. 오늘도 아이들은 꼬박꼬박 밥을 먹었지요? 매일 밥 먹듯이 책읽기를 해봅시다. 하루 적정 독서 시간은 아이마다 다르겠지만 저는 최소 하루 40분을 권합니다. 학교 수업 시간은 40분입니다. 40분은 책에 집중하며 엉덩이 힘을 길러줄 수 있는 시간입니다. 더 읽으면 읽을수록 좋겠지만요.

독서 습관을 처음 잡을 때는 아이와 규칙, 보상을 정하세요. 독서의 중요성을 일러주고 '오늘부터 1일'을 시작하세요. 매일 약속을 잘 지켜 독서를 하면 한 달에 한 번씩 작은 선물을 주는 것도 좋습니다. 처음 40분은 길게 느껴질 거예요. 10분 독서에서 시작해 점점 시간을 늘려보세요. 10분도 지겨워 책을 읽다 말고 화장실 한 번 가고, 물 한 모금 마시고 그럴 거예요. 우선은 책 읽기에 흥미를 붙여야 하니 스멀스멀 올라오는 잔소리 본능은 꾹 눌러주세요.

독서 시간을 정해두세요. "책 읽어라."라고 말하고 안 읽는 아이를 보며 속으로 꿍하지 말고요. 저녁 6시는 저녁밥 먹는 시간처럼 정해진 시간에 독서를 합니다. 독서 하는 시간대는 아이와 상의하여 정하세요. 저녁 먹기 전 시간을 활용하거나 잠자리 전 독서도 좋습니다. 저는 잠자리 독서를 실천하고 있어요. 잠자기 전 넉넉하게 1시간을 독서 시간으로 잡아두고 침대에서 뒹굴며 독서를 해요. 밤 9시가 되면 책을 펼칩니다. 책상에 바르게 앉아 책 읽는 습관을 갖는다면 최고겠지만 독서 시간은 뒹굴며 노는 것이라 인식시켜 주고 싶었기에 바른 자세는 강요하지 않습니다.

방학 동안은 독서 양을 늘려보세요. 수학 문제의 정답처럼 정해진 독서 시간이란 없습니다. 아이가 피곤한 날은 넘어가도 되고 5분만 읽는 날도 있습니다. 대신 방학엔 욕심을 내어 독서 시간을 늘리는 걸 추천합니다. 시간적 여유가 많은 방학 중엔 아침을 활용해 단 10분이라도 독서를 평소보다 더 할 수 있게 해주세요.

학교 아침 시간을 활용해보세요. 아이들이 등교를 하면 선생님이 조회를 하기 전 자투리 시간이 있어요. 보통 선생님들은 그 시간에 아이들에게 독서를 권하지요. 하지만 책을 준비해 오는 아이들은 많지 않습니다. 학급문고는 왠지 손이 가지 않아요. 집에서 읽던 재밌는 책을 책가방에 넣어두어 아침 자투리 시간에 독서를 할 수 있도록 하세요. 학교에서의 아침 시간 독서는 수업을 차분하게 준비하는 데도 도움이 됩니다. 중·고등학교에서도 선생님들이 아침 시간을 독서 시간으로 많이 활용하고 있으니 습관을 잡아두면 좋아요.

독서 환경 만들기

아이가 초1이 되어 육아휴직하며 주변 선배 선생님들에게 "휴직 기간 동안 무얼 하며 지냈어요?"라고 물었어요. 선생님들은 하나 같이 "도서관을 내 집 드나들 듯 다녔어요."라고 대답했습니다. 아이 유치원 때까지는 기껏해야 중고전집으로 하루 15분 정도만 책을 읽어준 저에겐 충격적인 말이었습니다. 도서관에 회원 가입도 안 했거든요. 지금은 어떨까요? 지금은 집 앞 도서관은 물론이고 지역의 주변 도서관까지 섭렵해서 책을 빌리러 다닙니다. 집 앞 도서관 책으로는 턱없이 부족하거든요.

아이가 독서를 하려면 책이 필요해요. 아이의 시선이 머무는 곳에 책이 있어야 합니다. 책을 구입하는 것도 좋지만 학교 도서관이나 지역 도서관을 활용하세요. 학교 도서관은 책 빌리는 권수가 지역 도서관만큼 많진 않지만 교과연계 도서, 초등학생 추천도서가 항상 구비되어 있습니다. 아이와 부모님 모두 이용할 수 있어요. 부모님이 아이의 학교 도서관에 함께 방문하면 아이도 즐거워합니다. 지역 도서관은 한글책뿐 아니라 영어 원서도 많습니다. 최신 책들도 손쉽게 볼 수 있는 장점이 있어요. 전집이며 단행본까지 책을 보며 고를 수 있으니 아이 취향에 맞는 책을 수시로 대여해보세요.

도서관에 갈 때 되도록 아이와 함께 가세요. 엄마가 부지런히 도서관을 가는 것도 좋지만 아이와 도서관을 방문하세요. 아이가 만화책 코너에만 서성거려도 괜찮습니다. 만화책을 지겹도록 읽다 분명히 다른 책에도 눈길을 돌릴 거예요. 도서관에 같이 갔다면 아이에게 읽고 싶은 책을 한 권 고르라고 선택권을 주세요. 아이가 고른 책은 본인의 의사가 담겨 있기 때문에 재미있게 읽을 확률이 높습니다. 물론 집 책장에 2주 동안 잠자고 있을지도 모르지만요. 그래도 계속해서 책을 골라보는 게 중요합니다. 하나씩 고르다 보면 읽을 날이 옵니다. 부모님과 함께 다닌 도서관은 책을 익숙하게 만들고 부모님과의 추억도 쌓을 수 있게 해줄 거예요.

독서 시간을 정하고 도서관에서 책을 빌려왔지만 아이는 책을 읽으려는 마음이 생기지 않을 수 있습니다. 오늘따라 책 읽다 말고 졸려하며 딴 생각을 할지도요. 그럴 땐 부모님이 책을 읽어주세요. 아이들 어릴 때 무릎에 앉혀 책을 읽어주었던 것처럼요. "아이가 혼자서 한글도 다 읽는데요?"라고 반문하실 거예요. 《하루 15분 책 읽어주기의 힘》에서는 듣기와 읽기 수준이 중2 무렵에 같아지므로 열네 살 때까지는 책을 읽어주는 것을 권장하고 있습니다. 아이가 원한다면 꾸준히 책을 읽어주세요. 책을 읽어주면 아이의 독서력이 성장할 뿐 아니라 정서적 유대감도 좋아집니다. 듣는 독서로 이야기의 재미를 알고 책을 스스로 읽고 싶어질 거예요.

부모가 책 읽는 모습을 보여주세요. 엄마, 아빠는 손에 스마트폰만 쳐다보고 있으면서 아이에게 책 좀 읽어라 하는 건 어미 게가 아기 게에게 앞으로 걸어가라고 하는 것과 마찬가지입니다. 아이들은 부모의 행동양식을 보고 따라 배웁니다. 아이 독서 시간에 함께 독서를 하세요. 아이는 아이 책을, 부모는 부모 책을 읽는 겁니다. 책을 읽기 싫다면 읽는 척이라도 합니다. 책 읽는 아이처럼 책 읽는 엄마, 멋지지 않나요? 아이가 읽는 짧은 문고판도 좋고 그림책도 좋아요. 아이가 책을 읽을 땐 뭐라도 책을 손에 쥐고 계세요.

즐겁게 책 읽기

줄글 책을 안 읽는 아이들도 학습만화책은 읽습니다. 왜 그럴까요? 재미있기 때문입니다. 책이 간접경험을 하고 배경지식을 넓히는 데 좋은 수단이긴 하지만 아이들에게는 마음에 와닿지 않습니다. 유튜브, 스마트폰에 빠져 순간의 자극적인 눈요기에 홀린 요즘 아이들은 더 그렇지요.

책을 읽게 만들려면 재미가 우선입니다. 줄글 책 중 재미있는 그림과 스토리가 담긴 책들이 많아요. 아이들에게 충분히 매력적이죠. 〈예스24〉나 〈알라딘〉 같은 온라인 서점의 베스트셀러를 살펴보세요. 줄글 책이면서 아이들에게 인기 있는 책들이 있습니다. 베스트셀러인 만큼 우리 아이가 신나서 읽을 확률이 높아요. 아이가 책을 읽으며 낄낄거린다면 성공입니다.

독서가 숙제처럼 느껴지면 안 됩니다. 책을 읽은 후 엄마가 기다렸다는 듯이 "줄거리는 뭐야? 독서 감상문 쓰자."라고 말하면 책읽기에 대한 반감만 키우는 겁니다. 엄마도 육아서 읽고 독서 감상문 쓰나요? 소설책 재미있게 읽고 줄거리를 말하고 싶은가요? 독서는 책 읽는 행동으로 끝나면 됩니다. 아이가 재밌어서 책의 내용을 바탕으로 그림을 그리든 미니북을 만들든 독후활동은 스스로 해요. 한글 책이며 영어 책이며 묻지 마세요. 궁금해서 미칠 정도라면 "재밌었어?"라는 한 마디면 충분합니다.

이왕 독서를 한다면 다양한 영역을 골고루 읽히면 좋겠습니다. 편독은 또 다른 걱정거리입니다. 초등 독서에는 문학책이 꼭 들어갔으면 합니다. 문학은 주인공을 중심으로 서사가 담겨 있습니다. 긴 호흡의 글을 읽으며 스토리를 끝까지 놓치지 않으며 읽어야 하지요. 책을 끝까지 읽으며 자연스럽게 예민한 언어 감각이 생깁니다. 다독을 한 아이들이 수능에서도 좋은 점수를 받는 이유가 여기에 있어요. 국어 영역에서 나오는 문학, 독서 지문을 기계 분해하듯이 읽지 않고 언어 감각으로 다각도에서 분석하고 추론하며 문제를 풀게 됩니다. 독서로 다져진 언어 감각은 국어는 말할 것도 없고 영어, 탐구 영역에도 도움이 됩니다.

이야기 형식을 빌려 비문학 요소를 넣은 책은 어떨까요? 예를 들면 과학 원리나 수학 개념을 설명하기 위한 이야기책들 말입니다. 이런 책들은 아무래도 순수 문학 책보다 스토리의 연계성이 떨어집니다. 아이들이 문학 작품을 온몸으로 느끼며 젖어들어 스토리에 빠져들게 해야 합니다. 물론 편독보다는 골고루 책을 읽는 게 좋지요. 아이가 읽지 않는 분야의 책은 엄마가 읽어주세요. 엄마가 해리 포터, 과학자가 되어주며 하루 10분씩이라도 즐겁게 책을 읽어주세요. 힘에 부친다면 오디오 독서를 추천합니다.

저는 학습만화책의 긍정적인 면을 지지하는 편입니다. 그렇다고 학습만화만 읽어도 된다는 말은 아니고요. 줄글 책은 필수입니다. 독서 시간은 줄글 책을 읽은 것만 계산해요. 만화책은 여가 시간에 읽는 것이죠. 사회, 과학, 철학, 위인 등 아이들이 접근하기 어려운 분야는 학습만화를 활용하는 것도 좋은 방법입니다. 배경 지식이 쌓인 상태에서 수업에 임하면 더 재미있게 학습을 할 수 있습니다. 아이가 노는 시간에는 학습만화도 허용해주는 유연함이 필요합니다.

독서 감상문 쓰기

모든 책을 읽고 독서 감상문을 쓸 필요는 없지만 독서 감상문 쓰는 기술은 초6까지는 꼭 익혀두어야 합니다. 중학생이 되면 독서 감상문을 작성하여 선생님께 증빙자료로 보여주어야만 학생부에 독서 이력이 기록됩니다. 중학생들도 독서 감상문 쓰는 걸 어려워합니다. 줄거리와 느낀 점을 쓰는 것이지만 글쓰기는 부담되는 일이니까요. 독서 감상문 쓰기에 대한 내용은 3학년 2학기에 배웁니다. 이제 막 독서 감상문을 쓰기 때문에 지나치게 높은 수준의 글을 요구하지 않습니다. 한 줄부터 시작하세요. 그것만으로도 훌륭합니다.

처음 시작은 독서 리스트입니다. 독서한 책의 제목을 쓰는 거예요. 올해의 목표, 이번 학기의 목표, 이번 달의 목표 등을 정해 상품도 걸어보세요. 리스트에 아이가 읽은 책의 제목이 하나씩 늘어갈 때마다 뿌듯함이 밀려옵니다. 이번 학기 100권을 목표로 했는데 95권쯤 되면 하루에 다섯 권을 몰아 읽으며 100권을 만드는 신공을 발휘할지도 몰라요. 그렇게 꼼꼼하게 적어놓은 독서 리스트는 독서 포트폴리오가 됩니다.

독서 리스트도 써봤겠다, 이젠 독서 감상문을 써봐야겠지요? "이 책 읽고 느낀 점 써봐."라고 말하면 "재밌었다."라고 쓴 독서 감상문을 확인할 수도 있습니다. 아직 독서 감상문 쓰기가 익숙하지 않아서 그렇습니다. 아이들에게 글 쓰는 형식을 알려주면 더욱 쉽게 글을 쓸 수 있습니다. 추상적인 말보다 어떤 장면이 인상적이었는지, 그 부분에서 어떤 감정이 들었는지 질문해주세요. 한 문장을 쓸 때도 '넬로가 불쌍했다.'라고 쓰는 것보다 '넬로는 씩씩하게 살았는데 꿈을 이루지 못하고 죽어서 불쌍했다.'라고 쓸 수 있도록 유도합니다. 예시를 들어주는 것도 아이들의 글쓰기 자신감에 도움이 됩니다.

한 줄에서 두 줄, 세 줄씩 천천히 양을 늘려주세요. 초3은 아직 논리적, 종합적 사고가 발달되지 않았기에 줄거리를 줄줄 쓰고 느낀 점을 장황하게 쓰지 못합니다. 간단한 형식을 알려주고 거기에 맞게 쓴다면 잘하고 있는 거예요. 학교에서 내주는 독후활동 양식인 만화 만들기, 주인공에게 상장 주기, 책 주인공 소개하기 등 간단하게 책의 내용을 표현하는 것만으로 충분합니다.

일기를 매일 쓰고 일기의 양이 공책 한쪽을 채워간다면 독서 감상문 쓰기도 수월해집니다. 처음에 한 줄이었던 독서 감상문을 두 줄, 세 줄 늘려 쓸 수 있어요. 한 줄 감상평에서 인상적인 장면을 찾아 묘사하고 느낀 점을 쓸 수 있게 됩니다. 일기, 자유 글쓰기, 신문

보고 글쓰기 등 매일 쓰기를 습관처럼 하면 독서 감상문은 자연스럽게 쓸 수 있어요. 독서 감상문도 쓰기의 연장선이니까요. 매일 쓰기 습관을 들여 글을 쓰고 있다면 학교에서 선생님이 내주시는 독서 감상문 숙제만으로도 충분합니다.

아이가 쓴 독서 감상문은 버리지 말고 모아두면 좋습니다. 중·고등학교에서는 중요한 학생부 증빙 자료입니다. 초등부터 자신의 글을 소중히 여기고 모아두는 습관은 자신의 학생부 스펙을 챙기는데 도움이 됩니다. 초등은 아직 수기로 글을 쓰는 연습을 하기 때문에 독서 감상문을 손으로 쓰지만 중학생만 되더라도 컴퓨터를 이용하여 독서 감상문을 관리합니다.

중·고등학생들은 교육부에서 운영하는 〈독서교육종합지원시스템〉 인터넷 사이트를 이용하여 독서 감상문을 작성합니다. 그 자료를 바탕으로 학생부에 입력되기 때문이에요. 〈독서교육종합지원시스템〉은 초등학생도 활용이 가능합니다. 〈독서교육종합지원시스템〉은 도서 검색, 독서 감상문 작성, 독서 토론, 독서 퀴즈, 자신의 독후활동 관리 등을 할 수 있어요. 초등 고학년부터는 지역별로 운영되는 시스템을 활용하여 독서 이력을 관리합니다. 회원 가입 시 학교에서 발급받은 아이디가 필요하니 학교에 문의 후 사용하세요.

Chapter 14

비교과 영역 2 : 슬기로운 학교생활

창의적 체험 활동

학교 수업은 국어, 영어, 수학 등의 교과 수업과 자율 활동, 동아리 활동, 진로 활동, 봉사 활동으로 편성되어 있습니다. 자율 활동, 동아리 활동, 진로 활동, 봉사 활동을 통틀어 창의적 체험 활동이라 합니다. 학교는 공부를 배우는 장이기도 하지만 사회성을 익히는 장소이기도 합니다. 창의적 체험 활동은 아이들에게 민주 시민으로서 필요한 자질과 자아실현을 위한 태도를 함양하기 위해 꼭 필요한 시간입니다.

자칫 교과 시간이 아니기에 중요도가 떨어집니다. '뭐 이런 걸 학교에서 시켜?'라며 숙제라도 내주면 하지 않거나 대충하기 일쑤입니다. 하지만 교과 시간만큼 창의적 체험 활동은 슬기로운 학교생활을 위해 소중한 시간입니다. 중·고등학교에서는 상급 학교의 입시에 활용되는 평가 요소이기도 하고요. 창의적 체험 활동의 각 활동별로 중요한 사항과 갖추어야 할 태도를 살펴보겠습니다.

자율 활동

자율 활동은 성숙한 민주시민으로 살아갈 수 있는 역량을 함양하는 데 목적이 있습니다. 아이가 학교에서 반장선거를 하거나 학급회의를 하지요? 대표적인 자율 활동입니다. 학급회의, 전교회의, 모의회의, 토론회, 자치법정 등 협의 활동은 자율 활동 중 하나예요. 또 학교생활에 필요한 기본 생활인 질서, 예절, 준법 등의 습관 형성을 위한 활동도 자율 활동에 해당합니다.

다양한 자율 활동 중 초·중·고 선생님 통틀어 가장 활발하게 사용하는 활동은 1인 1역일 거예요. 1인 1역은 교실에서 아이들이 각각의 역할을 맡는 것입니다. 에너지절전 담당, 환기 담당, 게시판 담당 등 사소한 일이지만 아이들이 교실에서 할 수 있는 일을 하나씩 책임집니다. 모든 아이가 만족스러운 역할을 맡을 수는 없을 거예요. 그래도 자신에게 주어진 일은 열심히 해야 해요. 1인 1역은 성실함과 책임감을 가장 잘 보여주는 활동입니다. 이 활동은 학창 시절 내내 하며 고3까지도 이어집니다.

학교마다 다르겠지만 해마다 체육대회나 학예회가 있습니다. 아이들이 저마다의 끼를 뽐내는 무대가 됩니다. 체육대회와 학예회를 위해 따로 사교육을 할 필요는 없습니다. 평소에 잘하는 걸 연습해서 준비하면 됩니다. 선생님도 신경 써서 준비하겠지만 가정에서도 잘 하고 있는지 물어보고 관심을 가져주세요. 친구들 앞에서 준비도 없이 쭈뼛쭈뼛 있으면 자신감이 떨어집니다. 아이가 스스로 준비하도록 격려해주면서 도움이 필요한 경우 지원해주세요. 공부를 잘하지 못해도 학교 행사에 적극적으로 활동하는 아이들은 선생님의 예쁨을 받습니다. 활동을 통해 자신의 재능과 끼를 발견하는 계기가 되기도 하고요.

학년 초가 되어 아이들도 관심 있어 하는 자율 활동은 반장 선거입니다. 반장은 학교마다 다르지만 학기별 또는 학년별로 선출합니다. 요즘은 반에서도 회장, 부회장이라고 칭하는 곳이 많지요. 중·고등학교에서는 반장, 부반장을 하면 내신 점수에 반영되기도 됩니다. 그래서인지 내신 점수를 따기 위해 임원이 되기를 원하는 아이가 있어요. 그런 아이들은 꼭 "저는 부반장 하려고요."라고 말하며 꼼수를 부리죠. 반장은 너무 할 일이 많거든요. 예쁘지 않은 마음으로 부반장이 된들 학생부에 좋은 말이 적힐까요? 선생님은 아이의 본심을 다 알고 있는데 말이죠. 반장, 부반장은 봉사심, 리더십, 책임감이 뒤따르는 역할입니다. 점수를 위해서 씌어주는 감투가 아니에요. 그렇기에 아이의 의지가 중요합니다. 아이가 원한다면 적극적으로 밀어주세요. 마음을 다해 봉사하고 학급을 통솔하는 기회를 만들어주세요. 혹 선출되지 않더라도 좋은 경험이 됩니다.

모든 학생이 꼭 반장, 부반장을 해야 하는 건 아닙니다. 자신의 역할에 최선을 다하고 학급 일에 적극적으로 활동하는 것만으로도 충분해요. 학교에서 줄넘기 인증 활동을 한다면 기준에 도달하도록 열심히 연습하는 모습을 보여주면 됩니다. 학교에서 하는 모든 활동에는 의미가 있다는 걸 기억하세요.

동아리 활동

동아리 활동은 다양한 경험과 문화 체험을 통해 아이의 재능을 발굴하는 시간입니다. 초1, 2까지는 아이의 의사와 상관없이 일괄적으로 자신이 속한 학급에서 활동을 합니다. 고학년부터는 자신이 원하는 동아리를 선택, 지원하여 활동합니다. 동아리 시간이 되면 해당 교실로 이동해서 활동을 합니다. 동아리는 학년 초에 결정하면 바꾸기 어려워요. 따라서 동아리 선택을 할 때 신중하게 해야 합니다.

초등의 동아리 활동은 보통 예술, 체육 활동으로 구성됩니다. 난타, 리코더, 음악줄넘기, 댄스, 캘리그라피, 토탈 공예 등 학교마다 다르게 동아리가 개설됩니다. 고학년이 되면 독서, 발명 등 학술 문화 활동이 만들어지기도 해요. 동아리 활동은 자신이 직접 선택하고 체험 중심으로 운영되기 때문에 보통 아이들은 흥미롭게 참여합니다.

중·고등학교에 가면 동아리에서 활동한 내용이 포트폴리오가 되고 스펙이 되어 입시와도 연관되기 때문에 동아리 활동 선택은 매우 중요합니다. 중학생들은 친구 따라 동아리를 선택하기도 하는데 고1부터는 자신이 전공하고자 하는 계열의 동아리를 선택하는 게 일반적입니다. 과학 계열로 진학을 하고 싶은 아이들은 과학 실험, 발명 동아리 등을 선택해요. 과학 계열을 전공하고 미술은 취미로 하려는 아이가 미술 동아리를 선택하면 입시에 불리하다는 뜻입니다.

학년이 올라갈수록 동아리 선택이 중요하다는 걸 아이에게 알려주세요. 또한 동아리 활동 시간에도 능동적으로 참여하며 배움의 즐거움을 맛보도록 해주세요.

진로 활동

진로 활동은 흥미, 소질, 적성을 파악하여 자신을 이해하고 자아정체성을 확립하는 데 첫 번째 목표가 있습니다. 두 번째는 자신의 진로를 개발하고 지속적으로 발전시키는 것입니다. 초등학교에서는 아이들이 자신에 대해 이해할 수 있는 기회를 제공해요. 아이들이 개성과 소질을 인식하고, 일과 직업에 대해 편견 없는 태도를 갖도록 합니다.

초1부터 아이들에게 '꿈'에 대해 묻는 수업 시간이 있습니다. '꿈'에 대해 묻고 진로에 대해 탐색하는 수업은 고3까지도 계속됩니다. 중·고등학교에서는 초등보다 진로에 대한 중요성이 높아지며 학교에서도 수업으로 다루는 횟수가 늘어납니다. 아이들의 꿈은 시시때때로 변하지요. 괜찮습니다. 아직 자신을 알아가는 과정이니까요. 진로 시간을 활용해서 아이가 해온 결과물을 보며 아이의 흥미와 적성을 발견하는 기회로 삼으세요. 만약 아이 꿈이 '역사학자'였다면 역사학자와 관련된 신문기사나 책을 통해 사고의 확장을 도와주세요. 학교에서 활동한 내용을 집에서 연계해준다면 진로 활동의 효과가 더욱 커질 거예요.

초등 고학년, 중·고등학교에 가면 학교에서 진로와 관련된 검사를 실시합니다. 성격, 심리, 학습 태도, 직업 등 아이의 진로 적성을 파악하는 중요한 자료가 됩니다.(참고로 아이큐는 나오지 않습니다.) 가끔 이런 검사를 할 때 훌륭한 결과를 받기 위해 고민하며 답을 하는 경우가 있어요. 또는 한 번호로 찍는 아이도 있습니다. 자신을 객관적으로 알아볼 수 있는 검사인 만큼 진지하게 선생님의 지시에 따라 검사해야 합니다. 검사 결과는 대체로 정확하고 분석적입니다. 아이를 이해하고 진로를 함께 고민하는 데 활용하세요. 필요하다면 검사 결과를 가지고 선생님과 상담을 해도 좋습니다.

진로 활동의 결과는 담임 선생님들에게도 아이를 파악하는 자료로 십분 활용됩니다. 검사 결과를 통해 상담한 내용을 학생부에 적기도 합니다. 대학에서 보는 학생부의 진로 활동란은 얼굴도 모르는 아이의 적성과 특기를 여실히 드러내주는 이력서가 됩니다. 지금 꿈이 없어 걱정하는 것보다 학교에서 하는 진로 활동에 적극적으로 임하며 자신의 진로를 진심을 다해 탐색하는 태도가 필요합니다.

봉사 활동

봉사 활동은 나눔과 배려를 실천하고 환경을 보존하는 생활 습관을 만들어 더불어 사는 삶을 체득하는 활동입니다. 이웃돕기, 환경보호, 캠페인 활동으로 구성됩니다. 대표적인 봉사 활동으로는 학교에서 대청소를 하는 거예요. 그리고 학습이 느린 친구나 장애 친구를 돕는 활동을 들 수 있습니다.

학교 외에 봉사 활동을 하고 싶은 경우에는 담임 선생님에게 미리 계획서를 제출한 후 봉사 활동을 할 수 있습니다. 학교의 승인을 받은 후 개인적으로 한 봉사 활동은 학생부에 기록이 됩니다. 앞서 학생부 부분에서 설명했듯이 1365자원봉사포털(나눔포털)(행정안전부), VMS(보건복지부), DOVOL(여성가족부)를 통해 실천한 내용을 학생부에 연계해서 반영할 수 있어요.

초등에서 개인적으로 봉사 활동을 하는 경우가 많지는 않지만 중학교에서는 봉사 활동이 내신점수에 들어가기 때문에 필수로 개인 봉사를 해야 합니다.

사실 초등학교에서 봉사 시간은 크게 신경 쓸 영역은 아닙니다. 봉사란 시간이 중요한 게 아니고 마음이 우러나야 하는 것이니까요. 학교생활을 열심히 하고 학교에서 하는 봉사 활동에 충실히 임하면 됩니다. 초등 때 누적된 봉사 시간이 중학교까지 이어지는 것도 아니고 중학교에 가면 0부터 다시 시작해야 하니까요. 인성계발을 위해 나눔을 실천하고자 봉사 활동을 하고 싶다면 사설 기관이나 외국에서 하는 활동은 인정되지 않으니 봉사 활동 계획서를 꼭 담임 선생님에게 승인받아 현명하게 실시하세요.

| 한 눈에 보는 초3 학생부 공부습관 |

학생부 영역	과목	필수			선택
교과	국어	교과서 복습	독서	쓰기	독해 문제집, 한자
	수학	교과서 복습	연산 문제집	교과 문제집	심화 문제집, 선행 문제집
	영어	교과서 복습	독서 (청독, 묵독)	듣기	말하기, 쓰기, 독해 문제집
	사회	교과서 복습	독서		체험학습, 교과 문제집
	과학	교과서 복습	독서		체험학습, 교과 문제집
	예체능	성실하게 수업에 참여하기			체육·음악· 미술 학원
	과세특	경청, 집중하며 수업에 임하기			
교과 +비교과	행동 특성 및 종합 의견	예의 바르게 행동하기, 능동적으로 학교생활 하기			
비교과	독서 활동	매일 40분 이상 독서			독서 목록, 독서 감상문
	창의적 체험 활동	학교활동 적극적으로 참여하기			진로탐색, 개인 봉사 활동

Part 3

미래 교육의 시작
: 고교학점제에 대비하는 초3의 습관

Chapter 01

고교학점제 파헤치기

2025년에는 '고교학점제'가 전면 시행됩니다. 남의 이야기가 아닙니다. 우리 아이의 가까운 미래예요. 고교학점제가 도입되면 당연히 대학 입시 제도도 바뀌게 될 거예요. 변화하는 교육과정을 파악하고 현명하게 공부습관을 들여야 합니다.

고교학점제란

고교학점제는 학생들이 진로에 따라 다양한 과목을 선택·이수하고 누적 학점이 기준에 도달할 경우 졸업을 인정받는 제도입니다. (교육부, 2017) 학생 중심의 교육을 표방하며 학생의 진로 선택과 개인 역량이 강조되는 교육과정으로, 학생의 과목 선택권이 확대됩니다. 대학에서 전공에 따라 자신이 수강하고자 하는 과목을 신청하여 학점을 이수하는 것과 비슷해요.

고교학점제는 시대의 흐름에 맞춘 교육 시스템입니다. 이미 미국, 영국, 핀란드, 캐나다, 호주 등의 국가에서 학점제 형식의 교육과정이 시행되고 있으며, 가까운 아시아 국가 중 싱가포르, 홍콩 등에서도 운영하고 있습니다. 미래 사회는 빠르게 변화하고 있습니다. 인공지능의 발달로 다양한 직업이 없어지기도 하고 생겨나기도 하지요. 학령인구도 줄어들고 있어요. 과거 지식의 축적 중심이었던 교육에서 학습자 중심의 교육 필요성이 대두되고 있습니다. 미래를 선도하는 인재 육성을 위한 교육의 변화는 당연하지요. 앞으로는 주체적인 삶을 살기 위한 역량이 필요합니다. 아이들에게 자신의 특기, 흥미, 적성을 이해하고 진로를 개척하는 적극성과 자기주도학습 능력이 요구되는 때입니다.

이러한 연유로 학생 중심의 교육과정에 대한 개편은 지속해서 이루어졌습니다. 1997년 제7차 교육과정에서 학생들이 자신이 선택하여 이수한 과목들을 모아 교육은 '자신의 과정을 만들어가는 것'이라고 강조했고(교육부, 1997), 이후 2015 개정 교육과정까지 교육의 변화가 진행되는 동안 우리나라 교육과정은 학생 중심의 교육과정을 표방하였습니다. 문·이과 구분을 없애고 개별적인 학생의 진로, 적성에 따른 맞춤형 교육과정을 위해 노력해왔어요. 아직은 제한적인 교육 환경과 입시 위주의 교육은 겉으로는 학생의 개별성을 존중한다고 하지만 실제로는 문·이과가 존재하는 모습입니다.

고교학점제의 도입은 '학교의 선택'이 아닌 '학생의 선택'을 위한 교육 시스템이라는 점에서 의미가 있습니다. 고교학점제가 시행된 후의 고등학교는 지금과는 완전히 다른 모습일 것입니다. 학생 맞춤형 교육이 실현될 거예요. 아이들이 진로에 맞추어 수업을 선택해서 전문적인 교과목을 공부하게 됩니다. 이를 위해서 학교마다 다양한 과목을 개설하는 것도 중요하지만 아이가 자기주도적으로 자신의 진로와 적성을 파악하고 탐색하며 꿈을 설계하는 역량이 필요합니다.

고교학점제의 특징

고교학점제는 아이가 주어진 교육과정을 수동적으로 따라가는 것이 아닙니다. 학생 개별성에 중점을 두며 다양성을 존중합니다. 같은 학년이라도 흥미, 적성, 학습 속도가 모두 다르지요. 획일화된 교육에서 벗어나 개인의 방향과 속도에 맞춰 졸업이 이루어집니다. 아이들의 과목 선택권이 넓어지면서 개설될 과목의 수도 전문화되고 다양해질 거예요.

학교의 장벽도 무너질 것입니다. 단위학교뿐 아니라 단위학교에서 개설하기 어려운 교과를 주변 학교와 협력하여 교육과정을 운영합니다. 실시간 쌍방향 소통이 가능한 온라인형 공동교육과정으로 원하는 수업을 어디서나 수강할 수도 있어요. 지역 대학이나 사회 기관과 연계해 학교 밖 학습 경험이 확대될 것입니다. 실제 원격으로 독일 대사관을 연결하여 독일어 수업을 한 사례가 있다고 하니 물리적 거리는 이제 중요하지 않습니다. 따라서 2025년에는 모든 자사고, 외고, 국제고가 일반계 고등학교로 전환됩니다. 대대적인 변화가 예상되지요? 고교학점제 운영에 따른 구체적인 특징을 살펴보겠습니다.

첫째, 교육과정이 변합니다. 고교 3년 동안 이수해야 하는 총 학점이 정해지고, 필수로 이수해야 하는 학점과 학생이 자유롭게 선택 가능한 학점을 제시합니다. 고등학교 1학년은 기초적/필수적인 공통 과목을 배우고 2, 3학년의 경우 자신의 진로와 적성에 맞게 과목을 선택해서 배웁니다. 국어, 수학, 영어, 한국사, 통합사회, 통합과학은 아이들의 기초 공통 과목으로, 필수로 이수해야 합니다.

둘째, 평가 제도가 변합니다. 성취 기준에 근거하여 평가하고, 정해진 성취 수준에 미달하면 학업 보충 기회를 제공하지요. 상대평가가 없어지고 절대평가로 바뀝니다. 줄 세우기식 평가에서 벗어나 교사별 평가와 과정 평가가 중심이 됩니다. 객관식 지필고사의 비중이

| 학점제형 학사제도 운영 |

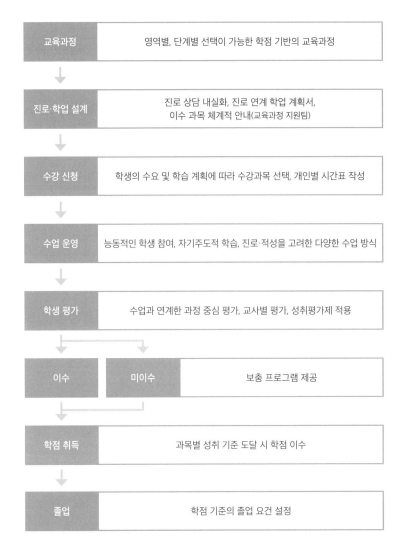

| 교육과정 | 영역별, 단계별 선택이 가능한 학점 기반의 교육과정 |

| 진로·학업 설계 | 진로 상담 내실화, 진로 연계 학업 계획서, 이수 과목 체계적 안내(교육과정 지원팀) |

| 수강 신청 | 학생의 수요 및 학습 계획에 따라 수강과목 선택, 개인별 시간표 작성 |

| 수업 운영 | 능동적인 학생 참여, 자기주도적 학습, 진로·적성을 고려한 다양한 수업 방식 |

| 학생 평가 | 수업과 연계한 과정 중심 평가, 교사별 평가, 성취평가제 적용 |

| 이수 | 미이수 | 보충 프로그램 제공 |

| 학점 취득 | 과목별 성취 기준 도달 시 학점 이수 |

| 졸업 | 학점 기준의 졸업 요건 설정 |

출처: 교육부 고교학점제 홈페이지 www.hscredit.kr

줄고 학생의 성장 과정을 평가할 거예요.

셋째, 졸업 제도가 변합니다. 일정 출석 일수에 맞추어 졸업하던 기존의 방식에서 벗어나 개인이 이수한 학점을 근거로 졸업을 결정합니다. 따라서 수업 연한이 3년으로 되어 있는 것에 유연성을 두며 조기 졸업, 유급도 가능해집니다. 고등학교 입학은 같이 하더라도 학생마다 졸업 시기가 달라진다는 얘기예요.

고교학점제는 모든 학생의 잠재력과 역량을 키울 수 있는 교육의 방향입니다. 암기식 공부에서 벗어나 자기주도적 학습을 함양하고 개별화된 교육으로 배움의 질을 높일 수 있어요. 아이의 진로와 적성에 따른 과목선택권이 넓어지는 만큼 학습 동기도 고조됩니다. 숫자로 매겨지는 정량 평가에서 벗어나 발전 가능성, 과정을 평가하는 정성 평가로 전환될 것입니다. 또한 아이의 역량과 속도에 맞는 학생 맞춤형 교육과정입니다.

고교학점제는 언제 시행되나?

교육부(2017)에서 고교학점제 추진 방향에 대해 발표하며 시행 계획을 언급하였습니다. 단기간에 모든 학교가 시행하는 것은 아닙니다. 제도적 기반을 구축하는 데 시간이 필요해요. 2018년부터 2021년까지는 고교학점제의 도입 기반을 마련하기 위하여 연구 ·

선도학교를 운영하였습니다. 운영 모형 및 제도 개선 사항을 파악했어요. 수강 신청제를 도입하고 다양한 선택 과목을 개설하여 학생이 직접 수강 신청을 할 수 있도록 하였습니다. 이후 2020년에는 51개 마이스터고를 대상으로 고교학점제를 시행하기 시작했습니다. 마이스터고는 전문적인 직업교육의 발전을 위하여 산업계의 수요에 직접 연계된 맞춤형 교육과정 운영을 목적으로 하는 '산업 수요 맞춤형 고등학교'입니다. 전문성을 가진 다양한 과목을 이미 배우고 있었기에 고교학점제 운영의 실제를 파악하는 데 마이스터고를 먼저 적용해보는 것이 적격이었지요. 2022년부터 2024년에는 고교학점제를 전체 특목고와 일반고에 부분적으로 도입할 예정입니다. 전국의 모든 고등학교가 시행되기 전 충분한 제도 기반이 마련될 거예요.

2025년에는 전체 고등학교에서 본격적으로 시행됩니다. 전 과목 성취평가제를 적용하여 완성된 고교학점제가 출발할 거예요. 성취평가제는 국가, 교육과정에 근거하여 교과별 성취 기준에 도달한 정도를 평가하는 것으로 정도에 따라 A, B, C, D, E로 성취도를 부여합니다. 수치화된 서열 중심 평가가 아닌 목표 중심의 평가입니다. 2021년 기준 초등학교 6학년 이하 아이들은 모두 고교학점제 아래 고등학교 생활을 하게 됩니다.

고교학점제 시행 계획		
학점제 도입 기반 마련	2018년	◎ 고교학점제 연구·선도학교 운영 시작
	2020년	◎ 마이스터고(51교) 대상으로 우선 도입
학점제 제도 부분 도입	2022년 ~ 2024년	◎ 특성화고 도입 ◎ 일반고 부분 도입
학점제 본격 시행	2025년	◎ 전체 고교 본격 시행

출처: <고교교육혁신방향> 교육부, 2018

고교학점제 이후 교육의 변화

지금 초등학생들이 고등학생이 되면 미국 드라마 〈가십걸〉의 주인공들처럼 수업을 듣게 되는 걸까요? 등교 후 사물함이 즐비한 복도에서 친구들과 인사를 하고 수업 시간이 되면 교과 교실로 옮겨가는 모습을 상상해봤습니다. 고교학점제 시행 후 학교는 지금과는 사뭇 다른 모습일 거예요. '우리 반', '우리 학교'라는 개념이 옅어질 거예요. 개인이 이수 학점에 따라 졸업을 하니 졸업 동기라는 말도 없어질지도 모르겠네요. 고교학점제 이후 교육의 변화에 대해 생각해볼까요?

첫째, 과정 중심의 평가 방식이 확대됩니다. 고교학점제는 객관식 지필 평가 비중을 줄이고 학생별 과정 중심 평가를 중시합니다. 암기력을 보지 않고 사고력, 창의력, 문제해결력을 본다는 의미예요.

2025년 이후엔 절대평가가 도입되고 객관식 평가를 지양하라고 공시한 것으로 보아 앞으로의 평가는 생각하고 표현하는 능력이 더욱 강조될 것입니다. 학교 내신 평가가 바뀜에 따라 대학입시도 달라질 거예요. 교육부에서는 2025학년 고교학점제 시행과 더불어 2028학년도 대입 개편을 준비하고 있습니다. 수능에도 서술형 또는 논술형 문항이 도입될 수도 있다는 전망입니다.

둘째, 학습자가 주도하는 수업 방식이 활성화됩니다. 객관식 평가가 줄어들면 지식 전달형 수업보다 학습자 참여 중심의 수업이 늘어날 거예요. 선생님이 교단에 서서 강의식으로 수업하는 형식은 더욱 줄어들 것입니다. 지금도 학교 현장에서는 모둠 수업, 토의·토론 등 아이들이 이끄는 수업 방식이 다양한 과목에서 진행되고 있지만 고교학점제가 되면 학습자 중심의 수업 형태인 프로젝트 수업, 플립러닝(거꾸로 수업), 토의·토론 등의 수업이 더욱 활성화될 거예요.

셋째, 고교학점제는 개인의 진로 개척 역량을 요구합니다. 과목 선택에 있어 자신의 진로와 적성을 파악할 수 있는 능력이 우선되어야 합니다. 꼭 어떤 직업을 갖겠다 확정할 수는 없더라도 관심 있는 분야와 잘하는 과목에 대해 자기 이해가 있어야 합니다. 자신의 진로 설계 능력이 중요해요. 나에게 맞는 진로에 필요한 과목에 대한 정보 정도는 충분히 알아야 현명한 선택을 할 수 있어요. 정보가 넘쳐나는 시대지만 적극적으로 정보를 탐색하고 제대로 선택할 수 있는 역량을 키워야 합니다.

　고교학점제는 지난 10여 년간 교육에서 일어난 점진적 변화 과정입니다. 아이들의 개별성을 존중하고 유의미한 배움이 일어나도록 하기 위한 시스템이에요. 아이들은 자신의 진로를 개척하며 과정 중심의 평가, 학습자 중심의 수업 방식에 대비해야 합니다. 고교학점제가 시행되더라도 대학은 필수 교과인 국어, 수학, 영어, 사회, 과학 등 기본 교과를 가장 중요시합니다. 기본 과목에 충실해야 하는 것은 지금이나 앞으로나 변하지 않을 거예요. 기본 교과에 충실하며 변화되는 교육 현장에 필요한 개인의 역량을 키워야 합니다.

Chapter 02

초3 습관이 고교학점제에
영향을 미치는 이유

고교학점제가 도입된다고 하니 사교육시장에서는 트렌드에 맞추어 다양한 강의를 개설하고 있어요. 사물인터넷 전문가, 홀로그램 전문가, 콘텐츠 크리에이터 등 미래 유망 직종을 소개하고 체험하는 학원들이 생겨나고 있습니다. 진로가 대입에도 영향을 미친다니 초조한 부모는 초등 아이를 데리고 스피치 학원, 토론 학원, 콘텐츠 제작 학원을 분주히 드나듭니다.

중학교의 자유학년제, 고등학교의 고교학점제, 대학입시의 학생부종합전형까지 이어지는 교육의 시스템은 아이에게 스무 살도 되기 전에 빨리 진로와 적성을 찾으라고 합니다. 진로를 정하지 못하면 대입에도 실패할 거란 불안감을 안겨주지요. 부모의 불안감에 아이들은 공부해야 할 과목이 하나 더 늘어납니다. 국, 영, 수에 집중하기도 바쁜데 진로까지 선행해야 하는 걸까요?

교육의 변화에 대비하면 좋지요. 하지만 현명하게 준비했으면 합니다. 우선순위도 없이 돈과 시간을 쏟아부어 아이도 부모도 힘들지 않았으면 합니다. 변하는 교육에서 필요한 역량은 무엇인지 파악하고 내 아이에 맞게 차근차근 준비하면 됩니다.

앞서 고교학점제의 이후 교육의 특징은 과정 중심 평가의 활성화, 학생 중심 수업의 확대, 진로 선택 역량 요구의 증가를 들었습니다. 아이들은 앞으로 수업 중 자신의 목소리를 크게 내야 하는 경우가 많아질 거예요. 주도적으로 수업을 이끌고 공부할 수 있는 힘이 필요합니다. 또한 진로를 적극적으로 탐색하고 준비하는 자세가 갖추어져야 합니다. 이러한 고교학점제에서 요구하는 핵심 역량에 따라 초등 시절에는 어떤 점에 중점을 두어야 하는지 다음 표(201쪽)를 통해 살펴보겠습니다.

중·고등학교의 주요 활동에서 보듯 아이가 과정 중심 평가 역량, 학생 중심 수업 역량, 진로 개척 역량을 갖출 수 있도록 초등부터 차근차근 준비합시다. 아이 중심의 학교 활동은 선생님이 하라는 대로 한다고 능력이 키워지는 데 한계가 있어요. 틈틈이 준비해서 이루어져야 하는 것들입니다. 글쓰기를 자주 해본 아이가 서술형 평가도 술술 잘 쓰고 가족들 앞에서 자기 의견을 자신 있게 말해본 아이가

고교학점제 핵심 역량	중·고등학교 주요 활동		초3 핵심 습관
과정 중심 평가 역량	발표, 서술·논술, 토론·토의, 프로젝트, 실험·실습, 보고서, 포트폴리오, 자기 평가·동료평가	▶	쓰고 말하는 공부습관
학생 중심 수업 역량	모둠수업, 프로젝트수업, 플립러닝, 토의수업	▶	주도적 공부습관
진로 개척 역량	동아리 선택, 과목 선택	▶	진로를 준비하는 습관

친구들 앞에서도 발표를 잘 하기 때문입니다.

초등부터 '쓰고 말하는 공부습관, 주도적 공부습관, 진로를 준비하는 습관'을 생활에서 실천하세요. 단단하게 다져진 습관은 중·고등학교에 가서 고교학점제가 실행되어도 끄떡없는 실력으로 발휘될 거예요.

쓰고 말하는 공부습관

중·고등학생이 되면 초등과 달리 수행 평가, 지필 평가 등 다양한 시험이 있어서 걱정이 많아집니다. 진짜 공부가 시작된다니 무엇부터 준비해야 하나 고민이 됩니다. 거기에 고교학점제로 서술·논술형 평가가 늘어나고 학습자 위주의 수업이 된다니 무엇부터 해야 할지 모르겠습니다.

간단하게 생각해볼까요? 지금 초등학교에서도 아이들은 모둠수업, 발표 수업, 글쓰기 수업 등을 하고 있습니다. 그 활동들이 중·고등학교에 가며 논리적인 사고와 문제해결력을 요구하는 평가의 형태로 이어지는 거예요. 내신 성적에 들어가니까 중요도가 높게 느껴질 뿐 초등과 크게 변한 건 없습니다. 고등학교에서 필요한 역량들을 초등학교에서부터 기초를 닦으며 준비할 수 있다는 얘기입니다.

과정 중심 평가인 발표, 서술·논술, 토론·토의, 프로젝트, 실험·실습, 보고서, 포트폴리오, 자기 평가·동료 평가 등은 대부분 쓰고 말하는 활동입니다. 이제 읽고 암기만 해서는 학교에서 좋은 성적을 받을 수가 없어요. 쓰고 말하는 능력은 필수입니다.

발표 수업은 지금도 활발하게 이루어지는 수행 평가의 형태입니다. 국어, 영어의 말하기 수업은 물론, 과학 보고서를 발표한다든지, 역사신문을 만들어 의도를 설명하는 등 모든 과목에서 이루어집니다. 자신 있고 논리적으로 의견을 말하는 아이들이 있는가 하면 부끄러워서 얼굴을 들지 못하고 작은 목소리로 말하는 아이들이 있어요. "내성적인 아이라 앞에서 말을 잘 못해요."라고 넘기지 말고 자신의 의견을 바르고 정확하게, 자신감 있게 표현하는 능력을 키워야 합니다. 집에서 시작된 말하기 습관은 아이에게 말하기는 편안하고 즐거운 것이란 인식을 심어줄 거예요. 학교에서도 발표는 두려운 것이 아니라 해볼 만한 것이라 생각하게 될 거예요.

글쓰기야말로 반짝 공부해서 될 분야가 아닙니다. 초등 시절의 글쓰기 실력은 이제 막 시작하는 단계이니 수준 차이가 나지 않습니다. 하지만 중1 논술평가 시험지만 보더라도 아이들의 격차는 매우 심하게 나타납니다. 분량을 채우지 못하거나 주제에 맞지 않는 의견을 적는 아이들이 허다합니다.

앞서 학생부를 소개하며 '국어' 공부습관에서 글쓰기의 중요성과 방법을 언급했지요. 이 장에서는 글쓰기 능력을 고교학점제의 역량으로 확장하며 소개하겠습니다. 일기 쓰기로 글쓰기가 익숙해진 아이들에게 신문을 통한 글쓰기를 추천합니다. 생각하는 쓰기로 서술·논술형 평가를 대비하는 것이지요. 신문 활용 교육은 단순 글쓰기에서 벗어나 사회현상을 이해하고 비판적 사고력, 독해 능력 등에 효과가 있기 때문입니다.

주도적 공부습관

학교 공부는 아이들에게 창의성, 문제해결력, 자기주도적 사고 능력을 발휘할 수 있는 과제를 던져줍니다. 수업의 형태도 그렇게 변하고 있습니다. 이제 선생님이 교탁 앞에서 지식만을 전달하는 시대가 아닙니다. 실제로 중학교에서는 아이들이 모둠을 이루어 주어진 단원을 공부한 후 선생님처럼 수업을 합니다. 아이들이 교수자가 되는 거예요.

이런 수업이 가능하려면 어떤 능력이 필요할까요? 대충 공부해서는 수업을 진행하기 어렵습니다. 그 단원에 대한 완벽한 공부, 보고서 작성 능력, 컴퓨터 활용 능력, 발표 능력 등이 필요합니다. 모둠 수업이니 협업 능력도 중요하겠지요.

고교학점제가 시행되어서 생겨난 교수법이 아닙니다. 이미 교육 현장에서 활발하게 활용되고 있습니다. 고교학점제가 시행되면 학습자 위주의 수업이 더 늘어날 거예요. 학습의 주인이 선생님이 아니라 아이들이 되는 것입니다. 자신에게 주어진 과제에 대해 깊이 생각해 보고 문제를 해결할 수 있어야 해요. 스스로 학습 내용을 소화하고 자기 안에서 재구성할 수 있어야 합니다.

지식을 받아들이는 것만으로는 공부가 되지 않는 시대가 되었어요. 아이들은 주체적으로 공부를 하고 제대로 이해한 지식을 다른 사람과 소통해야 합니다. 어렵게 느껴지시죠? 잠깐, 아이들의 어린 시절을 떠올려보세요. 더하기, 빼기를 처음 배우며 엄마에게 자랑하듯 계산하는 상황을 보여주지 않았나요? 동생에게 한글의 자음, 모음을 써 보이며 가르쳐주지 않았나요? 이 모든 게 학습자 중심 수업의 형태입니다.

모둠수업, 토의·토론 수업, 플립러닝, 프로젝트 수업의 거창한 말대신 가정에서 이벤트 형식으로 아이들에게 주도적인 학습을 할 수 있도록 습관을 형성해주세요. 매일 하지 않아도 됩니다. 아이가 중심이 되어 동생에게, 혹은 부모님에게 지식을 전달하는 선생님으로 만들어주세요. 아이가 좋아하는 주제에 대해 대화하는 것부터 시작하세요. 설명을 하는 주체는 아이가 되는 거예요. 신나게 주제를 탐구하고 가족에게 설명할 수 있도록 유도해주세요.

매일 하는 공부습관에도 주도성이 필요합니다. 책임감을 가지고 자신의 공부는 스스로 계획하고 실행할 수 있어야 해요. 학습한 내용을 제대로 알고 있는지 확인하고 주도적으로 공부하는 습관이 몸에 배도록 말이에요. 처음부터 책임감을 가지고 척척 공부하는 아이는 매우 드뭅니다. 인내심을 가지고 옆에서 확인해주고 잘했다고 엉덩이 팡팡 두드려주며 점점 공부에 대한 주인의식을 갖도록 해요.

초등 시절부터 자주적으로 공부한 아이는 고등학교에 가서도 자신에 대한 확고한 신념을 가지고 최선을 다해 공부하게 될 것입니다.

진로를 준비하는 습관

진로 선택이 중요하다고 하니 초등 아이에게 벌써 진로를 정하라 해야 하는 건지 걱정부터 앞서지요? 아니오. 진로를 지금 정하자는 게 아닙니다. 진로가 어디 하루아침에 정할 수 있겠어요? 대학교를 졸업하고도 진로를 바꾸는 사람이 많은걸요.

생각보다 중·고등학생이 되어도 꿈이 없는 아이들이 많습니다. 무기력한 아이들이어서 그런 경우도 있겠지만 대부분은 아직 내가 잘하는 것, 좋아하는 것을 확실하게 모르기 때문입니다. 공부와는 더욱 상관이 없어요. 아이들과 상담을 해보면 "저는 공부도 못하고 잘하는 것도 없어요."라며 꿈꾸는 것조차도 지레 포기해버립니다. 안타까운 마음이 듭니다. 아이들은 나를 알아가는 시간이 부족해서, 정보가 없어서 그런 경우가 많아요. 초등 시절부터 천천히 진로 교육을 시작하세요.

저는 어릴 때 꿈이 화가였습니다. 미술을 좋아하고 그림을 잘 그려서 화가가 되어야겠다 생각했어요. 그림 그리는 사람은 화가라는 사실밖에 몰랐으니까요. 지금 생각해보면 그림을 잘 그리면 디자이너, 미술교사, 건축가, 큐레이터 등 다양한 직업이 있는데 말이죠. 아이들도 마찬가지입니다. 아는 만큼 꿈을 꾸는 범위가 넓어집니다.

학교에서 보면 아이들은 보통 부모님의 직업에 영향을 많이 받아요. 장래희망란에 부모님의 직업이나 부모님이 권해준 직업을 써넣는 아이가 많습니다. 부모님의 직업을 이해하고 존경하는 것 좋지요. 하지만 수많은 직업 중에 최고의 선택인지 생각해볼 필요가 있어요. 다양한 직업의 특성과 능력을 살펴보고 선택한 꿈이어야 합니다. 그러기 위해서는 부모님 직업 외에도 다양한 직업에 대한 정보를 알고 있어야 해요. 아이에게 부모 세대의 직업으로 국한하지 말고 미래 지향적인 관점으로 직업의 세계를 소개해주세요.

진로는 아이가 앞으로 나아갈 길을 말합니다. 다양한 직업을 알고 있어도 자신에 대한 이해가 없으면 선택하기 어려운 법이에요. 아이의 관심사와 흥미 있어 하는 분야를 면밀히 관찰하세요. 초등 6년 내내 바뀌어도 괜찮아요. 호기심 갖는 분야가 바뀌는 만큼 마음껏 생각할 수 있도록 격려해주세요. 관심 분야에 호응해주시고 진심으로 대화해보세요. 적절한 정보를 제공해주며 스스로 자신의 길을 찾아가도록 도와주세요.

Chapter 03

초3의 공부습관 1

서술·논술형 평가 준비하기

고교학점제로 '미래형 수능'이라는 말이 나오고 있습니다. 지금까지의 오지선다 수능 문제는 획일적인 교육과 경쟁 중심 교육이기에 이제는 탈피할 때가 온 거라고 말합니다. 대입시험에서 서술 · 논술형 문항 도입은 국제적인 추세고, 우리나라도 적극적으로 고민 중에 있습니다.

서술 · 논술형 평가의 장점은 아이들의 사고력과 문제해결력을 평가할 수 있다는 것입니다. 단점은 평가의 공정성에 있습니다. 채점 기준을 마련해두어도 아이들은 기상천외한 답을 적어 놓거든요. 어디까지 정답으로 인정해주어야 할지가 논란이 될 수 있습니다. 그럼에도 불구하고 학교 현장에서는 이미 수행 평가로 서술 · 논술형 평가의 비중이 해마다 늘고 있습니다. 교과의 100점 만점 중 50점까지 서술·논술형 평가를 할 수 있으니까요.

공정성에 대한 논란에도 앞으로 고교학점제의 도입으로 서술·논술형 평가의 중요성은 점점 높아질 거예요. 지금부터 시작해야 합니다. 논리적으로 글을 쓸 수 있는 힘을 길러야 해요. 신문을 활용하여 초3부터 천천히 시작해봅시다.

신문 활용 교육

신문 활용 교육[NIE]은 저의 학창시절에도 있던 교육 활동 중 하나입니다. NIE는 Newspaper in Education의 약자로 신문을 교재 혹은 보조 교재로 활용해서 학습의 효과를 높이는 교육이지요. 신문 기사는 아시다시피 글 좀 깨나 쓰는 사람들이 쓴 글입니다. 날마다 새롭고 이슈화되는 뉴스가 실려 있습니다. 배경지식이 쌓이고 교육적 가치가 있는 정보들이 풍부하지요.

한국신문협회에 따르면 'NIE는 읽기, 쓰기, 말하기, 듣기 능력은 물론 정보를 분석하고 비판할 수 있는 능력을 길러줍니다. 또 통합적인 사고력과 창의적인 사고력, 논리적인 사고력을 키우는 데도 도움을 줍니다.'라고 교육적 효과를 밝히고 있습니다. 우리나라뿐 아니라 미국, 일본, 영국 등에서도 신문 활용 교육은 가치를 인정받아

비판적 읽기 능력과 어휘력, 글쓰기 능력 등의 향상을 위해 활용되고 있습니다.

신문 활용 교육은 신문에 있는 신문기사, 광고, 사진, 시사만화 등 지면 곳곳을 활용한 다양한 교육을 말하지만 우선은 신문기사에 중심을 두는 활동을 추천합니다. 먼저 아이가 신문기사를 읽고 내용을 이해합니다. 기사에 대해 생각하며 평가하는 과정을 거칩니다. 이후 글쓰기로 창작활동을 해주면 효과적인 신문 활용 교육이 이루어집니다. 평가와 창조를 통해 문제해결력, 창의적 사고 능력, 글쓰기 능력 등이 길러집니다.

초3도 신문을 읽을 수 있을까요? 네, 충분히 가능합니다. 요즘은 친절하게도 어린이를 위한 신문이 있어요. 무려 인터넷으로 공짜로 사용할 수 있습니다. 가정에서 관심을 기울이면 논술 학원을 다닐 필요가 없습니다. 하루 10분 아이와 함께 신문을 활용하여 글쓰기를 시도해보세요. 아이와 쉽게 할 수 있는 신문 활용 교육 방법을 소개하겠습니다.

신문 기사 찾기

신문 기사를 볼 때 가장 좋은 건 종이 신문입니다. 동아일보, 조선일보 등 지역의 신문 보급 업체에 매달 비용을 지불하고 신문을 받아볼 수 있어요. 하지만 경제적으로 부담이 되고 기사 한두 개만 보고 폐지가 될 가능성이 높습니다. 그래서 저는 인터넷 기사를 추천합니다. 인터넷 기사를 활용하면 원하는 기사를 바로 인쇄할 수도 있고 지난 기사를 자유롭게 열람할 수 있거든요.

처음에는 어린이 신문을 활용해보세요. 〈어린이 동아〉, 〈어린이 조선〉, 〈어린이 경제신문〉 인터넷 사이트에 방문하면 신문기사를 쉽게 볼 수 있습니다. 어른이 보는 기사를 아이들 수준에 맞게 바꾸어 놓은 기사들입니다. 초3이면 충분히 읽고도 남아요. 사설, 논설을 보여주면 좋겠지만 신문이 익숙해지기 전까지는 아이의 취향에 맞는 기사를 선택하세요. 과학을 좋아하는 아이라면 '올해의 발명품, 드론 택시' 등의 기사를 보여줍니다. 축구를 좋아하는 아이라면 축구 선수의 기사, 영화를 좋아하는 아이라면 영화를 소개하는 기사도 좋아요. 아이의 흥미를 높이는 기사면 됩니다. 재미있는 기사라도 처음 신문을 접한 아이들은 생소한 형식의 글에 당황할 수 있어요. 부모님이 함께 읽어주세요.

아이가 관심 있게 읽을 만한 기사를 하루에 하나씩 읽는다고 생각하고 일주일 치를 인쇄해놓습니다. 아이가 수학 문제집 풀 때 옆에서 인쇄하세요. 아이의 흥미를 고려하며 사회, 경제, 문화 등 다양한 분야의 기사를 활용합니다. 공책을 하나 마련하여 매일의 기사를 스크랩할 수 있도록 해주세요. 기사와 함께 쓴 글을 모아둔다면 포트폴리오로도 손색이 없습니다.

신문사	홈페이지
어린이 동아일보	https://kids.donga.com
어린이 경제 신문	https://www.econoi.com
어린이 조선일보	https://kid.chosun.com

모르는 어휘 찾기

신문 활용 교육을 하겠다고 "이 기사 읽고 요약해."라고 말하면 아이는 당황합니다. 글의 내용을 요약하는 건 쉽지 않은 일이에요. 내용을 꼼꼼히 살피고 어느 정도 독해가 가능해야 됩니다. 신문 활용 교육도 다른 공부와 마찬가지입니다. 아이가 '이 정도쯤이야.'라고 생각하며 해볼 만한 것으로 느끼게 해야 해요.

신문은 아이가 보는 문고판 글과 달리 모르는 어휘가 많이 등장합니다. 한자어도 종종 등장하고요. 대부분의 어린이 신문 기사에는 아이들이 모를 법한 낱말 옆에 뜻이 함께 적혀 있습니다. 이것을 활용하세요. 처음 보는 낱말의 뜻을 적어보는 것으로 신문 활용 교육을 시작하세요. 필요하다면 국어사전을 들춰보면 더욱 좋고요. 신문 기사를 통해 어휘력을 늘리는 데 도움이 됩니다.

뜻을 찾은 낱말로 한 줄 글짓기를 시도해보세요. 예를 들어 '접종'

이라는 낱말의 뜻을 찾아보았다면 '나는 작년 겨울에 독감 예방 주사를 접종해서 독감에 걸리지 않았다.' 등과 같이 모르는 어휘를 활용하여 문장을 만듭니다. 이렇게 문장 쓰기까지 하면 그날 찾은 어휘에 대한 뜻을 한 번 더 확인할 수 있습니다.

기사 요약하기

신문 기사를 읽고 요약할 수 있으려면 온전한 독해가 이루어져야 합니다. 대충 어떤 내용인지 알겠는데 말로 하거나 글로 쓰려면 쉽지 않아요. 자신만의 언어로 재구성해야 하는 고도의 사고력이 요하기 때문이에요. 학교에서도 요약하기를 배우고 있기는 하지만 여전히 어려운 부분입니다. 아이의 수준에 맞게 단계적으로 한다면 기사 요약도 쉽게 할 수 있습니다.

첫 번째 단계는 핵심어를 찾는 거예요. "이 기사에서 가장 중요한 낱말은 무엇일까?"라고 물어보세요. 틀린 답을 말한다면 잘못했다고 나무라지 말고, 또 다른 핵심어를 찾아보라고 하세요. "제목을 잘 읽어봐."라고 말하면서 정답을 유도해도 좋아요. 핵심어를 찾은 후 그 단어를 넣어 한 문장을 완성하면 요약 완성입니다.

두 번째 단계는 문단별로 핵심어를 찾는 거예요. 신문기사에는 들여쓰기가 되어 있는 문단이 서너 개 있습니다. 첫 번째 단계에 했던 방법을 문단에 적용해서 요약하는 거예요. 각 문단에서 핵심어를 찾아 문장을 만들면 그럴듯한 요약하는 글이 됩니다. 처음엔 아이가 혼자하기 어려워할 수 있어요. 능숙하게 할 수 있을 때까지 함께 기사를 읽고 옆에서 질문을 하며 도와주세요.

세 번째 단계는 글의 짜임새에 맞게 요약하기입니다. 두 번째 단계까지 활동을 잘 이어왔다면 글을 읽고 "이 기사는 무슨 내용이야?"라는 질문을 던지면 서사에 따라, 인과관계에 따라 글의 내용을 요약할 수 있습니다. 두 번째 단계에서 문장 간의 흐름이 어색했다면 세 번째 단계에서는 글의 짜임에 맞게 자연스럽게 요약할 수 있습니다.

기사를 요약하는 활동은 서술·논술형 평가의 실질적으로 도움이 되는 공부입니다. 서술형 문제는 보통 주어진 제시문이 등장합니다. 제시문을 읽고 입장을 밝히거나, 이유와 근거를 찾거나, 공통점과 차이점을 찾아보는 등의 문항이 나옵니다. 요약하기 활동은 어떤 제시문이든 제대로 독해하고 핵심 내용을 파악할 수 있는 능력을 길러줄 거예요.

생각 쓰기

신문 기사를 읽고 내용을 어느 정도 파악할 수 있으면 제시글과 관련된 자신의 생각을 쓸 수 있습니다. 논거에 맞게 자신의 생각을 쓰는 것, 논술 교육의 첫걸음입니다. 논술은 어떤 문제에 대하여 자신의 생각이나 주장을 논리적으로 풀어 쓰는 거예요. 제시된 자료를 보고 자료를 요약한 후 추론하여 자신의 입장을 서술하는 것, 어떤 문제를 해결하는 대안에 대해 논리적으로 쓰는 것, 어떤 주장에 대해 찬성하는지 반대하는지에 대한 의사를 선택하여 서술하는 것입니다.

신문 기사를 활용하면 논술 형식의 글을 쓰는 데 도움이 됩니다. '남녀평등, 인권, 온라인 익명성' 등 사회에서 논쟁이 되는 사건들을 다루는 기사를 접하기 쉽기 때문이에요. 이러한 기사를 읽고 자신이 느끼는 바를 씁니다. 기사를 읽은 후 "네 생각은 어때?", "이 의견에 찬성하니?" 등 적절한 질문을 해주면 아이는 쉽게 대답할 수 있습니다. 그리고 생각을 물은 후에는 "왜?"라는 질문을 꼭 해주세요. 이유에 대한 타당한 논거를 찾는 훈련이 됩니다. 나아가 "예를 들면?", "너라면?" 등 주제에 맞게 생각할 질문을 던져주면 아이에게는 생각을 구체화하는 계기가 될 거예요.

자신의 생각을 글로 적는 건 힘듭니다. 질문에 대해 대답은 하지만 글로 정리하기는 여간 어렵지 않지요. 아이가 즐겁게 말은 했지만 글로 적는 데 주저한다면 아이가 말한 내용을 그대로 엄마가 종이에 적어보세요. 아이는 엄마가 쓴 자신의 말을 보며 자신의 생각을 정리하고 글로 쓸 수 있습니다. 처음부터 술술 쓰는 아이는 드물어요. 옆에서 질문하고 대답하고 쓴 거에 대해 함께 이야기를 나눌수록 아이는 점점 논술하는 방법을 터득할 거예요.

처음엔 서너 문장이면 충분합니다. 자신의 생각이 들어간 문장, 이유 문장, 예시를 설명하는 문장, 정리하는 문장으로 구성합니다. 자신의 생각에 대해 논리적으로 이유를 들어 설명하는 것이지요. 이러한 글쓰기 훈련이 지속된다면 자연스럽게 글의 양도 늘어나고 구성도 탄탄해집니다. 결국 습관의 힘으로 꾸준히 글쓰기를 한 아이들은 논리적 사고력, 비평능력, 문제해결력, 글쓰기 능력이 커지며 서술·논술형 평가에 주저함이 없을 거예요.

Chapter 04

초3의 공부습관 2

플립러닝 준비하기

2014년 KBS TV방송에서 〈거꾸로교실〉이라는 프로그램을 본 적이 있습니다. 아이들이 주체가 되어 수업을 이끌어 가는 방식이 꽤 흥미 있었습니다. '교육현장에서 실현이 가능할까?'라는 걱정이 들었지만 지금은 제가 '거꾸로 수업'인 플립러닝을 하고 있습니다. 요즘은 플립러닝의 긍정적인 효과를 알고 학교뿐만 아니라 학원에서도 적극적으로 활용하는 추세입니다.

앞으로 학습자 중심 교육은 플립러닝을 더욱 활발하게 사용할 거예요. 플립러닝의 뜻, 방법, 효과는 무엇인지, 플립러닝에 대비하여 가정에서 실천할 수 있는 방법을 소개하겠습니다.

플립러닝이란?

—

"이번 단원 공부해온 걸 친구들에게 설명해줄래?"

중학교 과학 시간, 교탁 앞에 서 있는 사람은 선생님이 아니라 학생입니다. 친구들에게 미리 학습해온 내용을 알려주고 질문을 받고 수업을 진행합니다. 수업의 주체는 학생입니다.

플립러닝Flipped Learning 학습법은 '거꾸로 수업', '거꾸로 교실', '역전 학습', '역진행 수업 방식' 등으로 번역됩니다. 기존에 교실에서 수업을 받고 숙제를 해오는 수업 방식과 반대입니다. 선생님이 제시한 자료를 수업에 앞서 미리 학습하고 교실에서는 토론, 과제 풀이 등을 하는 형태의 수업 방식입니다. 즉, 교실에서 선생님은 주입식 강의를 하지 않아요. 아이들이 예습을 통해 공부해온 내용을 서로 질문하고 토론하며 수업의 중심이 됩니다.

플립러닝의 교실은 시끌벅적합니다. 아이들이 졸릴 틈이 없어요. 너도 나도 공부해온 내용에 대해 의견을 주고받고 말해야 합니다. 아이들은 즐겁게 수업을 이끌어 갑니다. 플립러닝에서 아이들은 수동적 공부에서 벗어나 주도적으로 공부하게 됩니다. 직접 참여하고 말하면서 하는 수업 활동은 학업 성취도에도 영향을 미칩니다. 미국 행동과학연구소인 NTL의 연구 결과에 따르면, 교사의 일방적인 강의를 듣는 공부는 학습한 내용을 24시간 후에 5%밖에 기억하지 못한다고 해요. 반면, 학습한 내용을 말로 설명하는 공부는 90%의 내용을 기억하는 것으로 나타났습니다. 플립러닝이 높은 학업 성취도에 영향을 미치는 이유입니다. 플립러닝은 또한 선생님과의 친밀도가 올라갑니다. 강의식 수업에서 선생님은 지식을 전달하고 주입하는 역할이지만 플립러닝에서는 코치 역할을 합니다. 도움이 필요할 때 적절하게 코치해주고 심화 학습을 보조해주며 수업을 도와줍니다.

플립러닝은 궁극적으로 아이들에게 지식을 활용하고 문제를 해결하는 능력을 길러줍니다. 메타인지 능력을 향상시켜줍니다. 상위인지 개념인 메타인지는 학습자가 자신이 알고 있는 것과 모르는 것을 스스로 구분하는 능력입니다. 플립러닝에서 아이가 미리 공부한 내용을 수업 중 말해봄으로써 자신의 인지 정도를 파악할 수 있습니다. 그러면서 문제해결 능력, 메타인지 능력이 길러집니다.

미국의 유명 대학이나 서울대, 카이스트 등 우리나라의 대학들도 활발하게 플립러닝을 도입하고 실천하고 있습니다. 중·고등학교 교실에서도 확산되는 추세입니다. 미래 교육의 인재상은 비판적 사고력, 창의력, 협업 능력, 소통 능력이라고 하죠. 플립러닝은 이러한 교육의 방향과 일치하는 학습 방식입니다. 이제 교실의 주인공은 선생님이 아니라 아이들입니다.

선생님 놀이

플립러닝에서는 아이가 선생님입니다. 아이는 스스로 배운 개념을 친구들에게 설명하고 문제를 해결합니다. 가정에서도 '선생님 놀이'를 통해 플립러닝을 연습해볼 수 있습니다.

'선생님 놀이'는 아이가 선생님 역할이 되어 부모 앞에서 학습 내용을 설명하는 거예요. 알고 있는 내용을 자기만의 언어로 제대로 설명할 수 있다면 개념을 완전히 이해한 것이라고 할 수 있습니다. 이때 수업을 듣는 부모는 학습 내용을 미리 파악해두면 좋습니다. 아이가 말하다가 막히는 부분이 있으면 질문을 통해 힌트를 주세요. 직접적으로 내용을 알려주는 것보다 생각할 수 있는 시간을 주는 것이 효과적입니다. 아이가 설명할 때는 진지한 자세로 들어주세요. 실제로 수업을 듣는 학생처럼 아이의 말에 경청해주세요. 그래야 아이도 신나서 말을 하게 됩니다.

교과서의 모든 내용을 선생님 놀이로 하기는 어렵지요. 저는 아이가 수학 문제를 풀고 난 후 틀린 문제를 다시 풀 때 선생님 놀이를 활용합니다. 오답이 나온 이유를 아이가 직접 해답지를 보고 공부합니다. 공부한 내용으로 다시 문제를 풀어본 후 저에게 설명해줍니다. 대충 훑어보고 설명하려니 막힐 때가 한두 번이 아니었어요. 어느 정도 익숙해지니 '선생님이 되어 설명을 하려면 문제 풀이를 완벽하게 알고 있어야 하는구나.'라고 생각하며 꼼꼼하게 공부합니다.

방학을 이용해 다음 학기의 내용을 예습할 때 활용해보세요. 예를 들어 다음 학기 사회에 '우리 지역의 공공기관'이라는 단원이 있다면 유튜브나 인터넷 EBS에서 관련 영상을 검색하여 시청합니다. 유료 인터넷 강의 말고도 무료로 교과 연계 영상을 활용할 수 있어요. 영상을 본 후 내용을 공책에 적어 정리한 후 설명하도록 해보세요. 이 과정이 학교에서 하는 플립러닝 과정과 비슷합니다.

가정에서 하는 선생님 놀이는 아이와 부모와의 연대감이 중요합니다. 아이가 설명할 때 "그것도 모르냐?"며 핀잔을 주면 안 됩니다. 선생님 되기가 쉽지 않거든요. 강압적인 분위기도 도움이 되지 않습니다. "와, 엄마는 몰랐는데 이런 것도 알고 있니?"라며 칭찬해주세요. 엄마를 가르쳤다는 것만으로도 아이는 뿌듯해할 거예요.

Chapter 05

초3의 공부습관 3
프로젝트 수업 준비하기

아이들 교과서를 보면 우리 초등 때랑 판이하게 다릅니다. 손으로 만지고 몸으로 느끼며 활동하고 배우는 내용들이 많아요. 지식 전달보다 문제를 중심으로 아이들이 고민하고 해결하는 과정을 요구하는 과제가 눈에 띕니다. 과제 중심으로 학생의 참여를 끌어들이는 프로젝트 수업이 스며들어 있어요.

이미 프로젝트 수업은 초·중·고 현장에서 적극적으로 이루어지고 있습니다. 고교학점제는 전문 교과의 성격으로 프로젝트 수업이 더욱 활성화될 거예요. 프로젝트 수업은 무엇이고 가정에서 재미있게 적용할 수 있는 방법을 소개하겠습니다.

프로젝트 수업이란?

중학교 1학년이 되면 자유학년제로 아이들은 4개 영역(진로 탐색, 주제 선택, 예술 체육, 동아리)에서 수업을 각각 하나씩 선택하게 됩니다. 그중 '주제 선택'은 교과와 연계한 프로젝트 수업이라 할 수 있어요. '반도체 과학', '드론항공과학', '영어연극', '영어뉴스제작반' 등 전문적이고 체계적인 교과 연계 프로그램으로 학생의 참여에 중점을 둡니다. 예를 들어 '영어 연극' 시간에는 한 학기 동안 친구들과 연극을 기획하고 발표하는 수업을 합니다. 이렇듯 프로젝트 수업은 아이들 수업에 깊숙이 들어와 있습니다.

프로젝트 수업이란 프로젝트 기반 학습^{PBL: Project Based Learning}을 활용하는 수업으로, 학습자에게 실질적인 주제, 문제를 제시하고 이를 공동으로 해결하는 과정에서 스스로 학습이 일어나는 학습자 중심의 활동입니다. 아이들은 실제적인 문제에 대해 집중적으로 생각하고 탐구합니다. 이러한 과정에서 경험, 지식, 기술 등의 성장이 일어납니다.

프로젝트 수업은 하나의 교과보다 주제가 중심입니다. 그렇기 때문에 융합수업의 접근이 쉬워요. 영어만 공부하는 게 아니라 미술, 체육까지도 연결되어 수업이 진행될 수 있지요. 자연스럽게 교과를 넘나들며 지식의 확장이 활발하게 이루어집니다.

프로젝트 수업의 효과는 크게 네 가지를 꼽을 수 있습니다. 첫째, 지식에 대해 일방적으로 가르침을 받는 게 아니라 학생 스스로 적극적으로 탐색하고 습득합니다. 둘째, 지식을 실생활의 과제와 연결시켜 문제해결력, 탐구심, 비판적 사고력을 향상시킵니다. 셋째, 모둠학습의 형태로 이루어지는 경우가 많아 의사소통 능력, 협업 능력을 기를 수 있습니다. 넷째, 아이들의 주도적인 참여로 흥미를 이끌고 학습 효과를 높일 수 있습니다.

요즘은 유치원에서부터 프로젝트 수업을 많이 활용합니다. 제 아이가 유치원에서 활동한 걸 보니 한 달 동안 '민들레'만 파기도 하더라고요. 민들레에 대해 조사, 탐구, 창작물 만들기, 발표 등을 통해 오로지 '민들레'에 대해 몰입하며 활동했어요. 유치원생들도 과제를 주고 이끌어주면 흥미를 가지고 참여할 수 있는 수업 방식이 프로젝트 수업입니다. 초·중학교는 물론이고 고등학교에서도 동아리 활동을 중심으로 프로젝트의 주제는 무궁무진합니다.

일상에서 프로젝트 경험하기

프로젝트 수업의 이론적인 얘기를 하니 거창하게 들리지요? 가정에서는 간편하게 프로젝트 수업을 경험할 수 있습니다. 하나의 주제를 깊게 탐색할 수 있는 시간을 갖는 것만으로도 프로젝트 학습입니다. 일상에서 소소한 주제, 아이의 상상력이 담긴 주제, 교과와 연계된 주제 모두 좋아요. 가정에서 손쉽게 할 수 있는 프로젝트 주제를 소개하겠습니다.

첫째, '식물 재배'입니다. 아이가 직접 씨앗을 고르거나 화분을 골라 식물을 키웁니다. 먹거리가 될 식물을 키워도 좋고 끈끈이주걱, 파리지옥처럼 식충식물도 아이들이 흥미 있어 합니다. 식물에 대한 정보를 책, 영상을 통해 찾아보고 기록하는 것도 잊지 말고요. 식물을 키우며 주기적으로 관찰일기, 관찰 보고서를 작성합니다. 현미경으로 잎을 관찰하고 그림으로 그려 보며 기공, 공변세포 등을 찾아 적어보도록 합니다.

둘째, '여행 계획'입니다. 가족 여행을 떠날 때 보통 어른들이 장소를 정하고 일정을 조율합니다. 한 번쯤은 아이가 직접 여름휴가 계획을 세워 보게 하는 건 어떨까요. 장소, 일정, 여행 경비 등 꼼꼼하게 계획하도록 합니다. 역사에 관심이 많은 아이라면 유적지 탐방을, 우주에 심취해 있는 아이는 화성 여행을 한다고 할 수도 있어요. 황당한 주제여도 괜찮아요. 아이들은 저마다 가고 싶은 곳을 주제로 삼고 필요한 자료를 탐색하게 됩니다. 그 지역의 날씨, 역사, 풍토 등 다양한 자료들을 모으겠지요. 그럴듯하게 전지에 '우리 가족 여행 프로젝트'라고 쓰고 자료를 바탕으로 계획한 것을 마음껏 표현하도록 해주세요. 엄마, 아빠 앞에서 신나게 브리핑까지 한다면 성공입니다.

셋째, '요리'입니다. 제 아이가 이름 하여 '쿠키 프로젝트'를 고안했습니다. 코로나19 바이러스 때문에 할아버지를 몇 달 동안 만나지 못해 택배로 쿠키를 보내고 싶다 하더라고요. 먼저, 자신이 만들 쿠키의 네이밍을 정했어요. 로고도 디자인했어요. 다음, 어떤 쿠키를 만들지 계획합니다. 만들고자 하는 초코칩 쿠키, 버터 쿠키 등 각각의 레시피 정보를 책을 통해 얻었어요. 그리고 쿠키를 정성스럽게 만듭니다. 포장지에 로고를 그리고 깨지지 않게 쿠키를 포장합니다. 할아버지에게 보낼 편지도 같이 작성했어요. 쿠키와 편지를 담은 박스를 우체국에 직접 가서 택배로 보냈습니다. 아이는 쿠키를 보낸 후 그날 일을 일기로 쓰고, 나중에 이 쿠키를 얼마에 팔면 좋을지 도매가와 소매가도 계산해봅니다. 꼭 쿠키가 아니어도 괜찮습니다. 아이가 좋아할 만한 요리를 주도적으로 할 수 있게 해보세요. 요리 프로젝트로 아이의 사고는 눈밭에서 눈덩이가 커지듯 확장될 것입니다.

프로젝트 수업은 교과서가 따로 없고 과제 자체가 단원이며 학습 내용입니다. 아이들이 식물을 키우며, 여행을 계획하며, 요리를 하며 관찰, 경험, 사고하는 과정 자체에서 배움이 일어나는 거예요. 꼭 위 사례가 아니더라도 아이가 흥미 있어 하는 주제를 발굴해보세요. 패션쇼 프로젝트, 크리스마스 프로젝트, 책 만들기 프로젝트, 재활용 프로젝트, 숲 프로젝트, 야구 프로젝트 등 다양한 주제를 일상에서 선택합니다.

가정에서 하는 프로젝트 수업은 실생활과 연관되어 있는 만큼 아이들이 재미를 느끼고 적극적으로 과제를 수행합니다. 형제가 있다면 함께 협력하여 활동하면 교육의 효과는 배가 됩니다. 부모가 할 일은 아이들의 목소리에 귀 기울이고 선택권을 가능한 많이 주는 거예요. 필요한 정보를 찾을 수 있게 옆에서 관찰하고 도와주는 역할입니다.

이 책을 쓰며 자료를 조사하다 보니 프로젝트 수업을 대비하는 학원이 있다는 걸 알았습니다. 프로젝트 수업을 위해 돈까지 들여야 할까요? 4차 산업혁명, 미래인재 핵심 역량 강화, 이런 말에 혹하지 마세요. 아이들은 일상에서 충분히 주제를 선택하고 스스로 해결하는 과정에서 성취감을 얻을 수 있어요. 그 속에서 창의성, 의사소통 능력, 자기주도성 등을 갖추며 미래가 바라는 인재로 성장할 것입니다.

Chapter 06

초3의 공부습관 4

토의·토론 준비하기

국, 영, 수 공부할 것도 많은데 토의·토론까지 잘 해야 한다니 아이들은 하루가 피곤합니다. 수학 토론 학원, 역사 토론 학원, 영어 토론 학원 등 교과에 토론을 붙여 두 마리 토끼를 잡으려는 학원들이 성행합니다. 토의·토론 중요하지요. 초1부터 고3 학창 시절까지 수업 시간엔 끊임없이 친구들과 의사소통을 하고 의견을 나눕니다. 사회에 나와서도 대화의 연속입니다.

가정에서는 어떤가요? 말하기와 듣기가 처음 시작하는 곳, 아이가 자신 있게 의견을 말하고 연습할 수 있는 곳은 집입니다. 토의·토론을 어렵게 생각하지 말고 가정에서 시작해보세요.

토의·토론 수업이란?

토의와 토론은 여럿이 의견을 나누는 것은 비슷하지만 다른 점이 있어요. 토의는 어떤 공통된 문제에 대해 가장 좋은 해답을 얻기 위해 의견을 모으는 것이고, 토론은 어떤 주제에 찬성하는 사람과 반대하는 사람이 자기주장에 근거를 들어 논리를 펼치는 의사소통 방식입니다.

아이들은 일상에서 알게 모르게 토의, 토론을 경험했습니다. 가족끼리 외식을 할 때, 짜장면을 먹자는 엄마 의견에 "엄마, 나는 돼지갈비가 먹고 싶어요."라고 의견을 내며 엄마를 설득하려 했을 거예요. 학교에서도 토의 상황은 계속 일어납니다. 수업 중 모둠 수업을 하며 친구들과 의견을 모을 때, 예능 발표를 앞두고 친구들과 작품을 구상할 때 등 다양하게 토의 상황이 펼쳐집니다.

여러 사람과 대화를 할 때 의견이 같을 때도 있고 다를 때도 있습니다. 이때 아이들은 갈등 상황에서 자신의 의견을 피력하고 친구들을 설득합니다. 서로 의견을 나누며 가장 좋은 방안을 마련하도록 힘을 모을 거예요. 그렇기에 토의를 할 때는 자기 의견만 고집하지 말고 각자의 의견을 존중하는 자세가 필요합니다.

토론은 논리의 싸움입니다. 각자 의견이 달라 생기는 논쟁이지요. 아이들은 일상에서 자연스럽게 토론 상황을 겪고 있어요. 스마트폰은 중학교에 들어가면 사준다는 부모 의견에 아이는 "저도 스마트폰이 필요해요. 우리 반 애들 모두 갖고 있단 말이에요."라고 반박합니다. 엄마를 설득하기 위해 스마트폰이 필요한 이유를 조곤조곤 설명할 거예요. 여기서 "이놈의 자식, 어린애가 무슨 스마트폰이야!"라고 감정적으로 대하면 엄마가 토론을 잘못하고 있는 거예요. 토론은 감정을 앞세운 말싸움이 아니니까요.

토의, 토론 상황은 평소에도 접할 수 있는 주제들이 넘쳐납니다. 문제는 서로의 의견을 존중하고 논리적으로 말하는 데 있지요. 토의, 토론은 초등교육과정에서 5학년부터 본격적으로 배웁니다. 아이들의 인지발달에 따라 5학년쯤 되어야 규칙, 절차를 지키고 논거를 들어 말할 수 있기 때문입니다. 그 전까지는 대화의 즐거움, 예의 바르게 듣는 태도에 중점을 두지요.

토의, 토론 학습은 아이들에게 실제 문제를 던져주고 해결하는 과정이기에 문제해결력을 키울 수 있어요. 아이들의 학습 동기를 높이며 능동적인 참여를 이끄는 수업 방식입니다. 의사소통 능력, 비판적 사고력, 창의적 사고력을 높이는 효과가 있어요. 그래서 미래 교육의 수업으로 더욱 각광을 받고 활용되고 있습니다. 아이들이 친구들 사이에서 대화를 이끌어가며 논리적으로 술술 말하기를 바라나요? 그렇다면 무엇보다 중요한 건 경청하고 공감하는 귀를 먼저 갖추어야 합니다. 가정에서부터 천천히 시작해보세요.

매일 대화 습관들이기

토론이 중요하다고 하니 몇 년 전부터 교육 현장에서는 유대인의 토론법인 하브루타가 핫한 키워드로 언급되고 있습니다. 하브루타는 짝을 지어 질문하고 대화하고 논쟁하고 토론하는 것을 뜻합니다. 유대인은 세계 인구의 0.25%를 차지하고 있지만 노벨상은 30%나 수상했어요. 유대인의 교육은 가정에서부터 대화와 토론이 끊이질 않습니다. 부모는 아이들의 개성을 최대한 존중하고 허심탄회하게 말할 수 있는 환경과 질문을 던져 줍니다. 어려서부터 아이들은 자신의 의견을 자유롭게 얘기합니다. 이것이 하브루타입니다. 매일의 삶에서 부모와 끝없는 수다로 말하기, 경청, 토론 능력이 키워집니다. '유대인의 가정에는 사춘기가 없다.'라는 말처럼 관계 형성에도 지대한 영향을 미치지요.

가정에서 소통할 수 없는 아이들은 밖에서도 소통할 수 없습니다. 토의, 토론은 결국 대화입니다. 어렵게 생각할 필요 없습니다. 아이와 매일 대화하세요. 10분이면 충분합니다. 이미 대화를 하고 있다고요? 아이와의 대화를 점검해보세요. "밥 먹어, 게임 그만해, 옷 입어."라며 부모만 일방적으로 말을 쏟아내고 있지는 않나요? 대화는 상대방과의 소통입니다. 아이가 자유롭게 의견을 말할 수 있는 대화를 해야 합니다.

"오늘 어떤 일이 가장 즐거웠어?", "그 친구를 좋아하는 이유는 뭐야?"라며 생각을 이끌어내는 질문을 하세요. 자신의 의견을 자유롭게 말하도록 합니다. 부모가 경청하며 호응하면 아이는 자신도 모르게 자신감 있게 말하고 경청하는 자세를 배우게 됩니다.

따로 시간을 내어 매일 대화하기가 쉽지 않습니다. 식사 시간이나 자기 전 아이의 일상에 소소하게 질문하며 대화를 해보세요. 지시가 아니고요. 공부 얘기도 물론 아닙니다. 아이가 관심 있어 하는 분야, 좋아하는 친구 등에 대해 물어보세요. 아이의 말을 끝까지 들어주고 끄덕끄덕 고개를 움직여주고 긍정의 말로 맞받아쳐 주세요.

토의, 토론 시간에 논리적인 말을 잘 하려면 아이가 자신감을 가지고 말하는 게 선행되어야 합니다. 가정에서 펑퐁의 대화 습관으로 자신감을 갖게 해주세요.

가족 토론 경험하기

아이가 허용적인 분위기에서 대화를 활발하게 하고 있다면 가족 토론을 시도해보세요. 일주일에 한 번, 한 달에 한 번 정기적으로 해도 좋고, 아이가 원할 때 토론을 진행해도 좋습니다.

처음부터 딱딱한 주제보다는 아이 눈높이에 맞는 주제를 선정하세요. 아이들의 책, 신문에서 본 주제를 연계한다면 어렵지 않게 토론을 할 수 있습니다. 아이의 생활과 밀접한 주제를 찾아보세요. '초등학생에게 숙제가 필요할까?', '학교에서 휴대폰 사용을 금지해야 할까?', '혼자보다 형제가 있는 것이 좋을까?' 등 가볍게 얘기할 수 있는 것이면 됩니다.

저녁 식사 시간에 제 아이가 '교도소 노래방 설치'에 대한 신문 기사를 읽었던 것이 인상적이었는지 "아빠, 교도소에 노래방을 설치한대요."라며 토론의 운을 띄었습니다. 아이는 자신의 의견을 자유롭게 얘기합니다. 아빠, 엄마는 아이의 의견을 듣고 찬성, 반대 의견을 말하지요. 그렇게 자연스럽게 저녁식사 시간이 가족 토론의 장이 되었습니다.

가족 토론을 할 때는 주의점이 있습니다. 아이의 눈을 보고 말합니다. 아이의 말을 끝까지 들어주세요. 아이가 근거를 제시하지 못했다면 "왜?"라고 질문하세요. 엄마, 아빠와 의견이 다를 경우 의견이 왜 다른지 계속해서 이유를 들 수 있게 유도해주세요. 가족 토론은 편안한 분위기여야 합니다. 아이의 의견이 잘못됐다고 생각해도 "그건 아니지."라고 부정하지 마세요. 감정을 빼고 자신의 의견과 근거를 들어 설득합니다. 부모의 토론하는 자세를 보고 아이는 그대로 따라합니다. 아이의 말을 가로막는 것이 아니라 질문을 통해 스스로 생각하고 말할 수 있는 기회를 줘야 하는 거예요.

가족 토론의 내용을 대화로만 끝내도 좋지만 글쓰기로 확장하면 자신의 생각을 한 번 더 정리할 수 있습니다. 가족 토론을 한 날은 글쓰기를 토론 내용으로 정리해봅니다. 찬, 반의 의견을 이유와 함께 적도록 하면 문제를 논리적으로 해결하는 힘이 키워집니다.

학교에서 토의, 토론은 빈번하게 일어납니다. 그런데 무리 안에는 쭈뼛쭈뼛 말을 못하며 머뭇거리는 아이들이 있습니다. 그 아이들에겐 용기가 필요한 활동이지요. 가정에서 소란스럽게 수다 떨며 빛나는 자신감을 장착하게 해주세요. 자기 의견을 말하는 데 자신감이 붙은 아이는 학교에서도 친구들에게 주눅 들지 않고 유쾌하게 토론을 이어갈 수 있을 거예요.

Chapter 07

초3의 공부습관 5

컴퓨터 활용 준비하기

코로나로 인해 컴퓨터를 접하지 않았던 초1 아이들도 컴퓨터와 태블릿을 필수로 만지게 되었습니다. 컴퓨터 활용은 앞으로 계속 늘어날 거예요. 초등학생들 사이에서 코딩 열풍도 한창입니다. 우리 삶에 꼭 필요한 컴퓨터, 초등학교에서는 어떻게 활용하고 준비해야 할까요?

기본적인 컴퓨터 활용 능력 키우기

중학교에는 〈정보〉 과목이 있어 정규교육 과정에서 컴퓨터를 배웁니다. 초등은 컴퓨터 활용 수업이 따로 과목으로 존재하지는 않아요. 하지만 5학년부터 배우는 실과 과목에 소프트웨어가 정규 교육 과정으로 구성되어 있습니다. 학교별로 창의적 체험 활동에 컴퓨터 활용 교육을 할 수도 있고요. 과목은 없지만 초등학교에서 모든 아이들이 기초적인 컴퓨터 활용 능력을 배웁니다.

컴퓨터 활용 능력은 중·고등학교에서는 꼭 필요한 역량이에요. 자료 조사, 보고서 작성하기, 발표 자료 만들기 등에서 적극적으로 활용하거든요. 기본적인 컴퓨터 소프트웨어를 다룰 줄 알아야 합니다. 초등 고학년만 되더라도 반장선거 때 파워포인트로 선거 공약을 보여주고 발표를 하기도 합니다. 발표 수행 평가 때 프레젠테이션 자료를 만들어온 아이와 그렇지 않은 아이로 나누어집니다. 물론, 필수적으로 해야 하는 건 아니지만 효율과 효과를 따진다면 컴퓨터 활용은 유용한 능력입니다.

코로나19 바이러스로 인해 온라인 수업이 보편화되며 전자기기에 노출되지 않았던 아이들도 줌 수업이라는 걸 하게 되었습니다. 초1이 컴퓨터를 켜고 끄고 앱을 활용하여 수업을 합니다. 선생님과의 소통을 위해 밴드, 카카오톡을 접하게 되었습니다. 이제 아이들이 컴퓨터를 조작하는 건 자연스러운 일상입니다. 학교생활에서 갖추어야 할 기초 역량이 되었습니다.

학교에서 가장 필요한 컴퓨터 활용 능력은 검색 엔진을 통한 검색, 한글 문서 만들기, 프레젠테이션 자료 만들기입니다. 더불어 영상 편집을 하는 것도 도움이 됩니다. 영상 편집은 초등 때 꼭 필요한 건 아니지만 알아두면 UCC 만들기, 광고 만들기 등 편리하게 쓰일 때가 종종 있습니다.

아이들이 가장 쉽게 컴퓨터와 친숙해지는 방법은 한글 타자 연습입니다. 한글 타자 연습은 인터넷 홈페이지 '한컴 타자 연습'에서 무료로 할 수 있어요. 게임 형식으로 되어 있어 아이들이 시간 가는 줄 모르고 재미있게 타자 연습을 할 수 있습니다. 독수리 타법이어도 괜찮아요. 처음엔 두 손가락만 이용하다가도 익숙해지면 여러 손가락을 쓰게 됩니다. 학년이 올라갈수록 속도도 붙고 정확하게 할 수 있으니 지금 느리다고 걱정은 마세요.

한글 문서 프로그램을 접하게 해주세요. 한글 문서를 만들 때 "이 버튼은 저장하는 기능이야, 표는 이 버튼으로 만들어."라고 이론적으로 설명하는 것보다 실질적인 문서를 만들어보게 하세요. 주말에 하고 싶은 일, 내가 가지고 싶은 선물 목록, 방학 생활 계획표 등 아이의 생활과 밀접한 문서를 만들어보게 하면 기능을 금방 익힐 수 있어요. 자연스럽게 한글 타자 연습도 됩니다.

한글 문서를 다룰 수 있게 되면 파워포인트나 한쇼를 활용해서 프레젠테이션 자료를 만들어보도록 해요. 휴대폰에서 컴퓨터로 사진 옮기는 법, 사진 불러오는 법 등을 익혀봅니다. 가족사진 앨범, 나의 성장 앨범 등을 만들어보는 것을 추천합니다. 책을 보며 기능을 하나씩 알아가는 것도 좋지만 아이가 직접 클릭해보며 기능을 익히는 게 가장 효과적인 공부입니다.

프레젠테이션 자료까지 만들 수 있다면 동영상 편집은 아이가 관심을 갖는다면 스스로 찾아내서 할 수 있습니다. 요즘은 단순 조작으로 영상을 편집할 수 있는 앱도 많이 생겼습니다. 우리 세대보다 아이들이 훨씬 기계 조작에 능숙하잖아요. 컴퓨터의 기초 활용 능력을 익힐 수 있도록 기회를 주세요.

재미있게 코딩 시도하기

4차 산업혁명, 인공지능, 슈퍼컴퓨터 등 '미래 사회는 컴퓨터를 다룰 줄 아는 사람이 미래를 이끈다.'고 합니다. 일반 사람들도 이제는 컴퓨터 활용이 단순한 검색과 문서 작성에서 벗어나고 있습니다. 소프트웨어를 개발할 수 있는 코딩이 대세라고 하죠. 코딩 교육을 따라 코딩 학원도 우후죽순으로 늘어나고 있습니다.

초 · 중 · 고에서 코딩 교육이 의무화되었습니다. 초등 과정에서는 알고리즘을 이해하고 프로그래밍을 체험하는 데 중점을 두고 교육이 이루어집니다. 5학년부터 학교에서 코딩을 체험하고 기초적인 프로그래밍을 배웁니다. 학교에서도 충분히 접하고 있기 때문에 미래 인재로 거듭나려면 코딩을 배워야 한다는 사교육 시장의 상술에 흔들리지 말았으면 합니다.

코딩은 어떤 명령을 컴퓨터가 이해할 수 있는 언어로 입력하는 것을 말합니다. 컴퓨터 언어인 C언어, 파이썬, 자바 등의 코드를 입력해 컴퓨터가 일할 수 있는 프로그램을 만드는 거예요. 초등에서의 코딩 교육은 누가 코딩을 잘하느냐에 목적을 두지 않습니다. 컴퓨터를 다룰 수 있는 사고력을 높이고 문제해결 능력을 키우는 데 초점을 둡니다. 코딩을 통해 주어진 문제를 풀기 위해 생각하고 프로그래밍 언어를 활용하여 코드를 설계합니다. 이런 과정을 통해 문제를 창의적으로 해결하는 힘을 기를 수 있습니다.

학교에서 하는 코딩 교육 외에 가정에서도 흥미롭게 코딩을 경험할 수 있습니다. 요즘은 어린이 눈높이에 맞춰 교재도 잘 나와 있고 인터넷 홈페이지에서 직관적으로 다룰 수 있는 프로그램을 제공하기 때문에 가정에서도 충분히 코딩 교육을 할 수 있습니다.

인터넷에서 '엔트리 코딩playentry.org', '스크래치scratch.mit.edu', '마이크로비트microbit.org' 등을 활용해보세요. 이 사이트들은 아이들이 코드를 직접 하나씩 짜는 게 아니라 조작하기 쉬운 블록 코드를 조합해서 코딩을 합니다. 초보 단계에서 활용하기 좋아요. 특히, 엔트리 코딩은 교육부에서 만든 것으로 학교에서 활용하도록 권고하는 사이트입니다. 스크래치는 미국 MIT에서, 마이크로비트는 영국에서 개발한 사이트이므로 영어로 코딩을 할 수 있어요. 학교에서 하는 방과후학교를 활용하는 것도 추천합니다. 비용이 부담스럽지 않고 아이가 흥미롭게 컴퓨터를 만질 수 있는 계기가 될 것입니다.

실용성 때문에 코딩 교육에 회의적인 말도 하지만 코딩 교육은 프로그래머를 만드는 게 목적이 아닙니다. 학교에서 음악을 배우는 게 음악가를 만들기 위해서가 아니잖아요. 수학을 배우며 논리적 사고력을 키우듯 코딩을 배우며 컴퓨터적 사고, 창의력, 문제해결력을 배우는 거예요. 코딩 교육은 앞으로도 계속 강조될 것이 분명합니다. 기술 습득이 아니라 사고의 문제입니다.

코딩 사이트	홈페이지	국적
엔트리 코딩	https://playentry.org	대한민국
스크래치	https://scratch.mit.edu	미국
마이크로비트	https://microbit.org	영국

Chapter 08

초3의 공부습관 6
자기주도학습 준비하기

저는 중2가 되어 첫 시험을 보기 전 반 아이들에게 시험 대비 공부 계획표를 짜보라고 합니다. 한 달간의 공부를 계획하고 실천하며 저에게 점검을 받도록 하지요. 30명 정도의 반 아이들 중 얼마나 스스로 공부를 계획하고 실천할 수 있을까요? 반에서 서너 명뿐입니다. 초등은 반에서 한 명 할까 말까겠지요.

우리 공부할 때야 정기고사가 있어 어쩔 수 없이 공부해야 하는 상황이었지만 지금 아이들은 아닙니다. 공부의 필요성을 몸으로 느끼지 못합니다. 중1까지 시험이 없으니 더 그렇습니다. 중2로 가면 발등에 불이 떨어집니다. 대부분의 아이들은 학원 스케줄대로 공부합니다. 수업 시간에 선생님이 학교 시험 문제를 숟가락으로 떠주는 데도 받아먹지 못하고 학원 문제만 풀고 있어요.

학교 수업에 집중하고 스스로 공부할 수 있어야 해요. 이제 아이들은 고교학점제 도입으로 각자 과목을 선택하고 자신의 시간표를 직접 짭니다. 자신의 일정에 맞추어 공부하지 못하면 졸업이 늦어질 수 있어요. 예나 지금이나 자기주도학습이 중요하지만 미래 교육에서 필수 역량으로 대두되는 이유입니다.

초등 공부습관은 고등학생은 물론 어른이 되어서도 이어집니다. 초등부터 자기주도학습 습관을 만들어주세요. 초등 시기엔 부모가 정당히 개입하여 자기주도학습을 할 수 있도록 합니다. 혼자 공부를 해본 적 없는 아이에게 자기주도학습을 하라며 "네가 하고 싶은 대로 공부해봐."라고 하면 어리둥절해합니다. 아이가 목표 정하기, 계획 세우기, 실천하기, 평가하기의 단계에 맞게 공부할 수 있도록 적절하게 조언해주세요. '중학생이 되어서야 주체적으로 공부의 방향과 방법을 결정할 수 있다.'라는 부모의 느긋한 생각은 필수입니다.

목표 정하기

자기주도학습의 첫 번째 단계는 '목표 정하기'입니다. 고3 아이들이 왜 초·중학생들보다 열심히 공부할까요? 목표가 있기 때문입니다. 내가 가고 싶은 대학, 내가 되고 싶은 직업을 위해 달리는 거죠.

초등 아이들은 이런 뚜렷한 목표가 없습니다. 당장에 되고 싶은 직업은 20년 후에나 이루어질 일이니까요. 막연하고 남의 일처럼 느껴집니다.

동기가 있어야 공부에도 힘이 붙습니다. '목표 정하기'는 동기 부여라고도 할 수 있습니다. 목표를 정해두고 공부할 이유를 찾는 거예요. 성공적인 공부를 위해서는 동기가 있어야 합니다. 그래야 꾸준히 할 수 있어요. 부모님께 야단맞지 않기 위해서, 선생님께 잘 보이기 위해서, 나의 꿈을 위해서든 동기는 공부를 하는 동력입니다.

사람이 어떤 일을 하고자 하는 욕구인 동기는 크게 내적 동기와 외적 동기로 나뉩니다. 내적 동기는 마음 안에서 스스로 하고자 행동에 참여하는 것입니다. 만족, 성취감, 흥미, 도전 같은 거예요. 훌륭한 사람이 되고 싶다고 생각해서 하는 공부는 내적 동기인 셈이죠. 외적 동기는 외부환경에 의해 행동하는 것을 말해요. 보상이나 벌에 의해 공부하는 것입니다. '이번 시험만 잘 보면 최신형 스마트폰을 받을 수 있어.'처럼 칭찬, 성적, 용돈 등은 외적 동기입니다.

자발적으로 공부하는 힘은 내적 동기에서 나옵니다. 그렇다고 외적 동기가 꼭 나쁘지만은 않아요. 운동선수들이 메달을 따기 위해 혼신을 다해 노력하는 것, 월급을 받기 위해 열심히 일하는 것은 모두 외적 동기에 의해 행동이 강화되고 내적 동기로까지 옮겨간 사례입니다.

아이들은 아직 마음속에서 꿈틀거리는 내적 동기가 부족하지만 본능적으로 부모님을 믿고 따릅니다. 아이가 부모님에게 칭찬받고 싶어 공부하는 것은 당연해요. 외적 동기로 공부를 하지만 작은 성공 경험이 성취감, 자신감, 책임감을 길러줍니다. 매일 공부를 하며 "오늘도 성실하게 해냈구나."라는 칭찬을 듣고 '나는 성실한 사람이다. 내가 맡은 공부를 열심히 해야지.'라고 생각하며 내적 동기가 싹 틉니다. 부모님의 격려, 지지, 칭찬, 작은 선물 보상이 필요한 이유입니다. 적절한 외적 보상은 아이의 내적 동기를 성장시키며 열정을 꽃 피우게 합니다.

무엇보다 강력한 동기는 '꿈'을 정하는 거예요. 아이들이 4학년쯤 되면 사춘기가 시작되며 생각도 단단해집니다. 빠른 아이들은 '꿈'에 대해 생각하고 로드맵을 짤 수 있습니다. 초등 고학년부터 엔터테인먼트 회사에 연습생으로 들어가 혹독한 연습을 수년씩 하는 아이들을 TV에서 심심치 않게 봅니다. 어린 나이에도 가수라는 꿈이 있기에 가능한 것이겠지요. 우리 아이들의 꿈을 발견해주세요. 아이가 장차 미래에 하고 싶은 일은 무엇인지 대화를 나누세요. 그 일을 하기 위해서는 어떤 공부를 해야 하는지 실질적인 얘기를 하세요. 아이가 닮고 싶은 인물, 존경하는 위인은 누구인지 롤 모델을 정하면 좋습니다. 롤 모델이 살아온 인생에서 노력한 부분이 무엇인지 살펴보면 아이도 따라하고 싶은 마음이 들 거예요.

아직 초3이기에 꿈을 정하기까지는 너무 먼 얘기 같지요? 아이 꿈만 바라볼 수도 없고요. 저는 아이에게 각 과목을 왜 공부하는지 자주 얘기합니다. 아이가 "지금도 파파고 같은 번역기가 있는데 왜 영어를 배워요?"라고 물어본 적이 있어요. "영어는 만국 공통어이고, 인터넷에 있는 거의 대부분의 정보는 영어로 되어 있어. 네가 영어를 배우면 인터넷 공간에서 엄청난 정보를 얻을 수 있어. 자유자재로 활용할 수도 있어."라며 영어 공부의 필요성을 설명했습니다. 요즘 아이가 코딩을 하며 "엄마, 제가 영어를 배워놓으니깐 코딩하기도 쉬워요. 코딩은 모두 영어로 되어 있어요. 인터넷 검색도 바로 되고요."라고 말합니다. 영어책 읽어라 말할 필요가 없습니다.

공부를 왜 하는지 몰라 막막한 아이들에게 공부의 필요성과 중요성을 자주 말해주세요. 처음엔 막연해도 점차 생활에서 느끼게 될 거에요. 그러면서 내적 동기가 조금씩 커지는 계기가 될 수 있습니다.

제가 매달 말일에 아이에게 하는 외적 보상이 있습니다. 한 달 동안 열심히 공부한 아이에게 선물과 함께 편지를 적어줍니다. 처음 공부습관을 잡을 땐 선물을 고대하더니 이젠 선물은 필요 없고 편지만 기다립니다. 편지를 받으며 '나는 엄마에게 멋진 아들이야, 이번 달도 성실하게 잘 해냈어. 나는 쓸모 있는 사람이야.'라고 생각하리라 믿어요. 외적 보상에서 이어진 내적 동기가 다음 달에도 꾸준하게 공부하는 힘을 주는 것 아닐까요?

계획하기

진정한 자기주도학습은 스스로 계획해서 공부하는 것입니다. 아이에게 공부 계획을 짜보라고 해볼까요? 영어 5분, 수학 5분 하고 말면 속이 터질 거예요. 모험하지 말고 처음엔 엄마와 함께 계획합니다. 고학년으로 갈수록 점점 주도권을 넘겨주세요. 다음 세 단계를 활용해 주도적으로 공부 계획을 세워봅니다.

첫 번째 단계는 엄마 주도로 학습 계획을 세웁니다. 단, 아이와 상의해서요. 매일 해야 할 공부의 과목, 독서의 양을 정합니다. 아이의 수준에 맞게 조절해요. 수학의 경우 시간보다 양 중심으로 계획을 세우는 게 좋아요. 예를 들어 수학 연산 2쪽, 교과 문제집 2쪽, 한글 독서 40분, 영어 독서 40분, 영어 영상 보기 1시간, 한자 문제집 1쪽 등을 정합니다. 공부 양을 정했다면 아이에게 동의를 얻고 시간표를 함께 짜보세요. 수학 문제집 푸는 시간은 방과 후 오후가 좋은지 저녁밥을 먹은 후가 좋은지 시간을 조율합니다. 그렇게 매일의 계획을 엄마가 주도해서 해주세요. '이 정도쯤이야.'라는 생각으로 할 수 있을 만큼의 양부터 시작해서 점점 늘려갑니다. 하다가 아이가 힘들어하면 공부량을 줄입니다. 아이를 잘 관찰하고 거뜬히 해낼 수 있을 만큼 공부를 계획합니다.

두 번째 단계는 아이 주도로 공부 계획 시도하기입니다. 엄마가 세운 계획을 아이가 잘 실천하고 따라온다면 방학 계획을 아이가 세워보도록 하세요. 사람이 하나의 행동이 습관으로 몸에 배는 기간이 66일이라고 해요. 두 달 정도 엄마 주도로 공부습관을 지켜온 아이라면 방학 공부를 스스로 계획할 수 있습니다. 자신이 하던 공부를 꿰뚫고 있기에 방학 중에도 이어서 하려고 노력할 거예요. 방학이라 시간이 많다고 공부량에 욕심 내지 말고요, 좀 더 달리고 싶다면 겨울 방학을 활용하세요. '겨울 방학 중 고전 10권 읽기, 독서 시간 30분 늘리기' 등 구체적인 목표를 방학 동안 추가할 수 있게 유도해보세요. 절대 무리하면 안 됩니다. 아이에게 단기적인 목표에 당근을 주며 공부 의욕을 높여주는 것도 효과적입니다.

연초 목표를 세워보는 것도 아이 주도로 공부 계획을 시도하기에 좋습니다. 올해 이루고 싶은 공부 목표는 무엇인지 아이와 의논해보세요. '책 200권 읽기', '수학 문제집 4권 풀기' 등 1년 동안 이룰 목표를 정합니다. 목표는 자신의 수준보다 조금 높게 설정합니다. 터무니없이 높은 목표는 의욕조차 꺾어버리니까요. 아이가 노력을 통해 달성할 수 있는 목표를 설정합니다.

세 번째 단계는 아이 주도로 공부 계획 짜기입니다. 루틴대로 공부를 꾸준히 해온 아이라면 방학 계획도 자발적으로 척척 잘 짜게 됩니다. 자신이 하고 있는 공부는 무엇이고, 얼마만큼 공부를 했는지 파악할 수 있어요. 고학년쯤 되면 스스로 공부를 계획할 수 있습니다. 매일 공부할 양을 스스로 정하게 하세요. 매일의 공부량을 정할 때는 큰 목표를 두고 잘게 쪼개가며 계획을 세우는 게 좋아요. 예를 들어 수학 문제집 한 권을 두 달 안에 끝내려면 하루에 몇 쪽을 풀어야 하는지 계산이 나옵니다. 그렇게 수학, 영어 등 과목 하나씩 공부할 양을 역계산하여 매일 공부의 양을 정합니다. 공부량을 정해 시간표를 작성할 수 있으면 자기주도 공부 계획은 성공입니다.

공부 계획만 시간표대로 잘 짜둔다면 하루가 보람되게 돌아갑니다. 눈에 자주 띄는 곳에 계획표를 붙여두세요. 아이 책상에 월간 달력을 활용해서 매일 공부할 목록을 작성해두는 것도 좋아요. 계속 확인하며 해야 할 일을 상기시킵니다.

사실 계획하기는 쉽지 실천이 어려운 법이지요. 저도 새해부터 운동한다고 다짐하고선 딱 이틀 하고 접었습니다. 작심삼일이란 말이 그냥 나온 게 아니에요. 아이들이 계획을 짜고 실천을 지키지 못하는 날이 허다할 거예요. "내가 그럴 줄 알았다."라는 비난의 눈초리를 주지 마세요. "다시 해보자. 할 수 있어."라고 격려해주세요. 필요하다면 공부량을 줄이며 매일 공부습관을 이어갈 수 있게 다시 계획합니다.

실천하기

"공부 계획표를 짰는데 공부를 안 해요."

"어느 세월에 공부할 건지, 놀다 보니 잘 시간이에요."

"공부에 대해 아무 생각이 없어요. 제 마음만 조급해져요."

부모와 계획표를 짜고 공부하기로 약속을 했어요. 하지만 며칠은 잘 하다가 금세 계획표는 안중에도 없습니다. 실천을 해야 공부가 되는데 말이죠. 실천이 없는 자기주도학습은 앙꼬 없는 찐빵입니다. 아이가 실천하기만을 기다리지 말고 실천할 수 있도록 도와주세요.

실천하기의 환경을 조성해주세요. 첫째, 언제 공부할지 속으로 끙끙 거리지 말고 공부 계획을 세울 때 시간표로 만듭니다. '7시가 되면 앉아서 책을 읽어야 한다.'는 생각이 들게 합니다. 고정해놓은 시간이 있으면 아이도 엄마도 편합니다. 딴 생각을 하지 않게 되요. 자연스럽게 그 시간에 책상 앞에 앉게 됩니다. 둘째, 할 일의 우선순위를 정합니다. 놀이는 공부 후 하는 것으로 정해요. 날마다 정해진 공부를 하고 난 후 TV를 보든지, 게임을 하든지, 놀이터에 나가든지 자유 시간을 즐깁니다. 땀을 흠뻑 흘리고 놀다 온 아이에게 수학 문제 풀자 하면 하고 싶지 않을 거예요. 공부를 먼저 합니다. 셋째, 공부 분위기를 만들어줍니다. 아이는 공부 시간이 되어 책을 펼쳤는데 다른 식구들은 TV를 크게 틀어놓고 깔깔거리며 드라마를 보고 있다면요? 아이는 '아, 다 놀고 나는 힘들게 공부하고….'라는 억울한 생각이 들 거예요. 아이가 공부할 땐 부모도 우아한 척 책을 펼쳐두세요.

공부 계획도 세우고 아이가 공부를 실천하고 있다면 체크리스트를 활용하세요. 매일 자신이 한 공부에 체크하며 성취감을 맛볼 수 있습니다. 제가 임용 공부를 하며 체크리스트를 십분 활용했어요. 탁상달력에 그날의 공부할 양을 적어놓고, 다 했으면 시원하게 '찍' 지웠습니다. 하루하루 지워 나가는 기분이 얼마나 가뿐하던지요. 지금도 책을 쓰며 달력에 할 일을 적어놓고 빨간 줄을 긋고 있습니다. 아이들 공부에도 탁상 달력을 이용하여 체크리스트를 활용해보세요. 해야 할 공부를 하고 난 후 브이 표시를 하며 '나는 오늘도 해냈어.'라고 성취감을 맛보는 겁니다. 한 달 동안 체크리스트에 브이 표가 꽉 찼다면 과자파티, 치킨파티도 해주고요.

체크리스트를 활용하여 1개월, 3개월 정도 실천하면 어느 정도 공부습관이 잡힐 거예요. 하지만 아무래도 체크만 하는 거라 수동적일 수 있습니다. 엄마가 하라고 해서 체크하고 있지만 무슨 공부를 하는지 몰라요. 체크리스트를 잘 활용할 수 있게 되면 다음 단계로 '공부 실천 기록표'를 활용하는 걸 추천합니다. 공부 실천 기록표는 아이가 공부하는 내용을 서술형으로 쓰면서 자신의 공부 상태를 파악할 수 있어요. 아이 주도 공부 계획표를 세워보기에 앞서 할 수 있는

‖‖ ‖‖

2021
3월

이 달의 행사	이 달의 목표
- 엄마 생신 - 반장 선거	- 한글 책 20권 읽기 - 글쓰기 10줄 쓰기 도전

일	월	화	수	목	금	토
	1 삼일절	2 ✓ 한글독서 ✓ 글쓰기 ✓ 영어독서 ✓ 영어듣기 ✓ 수학연산 ✓ 수학교과	3	4	5	6
7	8	9	10	11	12	13
14	15	16	17	18	19	20
21	22	23	24	25	26	27
28	29	30	31			

활동입니다. 지금 공부하는 내용을 알아야 공부 계획도 할 수 있습니다. 그날 공부한 내용을 서술형 형식으로 써보며 자신의 공부 상태를 확인합니다. 항목을 늘려 매일 배운 내용을 복습할 수 있도록 해도 좋아요. 예를 들어, 학습한 영어 단어, 한자, 어휘를 써보는 것만으로도 학습 내용이 정리가 됩니다. 따라서 공부 실천 기록표는 공부를 다하고 난 후 하루를 돌아보며 작성합니다.

고학년이 되면 스터디 플래너를 적극 활용합니다. 2~3년 꾸준히 공부습관을 지켜온 아이라면 자신만의 공부 계획하기와 실천하기 취향이 생길 거예요. 엑셀 프로그램에 공부 계획을 짠다든가, 다이어리를 예쁘게 꾸며 플래너로 활용한다든가 말이죠. 양식은 중요하지 않습니다. 아이에게 맞는 틀만 있으면 됩니다. 아이가 스스로 계획하고 매일 한 공부를 점검하는 습관을 꾸준히 이어가도록 해주는 게 중요합니다.

체크리스트, 공부 실천 기록표, 스터디 플래너가 차곡차곡 쌓일수록 작은 성취감들이 모입니다. 아이도 훌쩍 성장할 거예요. 힘들지만 날마다 목표를 위해 노력한 성과를 보며 대단한 자신을 발견할 겁니다. 백 점짜리 결과보다 매일 최선을 다하며 보람 있게 보낸 열매를 볼 수 있어요. 이렇게 만든 공부습관은 쉽게 사라지지 않습니다. 속이 꽉 찬 아이로 자라며 중·고등 시절은 물론이고 성인이 되어서도 성실함, 성취감이 몸에 배어 있을 거예요.

○○○ 의 공부 실천 기록

		월 (3 / 15)		화 (3 / 16)		수 (3 / 17)		목 (3 / 18)	
		제목	시간	제목	시간	제목	시간	제목	시간
영어	흘려듣기								
	청독								
	묵독								
	낭독								
	한줄쓰기	단어 : ( )		단어 : ( )		단어 : ( )		단어 : ( )	
국어	책읽기 / 글쓰기	제목	시간	제목	시간	제목	시간	제목	시간
	독해 한자	독해 한자		독해 한자		독해 한자		독해 한자	
수학	연산	학년 단원		학년 단원		학년 단원		학년 단원	
	교과								

		금 (3 / 19)		토 (3 / 20)		일 (3 / 21)	
		제목	시간	제목	시간	제목	시간
영어	듣기						
	청독						
	묵독						
	낭독						
	한줄쓰기	단어 : ( )		단어 : ( )		단어 : ( )	
	글쓰기						
국어	책읽기	제목	시간	제목	시간	제목	시간
	독해 한자	독해 한자		독해 한자		독해 한자	
수학	연산	학년 단원		학년 단원		학년 단원	
	교과						

○○○의 최고의 일주일
2021
3.15 - 3.21

일주일동안 계획대로 실천을 잘 했나요?

미흡 / 보통 / 잘함

여가시간엔 무얼 하며 지냈나요?

이번 주 즐거운 일은 무엇이었나요?

엄마의 칭찬

평가하기

───

고등학생들의 스터디 플래너를 매주 점검하며 제가 꼭 하는 일이 있습니다. 학생들 각각의 스터디 플래너에 격려, 칭찬, 당부, 조언의 말을 적는 것입니다. 아이들마다 성향, 공부하는 습관, 공부량이 모두 달라요. '학교 공부도 힘들 텐데 매일 이렇게 공부하다니 대단하구나, 틈새 시간을 이용해서 공부 시간을 조금 늘려보는 건 어떨까, 지금은 과학 공부에 좀 더 집중하는 게 효율적이지 않을까' 등 학생들이 힘을 내어 공부할 수 있도록 피드백을 합니다.

공부는 마라톤처럼 기나긴 여정입니다. 지속가능하도록 하는 게 중요해요. 길을 잘못 들었다면 다시 올바른 길로 오게 해야 하고 속력이 빠르면 천천히 갈 수 있도록 해야 합니다. 달린다고 끝이 아닙니다. 달리는 도중 시원한 물도 주고 전략적으로 결승점에 가야한다는 거예요.

그렇기 때문에 자기주도학습에서 '평가하기' 과정은 꼭 필요합니다. 제대로 공부하고 있는지, 성실한 태도로 임했는지 점검해야 해요. 평가하기는 점수를 매기는 용도가 아닙니다. 제가 학생들에게 격려, 칭찬, 당부의 말을 했듯 따뜻한 말, 응원이 목적입니다. 평가는 일간, 주간, 월별, 년별로 합니다.

일간 평가는 매일 아이가 실천한 내용에 칭찬해주세요. "오늘도 수고했어, 책임감 있게 잘 해냈구나." 등 격려의 말을 아끼지 말아야 합니다. 당연하게 느껴지는 청소, 설거지도 남편이 수고했다고 한마디 해주면 힘이 납니다. 아이들도 마찬가지예요. 또 조언이 필요하다면 적절하게 조언해주세요. '지적질'이 아닌 '당부'가 되어야 합니다. 꼭 해야 할 공부를 못 했다면 보충해야 하는 이유와 다음날이 좋은지, 주말이 좋은지 아이에게 부드럽게 말해주세요.

　주간 평가는 일요일 저녁 아이와 함께 일주일 동안 공부한 내용을 돌아보며 잘한 점과 힘들었던 점을 나눕니다. 잘한 점에 대해서는 엄마의 칭찬 폭탄을 날려주세요. 아쉬운 점이 있다면 왜 아쉬운지 스스로 말해보고 다음 주에는 어떻게 공부를 할 건지 다짐의 말도 해봅니다. 매번 말하기가 어렵다면 체크리스트에 글로 적도록 합니다. 글로 쓰면서 자신의 공부습관을 점검하고 반성하는 계기가 될 거예요. 일주일 동안 잘한 아이에게 주는 작은 보상은 아이에게 소소한 행복을 줍니다. 엄마와 단둘이 떡볶이 데이트도 좋고 과자파티도 효과적입니다. 아이의 욕구에 맞게 보상을 해주세요.

　월간 평가는 매월 말일에 합니다. 평가라고 해서 거창하진 않고 파티 하는 날입니다. 평소 아이가 좋아하는 고기를 잔뜩 먹는 날, 한 달 동안 수고한 아이에게 자존감 팍팍 올려주는 날입니다. 공부한 월간 이력을 돌아보면 아이의 어깨가 으쓱해집니다. "꾸준히 노력했구나, 열심히 했네."라며 담담하게 칭찬해주세요. 아이는 일간, 주간 평가를 거치며 자신이 고쳐야 할 행동을 반성하고 있을 거예요. 월간 평가에서도 수정해야 할 행동이 많겠지만 장점에 집중하세요.

연간 평가는 1년 동안 아이가 읽은 책 목록, 글쓰기 공책, 공부 실천 기록을 살펴보며 성장 기록을 확인합니다. 그동안 쌓인 기록들만 봐도 배가 부를 거예요. 5줄만 쓰던 글쓰기가 15줄로 늘어나 있을 거예요. 아이는 자신의 성장을 객관적으로 평가할 수 있습니다. '또 1년을 지금처럼 글쓰기 한다면 25줄로 늘어나 있겠구나.'라며 학습 의욕이 생길 거예요. 꾸준히 노력한 자기 모습에 만족하며 학습의욕에 불타올라 글쓰기를 두 편 하고 싶어 할지 몰라요. 아주 드물지만요. 연간 평가로 아이는 자기주도학습 계획도 수월하게 할 수 있습니다. 연초에 세운 계획을 달성하지 못했어도 꾸준히 노력한 과정에 칭찬하고 피드백합니다.

'평가하기'라고 말했지만 '칭찬하기'에 가깝지요? '평가하기'는 주기적으로 공부를 확인하며 수준과 방향에 맞는 공부법을 수정하는 게 맞습니다. 하지만 초등 때 공부습관은 자신감을 고취하고 내적 동기를 높이는 게 우선입니다. 자신에 대한 믿음이 큰 아이가 커서도 야무지게 공부합니다. 고등학생들도 선생님이 "잘하고 있어, 힘내."라고 적어준 한마디에 공부 의욕이 올라갑니다. 날마다 1시간씩 엉덩이를 붙이고 있는 어린 아이들에게 격려의 말로 긍정적인 피드백을 하세요. "정말 성실하게 공부하고 있구나, 노력하는 모습이 멋져."라고 말이에요. 이후에 아쉬운 점을 점검하고 공부 방법을 보완해도 늦지 않습니다.

Chapter 09

초3의 진로습관 1

놀이의 차이

고교학점제로 '진로를 빨리 결정해야 하는 것 아닌가?' 하는 걱정
이 앞섭니다. 빠른 결정보다 중요한 건 아이가 무엇을 좋아하고, 무
엇을 하고 싶은지 스스로 신중하게 생각할 수 있는 힘을 기르는 것
입니다. 주도적으로 자신을 이해하고 발전시키려는 태도가 필수입
니다. 자신의 '꿈'과 '끼'를 발견하는 생활 설계로 적극적인 진로 탐
색을 시작해보세요.

충분한 놀이 시간 갖기

첫째아이의 초1 때 꿈은 로봇과학자였습니다. 〈WHY〉 시리즈를

매일 보더니 잡다한 과학 상식이 늘어나고 시중에 로봇 관련 학습 만화도 모두 섭렵했어요. 방과후학교에서 로봇과학 수업을 듣더니 로봇과학자가 되고 싶다고 말하더라고요. 그러다 학교 수업 시간에 한 줄넘기가 재밌었는지 줄넘기를 매일하며 줄넘기선수로 꿈이 바뀌었습니다. 유튜브에서 줄넘기 기술 영상을 매일 찾아봤습니다. 한 번의 점프로 8단 뛰기까지 하는 선수의 영상을 보며 자신은 9단 뛰기를 하는 선수가 되고 싶다고 했죠. 지금은 컴퓨터 프로그래머로 꿈이 바뀌었습니다. 우연히 본 책에서 컴퓨터를 이용해 게임을 만드는 게 재밌었나 봅니다. 책을 보며 코딩하는 법을 하나둘 따라 하더니 컴퓨터 프로그래머로 장래희망이 바뀌었어요.

아이들 꿈은 밥 먹듯 자주 변합니다. 주변 환경의 영향이 크지요. 학교에서 배우는 교과목은 진학인 동시에 진로의 방향을 보여줍니다. 초3이 되며 다양한 교과목이 생겨납니다. 중·고등학교에서 배우는 교과목의 이름과 같아요. 이때부터 아이가 배우는 과목은 아이의 진로와 이어져 있다는 얘기입니다. 진로를 향한 준비 과정이라고 할 수 있어요. 학교 수업은 진로에 있어 기초가 되는 지식입니다. 배움의 즐거움을 느끼며 아이의 흥미와 적성을 찾는 과정이라고 할 수 있어요.

물론, 학교 수업만으로 아이의 꿈이 결정되는 건 아닙니다. 제 아이가 줄넘기선수가 되고 싶다는 마음이 들었을 땐 충분히 줄넘기에 빠지고 재미있다고 느꼈을 때입니다. 하루 서너 시간은 기본으로 줄넘기에 매달렸어요. 학교에서 오자마자 줄넘기를 들고 놀이터로 향했습니다. 줄넘기가 일주일도 안 되서 끊어지기 일쑤였지요. 매일 줄넘기를 연습하며 기술을 하나씩 익혔습니다. 잘할 수 있다는 자신감과 계속하고 싶다는 흥미를 느꼈고, 결국 줄넘기선수가 되고 싶다는 꿈이 생겼습니다.

마음껏 놀기

아이들이 학교를 마치고 교문 앞에서 학원 셔틀버스를 타고 학원에 갑니다. 학원 수업까지 마치고 집에 오면 늦은 오후가 되지요. 집에서 휴식을 취하다 저녁을 먹고 학원 숙제를 하고 나면 씻고 자야할 시간이에요. 우리 아이들에게 놀이 시간이 확보되어 있나요? 자유롭게 생각하고, 하고 싶은 걸 할 수 있는 시간이 충분한가요?

제 아이가 줄넘기 기술을 익히고 선수가 되고 싶은 마음이 들게했던 건 물리적으로 매일 몰입할 수 있는 시간이 충분해서였어요. 내가 하고 싶은 일이 있어도 할 시간이 있어야죠. 몸이 피곤하고 힘든데 다른 걸 즐길 수 있는 여유가 있을까요? 초등이니까 더욱 시간이 필요합니다.

초등 시절은 다양한 경험과 체험을 할 수 있는 시간을 확보해야 합니다. 아이들의 놀이 시간은 버리는 시간이 아니고 미래 역량을 키우는 시간이라고 생각하세요. 자유롭게 주어진 시간은 자신을 탐색하는 과정을 통해 흥미와 특기를 발견하게 됩니다. 부모는 옆에서 아이를 관찰하고 아이가 무엇에 집중하는지 살피세요. 관심 영역을 확장할 수 있도록 책, 영상 등의 매체를 적절하게 추천해주세요.

아이가 관심 있어 하는 분야에 관심을 갖고 대화하세요. "오늘 어떤 일이 가장 재밌었어? 요즘 어떤 책이 제일 재미있어? 내일은 놀이시간에 뭐 하고 싶어? 필요한 건 없어?" 등 사소한 질문부터 시작하세요. 진로 교육이라고 거창할 거 없어요. 아이에게 애정 어린 시선으로 아이가 어떻게 노는지, 무엇을 즐겨하는지 살피며 대화하는 것부터 시작합니다.

부모 마음에 들지 않고 시간만 허비한다고 생각할 수 있어요. 걱정 어린 눈으로 바라보지 말고 믿어주세요. 아이들은 꿈이 자주 바뀌는 만큼 관심사도 수시로 바뀝니다. 아이에게 믿음 어린 시선을 보낼 때 아이가 거리낌 없이 자신이 하고 싶은 일을 할 수 있습니다. 진로란 자신이 하고 싶은 일을 하며 자아성취를 하는 과정이잖아요. 그 경험을 초등 때부터 시작합니다.

몰입 경험하기

"레고는 공부 안하는 아이 장난감? 무궁무진한 창작예술이죠."

레고 덕후에서 기업의 CEO가 된 한국 최초 레고 공인 작가 김성완 대표가 한 말입니다. '덕후'는 어떤 한 분야에 몰두해서 마니아 이상의 열정과 흥미를 갖는 것을 의미해요. 김성완 대표는 직장을 다니면서도 레고를 취미삼아 했다고 해요. 레고를 하며 재미를 느끼고 끈질기게 탐구하고 싶은 마음이 들었다고 합니다. 취미가 직업이 된 '덕업일치'를 이루었지요.

'덕질'이란 몰입의 경험입니다. 자신이 좋아하는 분야에 호기심을 가지고 파고드는 특징을 가지고 있어요. 좋아하기 때문에 알고자 하는 내적 동기가 매우 큽니다. 누가 시키지 않아도 그 분야에 미쳐 시간과 노력을 투자하죠. 다른 사람보다 많이 알고 싶어 깊이 파고들고, 결국 어른보다 더 많은 지식을 알게 됩니다.

"그 정신으로 공부를 해라. 그러면 서울대 가겠다."란 말이 속으로 절로 나올 수 있습니다. 하지만 덕질은 아이들에게 목표를 정해두고 열정을 다해 그것을 실행하려는 과정의 하나입니다. 부모가 시킨 것이 아니라 아이가 주도적으로 하는 것입니다. 자기주도학습과 닮아 있어요. 따라서 한 분야에 덕질을 하는 아이들은 공부에서도 집중력을 발휘해 끝까지 탐구할 수 있는 가능성이 있습니다. 알고자 하는 것에 지속적으로 시간과 노력을 들여 성과를 냅니다.

아이들의 어릴 때 모습을 떠올려보세요. 예를 들어, 공룡에 빠져 어려운 공룡 이름을 줄줄 외던 아이들을요. 공룡 영화며, 책이며, 백과사전이며 다 찾아봤을 거예요. 이걸 아이들은 공부라 생각하지 않아요. 즐거운 놀이라고 생각하죠. 박물관에서 실제 공룡 뼈라도 보는 경험을 했다면 잠을 설쳤을 거예요. 스스로 꾸준히 관찰하며 공룡에 대해 알아가면서 행복을 느꼈죠. 자라면서 관심사가 다른 곳으로 옮겨갑니다. 로봇으로 옮겨갔다면 그 분야도 스스로 탐구하고 정보를 축적할 거예요. 나아가 로봇을 만들며 창의적인 결과물로 만들 수도 있어요. 로봇에 대한 전문가가 되어 로봇과학자가 될 수도요. 이런 일련의 과정은 진로를 탐색하고 결정하는 역량을 키워줍니다.

미래 사회는 지식만 암기해서는 안 된다고 하잖아요. 이미 지식은 차고 넘쳐납니다. 이제는 정보를 어떻게 취합하고 재구성하는지가 중요한 능력으로 자리 잡고 있어요. 그럴수록 '덕질'을 할 수 있는 환경이 필요해요. 가령 아이가 로봇과학에 관심이 생겼다면 로봇과학과 관련된 정보를 제공해주세요. 로봇과학 역사가 담긴 책도 좋고 '데니스 홍'과 같은 과학자의 일대기를 담은 책도 좋아요. 유튜브 영상에도 로봇과학과 관련된 유익한 영상이 무궁무진합니다. 로봇과학과 관련된 영상을 찾아볼 수 있게 해주세요. 로봇과학과 관련된 회사의 홈페이지를 방문하는 것도 추천합니다. 실제 로봇과학을 체험할 수 있도록 교구를 마련해주면 흥미도가 더 높아질 거예요. 관련 지식이 쌓이고 깊이가 깊어지면 로봇과학 경진대회도 나가보는 거예요.

좋아하는 것에 몰입하는 시간은 국, 영, 수를 공부하는 시간만큼 가치가 있습니다. 행복을 위해서 공부하는 거잖아요. 즐겁게 일하며 사는 인생은 스스로 몰입해서 할 수 있는 일을 찾는 것 아닐까요? 아이에게 놀 수 있는 충분한 시간을 주고 즐기며 집중할 수 있는 분야에 적극적으로 지원해주세요.

| 몰입력을 높이는 예 |

아이 관심사	로봇 과학
책으로 확장	- 로봇과학 역사 책 - 로봇과학자 책 - 로봇기술 책
영상으로 확장	- 유튜브 로봇 영상 - 로봇 다큐멘터리
인터넷으로 확장	- 엔트리 사이트 (코딩 맛보기) - 커리어넷 사이트 (직업 알아보기)
교구로 확장	- 로봇 조립 - 코딩
체험으로 확장	- 과학관 방문 - 로봇박람회 방문 - 로봇경진대회

Chapter 10

초3의 진로습관 2
좋아하는 것과 잘하는 것 찾기

아이가 어른이 되어서 좋아하고 잘하는 것을 직업으로 삼으며 산다는 건 행복한 일입니다. 좋아하는 일을 하며 보람을 느끼고 경제적 여유까지 생긴다며 성공한 진로 선택이라고 할 수 있을 거예요.

중·고등학생만 되어도 학교에서 진로 적성 검사를 실시합니다. 중학생은 진로 심리 검사, 고등학교는 적성 검사를 실시해요. 고등학생들의 적성 검사는 과목 선택과 진로 결정의 중요한 자료가 됩니다.

제가 고1 담임을 맡았을 때 학업 성적도 좋고 매사 적극적으로 학교생활을 하던 학생이 있었습니다. 3월에 아이와 상담을 할 때 희망 직업을 물어보니 변호사라고 대답하더군요. 교실에서 관찰하며 느긴 아이의 모습은 아이디어를 내는 일을 좋아했습니다. 학급의 행사가 있으면 자발적으로 나서서 계획을 짜고 아이들을 통솔했어요. 방과 후엔 댄스동아리 활동을 하고, 동아리 친구들과 청소년 문화센터에서 공연도 했습니다.

1학기 말에 학교에서 적성 검사를 실시했고, 아이의 결과가 궁금했습니다. 아이는 제 예상과 비슷하게 '광고기획, 디자이너, 공연프로듀서' 등의 창의적인 일을 주로 하는 직업군이 나왔어요. 2학기가 되어 2학년 과목 선택을 위해 아이와 상담을 했습니다. 대학의 어떤 학과로 진학하고 싶은지 물어보니 컴퓨터공학이라고 말했습니다. 변호사는 적성에 안 맞는 것 같아 부모님과 상의를 했다고 하더군요. 앞으로 컴퓨터공학 쪽이 전망이 좋을 거라 선택했다고 했어요. 저도 느끼고, 아이도 느끼고, 다른 교과 선생님도 느끼는 아이의 적성은 컴퓨터공학이 아니었는데 말이죠. 물론, 진로 선택이 적성 100%로 가는 건 아니지만요. 그러나 이 학생이 대학에서 컴퓨터공학과 관련한 전공 공부를 즐겁게 할 수 있을까요?

희망 직업, 학과를 선택할 때는 다양한 사항을 고려합니다. '내가 좋아하는 일이라서, 내가 잘할 것 같아서, 돈을 많이 벌 것 같아서, 안정적이어서…' 등 여러 이유가 있습니다. 초등 때만 해도 운동선수가 꿈이었던 아이들이 고등학생이 되면 교사로 희망 직업이 바뀝니다. 사람마다 직업에 대한 가치가 다르기에 무엇이 옳고 그르다고는 할 수 없습니다. 하지만 초등 때는 잘하고 좋아하는 것에 집중해야 합니다.

진로 선택은 흥미와 적성을 최우선으로 고려해야 해요. 부모가 원해서, 안정적이기 때문에 선택해선 안 됩니다. 힘들게 임용고시에 합격해 교사를 하다가도 적성에 안 맞아 사표를 내고 작곡가가 된 선생님도 봤어요. 일을 하며 재미를 느끼고 성취감을 맛볼 수 있어야지요. 초등 아이들에게 벌써부터 직업의 안정성이니, 돈을 많이 번다느니, 유명해진다느니 하는 이유로 진로의 길을 좁히지 말았으면 합니다.

아이의 흥미와 적성 발견에 집중하세요. 아이가 좋아하는 것은 무엇이고, 무엇을 할 때 행복해하는지 관찰하세요. 흥미와 적성을 탐색하는 것이 진로 교육의 기본이자 시작입니다.

아이 재능 파악하기

저는 어렸을 때부터 그림 그리기를 좋아했습니다. 첫째 아이가 엄마의 재능을 닮았을까 싶었는데 그림에는 전혀 재능이 없어 보입니다. 둘째는 분명히 저를 닮았습니다. 틈만 나면 그림을 그리고 네 살 위 오빠보다 그림 실력이 출중합니다. 아이를 잘 관찰해보면 아이가 어떤 분야에 재능이 있는지 부모는 짐작할 수 있어요. '운동감각이 있다, 절대음감이 있다, 수학머리가 있다.' 등의 말이 심심치 않게 쓰이고 있잖아요.

아이의 행복을 위해 잘하는 일을 직업으로 삼으려면 재능 파악이 먼저입니다. 점수가 아닌 적성으로 학과와 진로를 선택해야 합니다. 모든 아이는 특출 나게 뛰어난 지능영역을 가지고 태어납니다. 소중한 아이의 잠재된 재능을 하워드 가드너Howard Gardner의 다중지능이론을 통해 파악해보세요.

하워드 가드너는 지능은 단일한 형태가 아닌 다양한 영역으로 구성되어 있다고 했습니다. 아이큐 테스트와 같은 단일한 방법으로 복잡한 지능의 우수성을 단정 지을 수 없다는 얘기입니다.

다중지능이론에서는 사람마다 8가지 지능 영역이 상호독립적으로 존재합니다. 8가지 지능은 언어지능, 논리수학지능, 공간지능, 음악지능, 신체운동지능, 대인관계지능, 자기이해지능, 자연친화지능입니다. 8개 영역 중 한 분야에서 뛰어나더라도 다른 분야에서 반드시 뛰어남을 뜻하는 것은 아닙니다. 각 개인은 8개 영역 중 강화된 영역인 강화지능과 약화된 영역인 약화지능이 존재합니다. 8개의 지능을 표를 통해 소개하겠습니다.

표에서 보는 바와 같이 8개의 지능 특징은 뚜렷이 구별됩니다. 사람마다 뛰어난 지능은 모두 다르게 나타납니다. 어렸을 때부터 곤충에 관심이 많은 아이라면 자연친화지능이 발달된 아이예요. 이 아이

| 다중지능이론 |

지능 영역	정의	특징	직업
언어	말이나 글을 사용하고 표현하는 능력으로, 문화 특정적이라기보다는 보편성을 가진다. 외국어를 습득하는 능력도 포함되는데, 외국어 습득 능력의 경우 나이가 들수록 향상된다고 보았다.	- 말하기를 즐긴다. - 글 솜씨가 좋다. - 새로운 언어를 쉽게 습득한다.	작가 기자 언어학자 외교관 번역가
논리수학	숫자나 기호, 상징체계 등을 습득하고 논리적, 수학적으로 사고하는 능력을 의미하며, 기존의 지능지수에서 주로 초점을 두었던 영역이다. 논리적 추론이나 숫자간의 관계, 연결성에 대해서 파악하는 능력과 연관되어 있다.	- 수를 가지고 논다. - 분석적으로 문제에 접근한다. - 사물의 작용, 원리에 관심이 많다.	엔지니어 과학자 컴퓨터 프로그래머 의사
공간	그림이나 지도, 입체설계 등 공간과 관련된 상징들을 습득하는 능력으로, 시각적 기억력, 공간의 시각화와 같은 시각화 능력과도 관련이 있다.	- 그림을 잘 그린다. - 퍼즐 맞추기에 관심이 있다. - 지도 해석이 뛰어나다.	디자이너, 건축가, 운전사
음악	화성, 음계와 같은 음악적 요소와 다양한 소리들을 파악하고 표현하는 능력을 의미한다.	- 소리에 민감하다. - 리듬감이 뛰어나다.	음악가
신체운동	목적에 맞게 신체의 다양한 부분을 움직이고 통제하는 능력으로 무용, 운동뿐만 아니라 일상생활에서의 균형감각, 섬세한 손 움직임 등까지 포함하는 개념이다.	- 균형 감각이 좋다. - 운동을 잘한다.	운동선수 안무가 경찰 발레리나
대인관계	타인의 기분이나 생각, 감정, 태도 등에 대해서 파악하고 이해하며, 적절하게 반응하고 교류, 공감하는 능력이다.	- 감정이입이 뛰어나다. - 협동을 잘한다.	사회학자 정치가 사회복지사 상담사
자기이해	자신의 성격이나 성향, 신념, 기분 등에 대해서 성찰하고, 자신의 내적 문제들을 해결하는 능력이다.	- 자신의 강점과 약점을 잘 안다. - 감정 컨트롤을 잘한다.	심리학자 성직자 예술가
자연친화	자연을 분석하고 상호작용하는 능력으로, 이 지능이 높을 경우 자연에 관심이 많고 동식물 채집 등의 활동을 선호하거나 다양한 동식물 종류에 대해서 해박하다.	- 동식물에 관심이 많다.	식물학자 생물학자 생명공학자 동물 조련사

출처: 두산백과 참조

는 자연친화지능의 지속적인 계발로 동물조련사, 생물학자 등이 될 수 있습니다. 김연아 선수는 신체운동지능, 아인슈타인은 논리수학지능, 피카소는 공간지능이 뛰어난 사람일 거예요.

지금 아이의 특성을 다중지능이론 관점에서 살펴보세요. 아이가 말하는 것을 좋아하나요? 퍼즐 맞추기를 좋아하나요? 친구들과 어울려 노는 것을 좋아하나요? 다중지능이론의 8가지 영역 중 어느 지능이 강점으로 작용하는지 분석해보면 아이의 강화된 지능을 발견할 수 있습니다. 강점 지능은 비범한 소질, 재능이라고도 할 수 있습니다.

다중지능이론에서 볼 때, 성공한 사람들은 강점이 되는 지능이 직업과 일치했을 때 능력을 최대한 발휘합니다. TV 프로그램 EBS 다큐프라임 〈아이의 사생활-다중지능〉에 따르면 직업만족도가 높은 사람들은 공통적으로 자신의 강점 지능과 관련된 일을 하고 있는 것으로 나타났습니다. 재능, 소질, 적성이 직업과 일치하기 때문입니다.

진로 교육에서 부모 역할은 아이의 재능을 발견하고 키워주는 것입니다. 아이큐만으로는 학업 성적이나 직업의 성공 여부를 예측할 수 없어요. 다중지능이론을 이용해서 아이의 강점 지능을 파악하면 진로와 적성에 맞는 진로 방향에 힌트를 얻을 수 있습니다.

사람은 누구나 8가지 지능을 타고 납니다. 레오나르도 다 빈치처럼 다방면의 지능이 골고루 우수하다면 좋겠지만 그런 경우는 극히 드물어요. 하지만 하워드 가드너에 따르면 후천적 교육에 의해 강점 지능은 더욱 뛰어나게 되며 약점 지능도 일정 수준까지 계발할 수 있다고 하였습니다. 아이의 잠재력을 키우고 강점 지능을 강화시켜 아이가 행복한 진로를 선택할 수 있도록 도와주세요.

잘하는 것 응원하기

진로 선택에 있어 가장 영향력이 높은 사람은 부모입니다. 해마다 교육부와 한국직업능력개발원의 '진로 교육 현황'에 따르면 초등 아이들이 희망직업을 알게 된 경로로 부모님이라고 대답한 경우가 40%를 웃돌고 있습니다. 진로 정보를 획득하는 경로로도 대중매체와 부모님이 비슷한 비율로 1, 2위를 차지했습니다.

아이들의 진로 교육은 선생님도 친구도 아닌 부모가 중심이 되어야 합니다. 진로 교육의 중심이 되라고 하니 아이를 훌륭한 조각품처럼 만들려고 하면 안 되고요. 부모가 아이의 삶을 대신 살아줄 것이 아니기에 아이의 꿈을 응원하고 지원해야 합니다. 딱 거기까지입니다.

아이의 꿈은 아이가 꾸는 것이에요. 부모가 정해둔 꿈을 아이에게 강요하지 마세요. 설령 아이가 마음에 들지 않은 꿈을 얘기했더라도 눈살을 찌푸리지 마세요. 아이는 부모님의 표정, 말투로 마음을 읽습니다. '부모님은 나를 지지해주지 않는구나.'라고 생각할 수 있어요. 부모가 원하는 직업을 밀어붙인다고 될 수 있는 게 아니잖아요. 결국 마음을 움직여 공부하고, 대학을 가고, 일하는 건 아이니까요. 부모의 꿈을 주입시킬 경우 아이와의 관계만 나빠지기 십상입니다.

간판만 보고 대학에 들어가면 뭐하나요, 아이가 좋아하는 전공이 아니라면요? 졸업은커녕 또 다시 입시를 치러야 할지도 모릅니다. 우리는 이미 주변에서 이런 사례를 많이 보았습니다. 아이가 좋아하는 것을 해야 합니다. 그래야 행복합니다. 자신이 잘할 수 있는 일, 좋아하는 일을 찾아야 해요. 평소 세심한 관찰로 아이의 재능과 역량을 발견하세요. 잘하는 것, 좋아하는 것, 가치 있는 것 등 다방면으로 진로 희망에 대해 생각할 수 있는 대화를 나누세요. 아이가 원하는 것이 있다면 자료를 찾아보고 직접 체험도 해봅니다. 가수에 전혀 재능이 없어 보여도 우선은 아이를 믿어주세요. 오디션을 보고 싶다면 아이 손을 잡고 엔터테인먼트 회사에 같이 찾아가세요. 아이는 스스로 부딪히고 자신의 적성을 찾아갈 거예요.

아이는 부모의 격려와 믿음으로 자랍니다. 가정에서 독립적인 주체로 사랑과 관심을 받으며 자란 아이는 자신의 길을 개척할 수 있습니다. 길을 가다 넘어져도 오뚝이처럼 다시 일어날 수 있습니다. 그리고 장담컨대 다시 자신만의 꽃길을 갈 것입니다. 모든 교육이 그렇지만 진로 교육에서도 가장 중요한 건 넘치는 정보보다 아이와의 대화입니다.

Chapter 11

초3의 진로습관 3
진로 교육 실천하기

　진로進路의 한자를 풀면 '앞으로 나아갈 길'을 뜻합니다. 평생에 걸쳐 고민하며 걸어가는 길이지요. 하나의 길만 있는 것도 아니고요. 아줌마가 되어서도 할머니가 되어서도 새로운 길을 갈 수 있어요. 그 길의 주인공은 '나'입니다. '나'를 이해해야 가고 싶은 길을 갈 수 있습니다.

　학교 급별 진로 교육의 목적을 살펴보면 아이의 성장 발달별로 진로의 큰 그림을 그릴 수 있습니다. 크게 초등학교는 '진로 인식', 중학교는 '진로 탐색', 고등학교는 '진로 계획'에 중점을 두고 있습니다. 초등 진로 교육의 목표는 자신을 이해하고 진로에 대한 기초적인 소양을 갖추는 것입니다. 긍정적인 자아 개념을 형성하고 일의 중요성을 이해하는 데 중점을 둡니다.

초등 시기는 가족뿐 아니라 타인과의 관계로 자아가 형성되는 시기예요. 자신에 대한 이해와 긍정적인 자아 개념이 이루어져야 합니다. 의사소통 역량 개발로 대인관계의 바탕이 되는 바람직한 관계 맺기 교육이 중요합니다. 일과 직업 세계에 대해 기초적으로 이해하고 건강한 직업의식을 갖추는 데 초점을 맞춥니다. 여러 가지 방법으로 직업의 정보를 수집하고 탐색하며 자신의 비전에 맞는 진로를 간단하게 설계할 수 있습니다.

따라서 초등 진로 교육은 '나는 의사가 되겠다.'로 단정 짓지 않아도 됩니다. 초등학교를 졸업할 때쯤 '나는 사람을 돕는 일을 하고 싶다.'라고 생각만 해도 초등 진로 교육의 목표를 달성한 거예요. 무엇보다 중요한 건 '나는 꽤 괜찮은 사람이다.'라며 자신을 좋아하고 믿을 수 있어야 합니다. 긍정적인 자아관을 바탕으로 다양한 직업을 탐색하고 체험하는 시기거든요.

롤 모델 탐색하기

세계적인 선수가 된 김연아 선수는 미셸 콴을 롤 모델로 삼았습니다. 미셸 콴은 미국 역사상 최고의 피겨 선수입니다. 김연아 선수는 1998년 올림픽에서 미셸 콴의 경기를 보고 감명을 받았어요. 미셸 콴의 경기 영상을 녹화해서 틈만 나면 돌려 보고 제스처를 따라했습니다. 김연아 선수는 미셸 콴처럼 멋진 선수가 되고 싶었어요. 자신의 꿈을 이루기 위해 피나는 노력을 했지요. 모두 알다시피 김연아 선수는 지금 피겨의 전설이 되었습니다.

롤 모델Role Model은 자기가 해야 할 일이나 임무 등에서 본받을 만하거나 모범이 되는 대상을 말합니다. 롤 모델은 본보기가 되는 사람으로 아이 꿈의 이정표가 될 수 있습니다. 자신이 존경하는 인물을 설정하면 자연스레 롤 모델의 행동이나 생각을 닮고 싶어 합니다. 롤 모델처럼 되고 싶어 목표가 생기고 꿈에 대한 실행력이 높아집니다. 꿈을 이루기 위한 강력한 동기가 생기는 셈이지요.

아이가 관심 있어 하는 분야에서 롤 모델을 찾아보세요. 부모님의 관심 분야가 아닌 아이의 관심 분야여야 합니다. 아이가 좋아하는 일이나 관심사를 파악하고 그 분야에서 뚜렷한 업적을 이룩한 인물을 찾아보세요. 책, 영상, 인터넷 사이트를 통해 정보를 검색합니다. 아이와 함께 자료를 찾아보며 꿈을 이룬 사람들의 특징은 무엇인지 대화를 나눠보세요. 어떤 면이 성공을 이끈 원동력이 되었는지 얘기해보세요.

롤 모델은 꼭 유명한 위인이 아니어도 됩니다. 아이가 "저는 아빠 같은 사람이 되고 싶어요."라고 말할 수도 있습니다. 가까이에 있는 부모는 아이에게 훌륭한 롤 모델이 될 수 있어요. 아이에게 위인들의 삶을 살펴보는 것과 같이 부모님의 인생을 말해주세요. 위기 상황을 어떻게 극복했는지, 지금의 직업을 가지려고 노력한 과정 등은 세종대왕, 에디슨의 삶보다 더욱 가치 있는 경험으로 다가옵니다.

김연아 선수가 미셸 콴의 경기를 본 건 아홉 살 때였습니다. 초2 어린 나이에 롤 모델을 만나고 이를 악물고 연습에 매진했지요. 이제는 '제2의 김연아'를 꿈꾸는 아이들에게 자신이 롤 모델이 되었습니다. 아이들의 가슴 떨리는 롤 모델을 찾아보세요.《내가 꿈을 이루면 나는 누군가의 꿈이 된다》라는 책 제목이 현실이 될지도 모릅니다.

진로 탐색하기

제가 근무하는 학교는 과학 중점 고등학교입니다. 일반 고등학교 인데도 과학 과목이 전문화되어 있고 다양한 과학 관련 동아리, 행사가 있기 때문에 과학에 관심 있는 학생들이 지원하여 입학합니다. 이 말은 상당수의 학생들이 중학교를 졸업하며 이미 어느 정도 진로를 정하고 고등학교를 선택한다는 거예요. 고교학점제는 많은 학생들에게 진로에 따른 고등학교 선택 역량을 더욱 요구할 것입니다. 고등학교마다 개설 과목이 모두 다르고, 아이가 원하는 과목이 개설된 학교에 진학할 확률이 높기 때문이죠. 물론 다른 학교에서 수업을 들을 수 있긴 하지만 효율성을 따진다면 아이의 적성에 맞는 과목이 많은 학교를 선택할 거예요.

중학교 때까지는 진로에 대해 고심하며 진로 분야를 선택하는 것이 좋습니다. 그러려면 정보가 필요합니다. 진로, 직업에 대한 정보를 다양하게 접하고 알아야 현명하게 진로를 설계할 수 있습니다. 정보는 지천으로 널려 있습니다. 관심을 갖고 찾아보면 4차 산업혁명에서 새롭게 등장하는 직업, 사라지는 직업도 파악할 수 있어요. 서적, 영상, 인터넷 사이트를 적극적으로 활용해서 진로를 탐색하세요.

첫째, 책을 활용해서 훌륭한 인물들의 정보를 접하게 해주세요. 위인전은 인물의 일대기가 그려져 있어 아이들이 위인들의 삶을 알수 있는 좋은 자료가 됩니다. 직업의 특징, 직업관을 아는 데 도움이 됩니다. 독서를 즐기지 않는 아이들도 학습만화책을 들춰보며 진로에 대해 쉽게 탐색할 수 있습니다.

둘째, 영상을 보여주세요. 교육부의 초·중등 진로 교육 현황조사 결과(2020)에 따르면 초등학생들이 진로정보를 획득하는 경로 1위는 대중매체와 TV였습니다. 다큐멘터리가 아니더라도 TV 어린이 드라마나 영화를 보면서도 아이들은 다양한 직업을 만나게 됩니다. 아이가 TV를 보며 직업의 세계에 대해 궁금한 것이 있다면 자세하게 설명해주세요. 필요하다면 인터넷과 서적을 찾아보며 정보를 보충할 수 있습니다.

셋째, 인터넷 사이트를 활용하세요. 돈 들여 진로 상담 검사를 하지 않아도 집에서 편하게 아이의 적성을 검사할 수 있습니다. 아이와 함께 '커리어넷'과 같은 사이트에 자주 들어가세요. 진로정보와 함께 개별적인 진로 검사와 상담을 할 수 있습니다. 초·중·고에서 진로, 진학에 가장 많이 활용하는 사이트는 다음과 같습니다.

| 진로 교육 사이트 인식 및 활용 순위 |

순위	초등학교	중학교	고등학교
1	커리어넷(진로정보망)	커리어넷(진로정보망)	커리어넷(진로정보망)
2	꿈길(진로체험망)	워크넷	대학어디가
3	원격 영상 진로 멘토링	고입정보포털	워크넷

출처: 교육부 초중등 진로 교육현황조사(2020) 참조

'커리어넷'은 교육부와 한국직업능력개발원에서 운영하는 것으로 초·중·고 진로 교육에서 가장 많이 활용되고 있는 인터넷 사이트입니다. '커리어넷' 안에는 초등학생들을 위한 '주니어커리어넷'이 있습니다. 아이들 눈높이에 맞추어 알기 쉽게 진로 정보가 제공되고 있어요. 흥미, 적성 검사를 간단하게 할 수 있으며 다양한 진로 정보를 접하기 좋습니다. 또한 동영상을 통해 직업 정보를 탐색할 수 있습니다. 아이가 직접 정보를 찾는 것보다 부모님이 먼저 '주니어커리어넷'에서 필요한 정보를 확인해보세요. 진로 고민에 대한 답변도 살펴보면 가정에서 진로 방향을 설정하는 데 팁을 얻을 수 있을 거

| 진로 교육 사이트 정보 |

구분	내용	홈페이지
커리어넷 (초등: 주니어커리어넷)	교육부 제공 진로정보망, 직업 및 학과 정보, 진로상담, 초·중·고· 성인 진로 심리검사, 진로 동영상, 직업 정보, 진로 교육자료 수록	https://www.career.go.kr 초등: https://www.career. go.kr/jr
꿈길	진로 체험 기관 및 장소 정보	https://www.ggoomgil. go.kr
원격 영상 진로 멘토링	여러 분야의 전문 직업인 등이 스튜디 오에서 수업을 하고 원격으로 학생과 교사가 참여	https://mentoring.career. go.kr
워크넷	고용노동부 고용정보시스템, 청소년 직업심리검사, 직업정보, 학과 정보, 전공·진로가이드, 진로상담 정보	https://www.adiga.kr
크레존	창의적 체험 활동 자원·프로그램, 수업 모델, 평가모델 정보, 창의적 체험 활동 장소 정보	https://www.crezone.net

예요.

'꿈길', '워크넷'에서는 진로 체험을 할 수 있는 기관과 장소에 대한 정보를 검색해볼 수 있습니다. 관공서나 사설 기관에 방문하여 직접 진로 체험을 하는 것도 아이의 진로 탐색에 도움이 됩니다. 중1 아이들이 직업 체험을 할 때 이 사이트를 활용해서 직업 체험 장소를 선정하기도 합니다. 예를 들어 치과의사 체험을 하고 싶다면 해당 지역에서 체험할 수 있는 곳을 선택해 직업 체험을 진행합니다.

지금은 100세 시대라고 합니다. 초등 때 꿈이 없다고 당장 큰일이 일어나지 않습니다. 초등 때는 인생을 살아가며 자신의 진로를 개척할 수 있는 자신감을 장착하는 게 가장 중요합니다. 자신이 좋아하고 잘하는 것을 발견할 수 있도록 다양한 경험을 해야 합니다. 학교에서 배우는 과목을 열심히 공부하고, 다방면의 독서를 하고, 취미 활동을 하고, 친구들과 소통하고, 마음껏 놀아봐야 해요. 초등은 아직 인생의 10분의 1밖에 되지 않는 짧은 기간이랍니다. 아이가 충분히 자신을 이해할 수 있는 기회를 주세요. 자신을 이해하고 다양한 직업의 세계를 탐색하며 원하는 꿈을 찾을 수 있도록 격려해주세요.

Part 4

고3까지 가는
초3 아이의
생활 습관

Chapter 01

예의 바르게 행동하기

학교에서 선생님들에게 가장 예쁨 받는 아이는 어떤 학생일까요? 수학 100점 맞는 아이? 원어민처럼 영어를 잘하는 아이? 아니오. 예의 바르게 행동하는 아이입니다. 예를 갖추어 학교 생활하는 아이들은 친구들에게 함부로 대하지 않을 뿐 아니라 수업 시간에도 바른 자세를 갖추고 있습니다.

학종을 준비하며 학생부를 빵빵하게 디자인하기 위해서는 선생님과의 관계가 좋아야 한다고 합니다. 학생부의 과세특을 써주는 사람은 담당 교과 선생님이니까요. 교과 선생님은 알고 있습니다. 존경심을 표하며 예를 갖추어 수업에 적극적으로 임하는 아이와 성적에 목말라 수업에 활동적으로 임하는 아이의 차이를요. 이 둘은 눈빛,

말투, 몸가짐 자체가 다릅니다. 똑같이 수업에 능동적으로 참여하지만 누구의 과세특이 화려할까요? 당연하게도 예의 바른 아이일 거예요.

아이가 학교생활의 최고의 무기인 예의범절을 갖추도록 해주세요. 꼭 입시를 위해서만이 아닙니다. 예의는 입시는 물론 인간관계의 기본입니다. 사회생활에서 빛나는 인성은 아이를 인정받게 해줄 이유가 충분합니다.

부모님을 존경한다

'친구 같은 엄마, 친구 같은 아빠'라는 말이 있습니다. 눈에 넣어도 아프지 않은 아이, 원하는 것이면 다 해주고 싶지요. 다정다감한 엄마, 아빠는 이상적인 부모의 모습일 거예요. '딸 바보, 아들 바보'로 온실 속의 화초처럼 예쁘게 키우고 싶은 마음입니다. 하지만 친구 같은 부모님 밑에서 자란 아이들은 집에서는 하고 싶은 대로 하며 살 수 있지만 사회에서는 의도치 않게 민폐가 되는 행동을 하기도 합니다. 식당에서 뛰노는 아이, 공공시설에서 고함을 지르는 아이 등 눈살 찌푸리는 광경을 보았을 거예요.

가정 밖의 사람은 엄마, 아빠처럼 모든 걸 허용해주지 않습니다. 매사 달콤한 사탕을 주기보다 권위 있는 사랑을 주세요. 부모님의 권위는 예의범절을 배우는 바탕이 됩니다. '장유유서長幼有序'와 같이 어른과 어린아이 사이에는 엄연히 질서가 있습니다. 어른은 어른 노릇을 해야 해요. 아이들에게는 친구 같은 부모보다 믿고, 의지하고, 배움을 체화할 수 있는 기둥 같은 어른이 필요합니다.

권위 있는 부모가 되기 위해서는 일관성 있는 양육 태도를 보여주세요. 아이에게 되는 것과 안 되는 것을 정확하게 알려주세요. 꼭 지켜야 하는 일에는 원칙을 고수하고 지킬 수 있도록 합니다. 우유부단한 결정은 아이에게 혼란을 일으키고 버릇없는 아이로 자라게 할 수 있습니다. '이번 한 번쯤은 괜찮겠지.'라는 생각으로 지나간다면 부모의 신뢰와 권위는 힘을 잃습니다.

'권위 있는 부모'는 '권위적인 부모'와 다릅니다. 통제가 우선이 아닙니다. 아이에 대한 높은 관심과 사랑이 기본입니다. 아이의 의사를 존중하고 늘 경청해야 합니다. 예의를 꼭 지켜야 할 상황, 통제할 상황이 있으면 합리적으로 설명해주고, 납득이 갈 수 있도록 말해주세요. 위아래가 분명히 존재하지만 아이 자신이 존중 받는 느낌이 들어야 합니다. 권위 있는 부모 아래서 자라는 아이는 예의를 갖추며 도덕적, 사회적으로 높은 성장을 이룰 것입니다.

예의범절을 지킨다

예의범절은 상대방을 배려하고 존중하는 마음에서 시작됩니다. 예를 갖춘 아이들은 선생님, 친구들 사이의 관계가 원활합니다. 인사 잘하기, 감사표현 하기, 공손하게 말하기 등 생활 예절은 공부보다 사소하게 보일 수 있지요. 하지만 사회 구성원의 일원으로서 인격 형성을 위해 꼭 필요한 부분입니다. 예의는 어려서부터 생활해온 습관으로 자연스럽게 나옵니다. 그렇게 때문에 가정에서 예의범절을 익히며 관계 맺음을 이해해야 합니다.

부모님께 존댓말을 쓰게 하는 것도 좋은 방법입니다. 존댓말은 상대방에게 존경심을 담아 표현하는 화법입니다. 아이들이 어른에게 존댓말 쓰는 거야 너무 당연하지요? 모두 알고 있지만 어릴 때부터 습관이 반말로 들여 있으면 '굳이?'라는 생각이 듭니다. 존댓말은 웃어른에게 보이는 가장 기본적인 존중의 의사표현이에요. 존댓말 속에서 아이들은 어른에 대한 존경심을 키웁니다. 위계가 생기고 부모의 권위를 살릴 수 있는, 기본이 되는 방법입니다.

씩씩하게 인사하도록 해요. 학교 복도에서 "안녕하세요."라며 밝은 목소리로 인사하는 아이는 예의 바른 학생일 확률이 매우 높습니다. 인사는 다른 사람과의 관계 속에서 호감의 표현입니다. 인사 하나로 첫인상이 결정되고 그 사람의 성격까지 파악되기도 하죠.

"우리 아이는 너무 내성적이어서 인사를 잘 안 해요."라고 말하면 곤란합니다. 앞서 부모님의 단호함을 말씀드렸습니다. 인사의 중요성을 설명하고 이해시켜 인사를 생활화할 수 있도록 해주세요. 단번에 행동이 변하진 않을 거예요. 부끄러움을 많이 타는 아이는 시간이 걸릴 수도 있으니, 인사를 잘 할 때마다 칭찬해주세요.

무엇보다 가장 좋은 방법은 부모님이 솔선수범하는 거예요. 엘리베이터에서 만난 이웃에게 정중하게 인사하기, 경비원 아저씨에게 밝게 인사하기 등 부모가 행동으로 보여주세요. 아이와 함께 하면 효과는 배가 됩니다. 엄마, 아빠가 집에 오면 쏜살같이 달려가 문 앞에서 대기하고 있다가 "안녕히 다녀오셨어요?"를 외치며 90도로 허리 굽혀 인사는 것부터 시작해봅니다.

선생님들은 선생님과 친구들에게 예의 바른 학생을 바랍니다. 매사 이기적이고 분위기를 흐리는 학생을 힘들어해요. 그런 아이는 친구들도 싫어합니다. 예의범절은 도덕 수업을 잘 듣는다고 길러지는 게 아닙니다. 가정에서 습관으로 만들어주세요. 아이에게 배려, 양보, 존중의 가치를 우선해서 가르쳐주세요. 식사 매너, 공중도덕, 교실에서의 예의, 온라인상의 예절 등을 잘 지키는 바른 아이가 될 수 있게 말입니다.

Chapter 02

규칙적인 생활하기

누구에게나 시간은 24시간 공평하게 주어집니다. 고등학생들은 24시간을 어떻게 쓰느냐에 따라 공부 효율성의 좌우가 결정됩니다. 네 시간을 자느냐 마느냐 문제가 아니고 하루의 시간을 낭비하지 않고 똑똑하게 쓸 수 있어야 성적은 물론 삶에도 발전이 있습니다.

공부 잘하는 아이들은 24시간을 25시간처럼 활용합니다. 시간 계획을 촘촘하게 하고 할 일의 우선순위를 정해 효과적으로 공부하지요. 자투리 시간까지 쪼개가며 효율적인 틈을 만듭니다. 꼭 공부가 아니라도 시간의 중요성을 알고 유용하게 활용하는 것은 인생을 가치 있게 살아가는 방법입니다. 시간을 지배할 수 있는 사람이 인생을 지배할 수 있습니다.

아이에게 시간 관리 능력의 초석을 만들어주세요. 규칙적인 생활은 유한한 시간을 충실하게 살 수 있는 습관을 만들어줍니다. '시간이 없어서 못했어요.'라며 후회하지 않고 보람된 하루를 살 수 있게 해주세요. 아이들이 자신만의 방식으로 시간 관리 능력을 조금씩 배워갔으면 합니다.

일찍 자고 일찍 일어나라

"새 나라의 어린이는 일찍 일어납니다. 잠꾸러기 없는 나라 우리나라 좋은 나라."

아이들은 모르겠지만 부모 세대는 어렸을 때 많이 들어봤던 노래 가사입니다. 우리 어렸을 때야 스마트폰, 컴퓨터, 과도한 사교육이 없으니 밤 9시에서 10시면 모두 잠자리에 들었어요. 하지만 요즘 아이들은 그렇지 않지요. 초등학생인데도 밤 10시가 되어서야 학원을 뺑뺑 돌고 집에 와서 한숨을 돌립니다. 휴대폰 조금 만지작거리고 씻고 잠자리에 누우면 12시가 훌쩍 넘어갑니다. 다음 날 9시에는 교실에 앉아 있어야 하니 시간 맞춰 꾸역꾸역 학교에 갑니다. 수업 중 무겁게 떨어지는 눈꺼풀을 올리기가 힘들어요. 공부 집중력과 학습효과는 떨어집니다. 매일 이렇게 생활하니 악순환의 반복입니다.

규칙적인 생활을 위해 첫 번째 할 일은 일찍 자고 일찍 일어나는 것입니다. 공부와 건강 두 마리 토끼를 잡기 위해서 꼭 들여야 하는 습관입니다. 저는 교실에서 아침밥도 못 먹고 와서 눈도 제대로 못 뜨고 1교시부터 비실대는 아이들을 많이 봐왔어요. 그런 아이들이 어떻게 수업에 집중할 수 있을까요? 공부를 잘할 수 있을까요? 푹 자고 산뜻한 정신으로 교실에 앉아 있어야 해요. 그러려면 밤 9시에서 10시 사이에는 취침을 해야 합니다. 미국수면재단NSF과 미국국립심장폐혈액연구소NHLBI가 권장한 초등학생 권장 수면 시간은 9~12시간입니다. 그 시간을 반드시 확보해주세요.

날마다 일찍 자고 일찍 일어나는 습관이 잡히면 공부습관을 만들기에 좋습니다. 맑게 깨어 있는 시간 동안 공부와 휴식 시간을 계획하고 효율적으로 공부할 수 있기 때문이에요. 오늘은 9시에 자고 내일은 12시에 자면 공부 리듬이 깨집니다. 규칙적인 공부를 위해 잠자리 시간을 고정해주세요. 더불어 아이들이 일찍 자면 부모의 생활에도 여유가 있습니다. 혼자만의 시간으로 쉼을 가지고 자기계발을 할 수 있는 시간도 생깁니다. 아이들의 건강, 공부도 챙기고 부모의 자유 시간을 확보하기 위해서라도 일찍 잠드는 습관을 강력하게 권합니다.

방학이 되면 선생님들이 방학계획표를 줍니다. 가정통신문에는 '규칙적인 생활하기'라고 적혀 있어요. 학기 중 잡아두었던 규칙적인 생활이 방학 중엔 흐트러지는 걸 방지하기 위해서예요. 방학 중에도 취침 시간은 동일하게 정해두고 일상을 유지하세요. 성장호르몬이 평균적으로 밤 10시에서 새벽 2시에 가장 많이 분비된다고 하니 튼튼한 몸을 위해서라도 일찍 자는 규칙적인 수면 습관은 필요합니다.

루틴을 만들어라

코로나19 팬데믹으로 비대면 수업이 늘어나면서 생활 리듬이 깨진 아이가 늘었습니다. 9시까지 등교할 이유가 없으니 낮이 되어서야 일어나고 온라인 수업을 밀려 듣기 일쑤입니다. '5분만 더 자야지.' 하며 누워 있다가 온라인 클래스의 1교시를 놓치고 맙니다. 온라인 수업이 끝나고 놀이터에 나가서는 신나게 놀고 매일 해야 할 공부를 까먹습니다. "5분만 더 놀게요."라고 외치며 집에 와서 매일 하는 공부는 뒷전입니다. 부모 속을 아는지 모르는지 TV부터 켜고는 뒹굴거립니다.

"책 읽을 시간이 없어요.", "공부할 시간이 없어요."라고 말하기 전에 아이의 하루 일과를 점검해보세요. 학교 시간표처럼 방과 후에도 정해진 루틴이 있으면 좋습니다. 학교 수업 종이 치면 교실에 들어가 수업 준비를 하듯 가정에서도 정해진 일과가 있으면 루틴이 만들어집니다. 예를 들어, '저녁 9시는 독서 시간'이라고 아이가 자각할 수 있도록 가족이 다 같이 실천하면 좋겠습니다.

그러기 위해서는 무엇보다 계획적으로 짜인 하루 시간표가 있어야 해요. 루틴이 없으면 늘 시간에 쫓기는 것 같고 후회되는 일이 생깁니다. 놀고 있어도 개운하지 않지요. 해야 할 공부를 뒤로 미루고 찝찝한 마음으로 뛰어놉니다. 잠자리에 들면서 다 못한 공부에 부모님과 아이는 한숨만 나옵니다. "내일부터 하자."라고 미루며 똑같은 하루가 또 시작됩니다.

중요한 일에 우선순위를 두고 아이가 스스로 지킬 수 있게 도와주세요. 하루를 계획하며 중요한 일과 덜 중요한 일을 정하고 중요한 일은 그날 반드시 하는 습관을 길러주세요. 학교 숙제, 수학 문제집 풀기, 독서 등은 꼭 해야 하는 일입니다. 아이와 상의하여 언제 하면 좋을지 시간을 계획하고 실천할 수 있도록 합니다. 아이와 일정을 짜다 보면 불필요한 계획이 있을 수도 있습니다. 대부분은 그렇지 않겠지만 실현 불가능한 빽빽한 공부 계획을 세울 수도 있어요. 이럴 땐 며칠 루틴을 지키면서 아이에 맞게 수정하세요. 각 활동 중간중간에 쉴 수 있는 시간을 충분히 두는 것이 좋습니다. 제 아이의 일일 일정표를 보여드릴게요. 참고하시어 아이에 맞추어 루틴을 만들어보세요.

중요한 건 루틴을 계획하고 매일 일정하게 돌아가도록 실천하는 것입니다. 아이가 시간에 맞추어 공부하고 쉴 수 있게 독려해주세

| 일일 일정표 |

시간	월 ~ 금
7:30	기상
7:30 ~ 8:00	영어 청독
8:00 ~ 8:30	아침 식사 및 등교 준비
8:30 ~ 14:00	학교
14:00 ~ 15:00	방과후학교(목), 자유 시간(월,화,수,금)
15:00	귀가
15:00 ~ 15:30	영어 책 읽기
15:30 ~ 16:30	영어 흘려듣기
16:30 ~ 18:30	자유 시간
18:30 ~ 19:00	저녁 식사
19:00 ~ 20:00	학교 복습, 수학 문제집, 한글 글쓰기
20:00 ~ 20:30	자유 시간
20:30 ~ 21:00	목욕, 방 정리, 책가방 싸기
21:00 ~ 22:00	한글 책 읽기
22:00	잠자리 대화 및 취침

시간	주말
7:30	기상
7:30 ~ 8:00	영어 글쓰기
8:00 ~ 8:30	아침 식사
오전 중	영어 흘려듣기 1시간, 그 외 자유 시간
12:30~13:00	점심 식사
오후	자유 시간
18:30 ~ 19:00	저녁 식사
저녁	자유 시간
20:30 ~ 21:00	목욕, 방 정리, 책가방 싸기
21:00 ~ 22:00	한글 책 읽기
22:00	잠자리 대화 및 취침

요. "공부할 시간이야."라고 언지를 줘도 아이는 "5분 더요."라며 협상 카드를 내밀 수 있습니다. 유연하게 대처해주세요. 그럼에도 아이의 말에 자꾸 흔들린다면 타이머를 활용하세요. TV를 보거나 노는 시간에 타이머를 맞춰놓습니다. 알람이 울리면 잔소리하지 않아도 아이가 점점 스스로 행동을 자제할 수 있을 거예요.

시간 관리는 성공의 열쇠입니다. 꿈을 이루기 위한 필수 조건입니다. 매일의 목표를 이루는 훈련이에요. 날마다 해야 할 일을 하며 작은 성공 경험을 맛보게 됩니다. 시간 관리가 되어야 공부습관도 잡힙니다. 시간을 조절할 수 없다면 매일 후회가 밀려들어요. 아이들에게 금 같은 시간의 소중함을 일깨워주세요. 아이들이 시간에 지지 않고 편안하게 침대에 누우며 '오늘도 보람된 하루를 보냈어.'라고 생각할 수 있도록 말이에요.

Chapter 03

정리·정돈하기

　조금 과장해서 얘기하면 저는 아이들의 사물함만 봐도 공부 잘할 아이와 못할 아이가 보입니다. 공부 잘하는 아이들의 사물함은 정갈하게 정돈되어 있습니다. "국어 교과서 어디 있지?" 물어보면 3초도 안 되어 찾습니다. 책상 서랍, 책상 위도 말끔합니다. 수업 중엔 교과서, 공책, 간단한 필기구만 놓여 있습니다. 깔끔하게 정리된 책상 위는 공부의 집중력, 효율성을 높여줍니다. 공부하다 말고 거울 한 번 보고, 휴대폰 한 번 본다면 제대로 공부가 될까요? 지우개 하나 찾으려고 책상 서랍 속의 모든 사물을 꺼내놓는 데 시간을 허비하고 있다면요? 공부에 집중할 수가 없습니다.

　정리·정돈은 아이가 정한 기준에 필요한 물품의 우선순위를 매기고 분류하는 행위입니다. 자신이 사용하기 편리하도록 자리를 잡아 주는 것이지요. 아무렇게나 쌓아놓는 것을 정리라고 할순 없습니다. 체계적으로 정리하며 물건이 있는 위치를 기억해두고 필요할 때 바로 찾아 쓸 수 있어야 합니다. 우선순위를 정해 체계적으로 행동하는 것이 앞서 말한 계획적인 시간 관리와 연관이 있습니다. 정리·정돈하는 능력은 시간 관리, 공부의 기초가 되는 생활습관입니다.

아이들은 스스로 자신의 방을 정리하고 책상 위를 정돈하면서 작은 성취감을 느끼게 됩니다. 처음에는 서툴러도 습관이 들면 자신감도 생기며 건강한 성공 경험이 쌓일 거예요. 엄마의 일손도 줄고 매일의 책임감까지 느낄 수 있습니다. 가정에서 배운 이러한 경험은 아이가 자라며 공부를 할 때도, 사회생활을 할 때도 긍정적인 영향을 미칠 거예요

스스로 방을 정리한다

캐나다의 심리학 교수 조던 피터슨Jordan Bernt Peterson이 쓴《12가지 인생의 법칙》에는 여섯 번째 법칙으로 '세상을 탓하기 전에 방부터 정리하라.'라고 쓰여 있어요. 방은 본인의 머릿속이고 거울 같다고 합니다. 조던 피터슨은 인생의 목표를 설정하지 못해 방황하는 성인들에게 방부터 정리하라고 합니다. 방 정리는 아주 사소하지만 자신

이 할 수 있는 목표가 될 수 있습니다. 작은 행동으로 목표를 성취하며 긍정적인 신호를 받을 수 있습니다.

아이에게 스스로 방을 정리하게 하세요. 공부 환경을 쾌적하게 만들 뿐 아니라 성취감, 책임감을 기를 수 있습니다. '초등학생이 할 수 있겠어?'라며 단념하지 말고 방 정리할 기회를 만들어주세요. 아이들은 어린이집에서 이미 정리·정돈 습관을 익혔습니다. 네 살 꼬마도 어린이집에서는 신발이며 가방이며 제자리에 척척 놓아요. 하물며 초등학생은 더 잘 합니다. 교실에서 미니빗자루를 들고 자기 자리를 청소하고 책상 위도 깨끗이 정돈하는 걸요?

아이 방 정리, 부모가 해주지 마세요. 방 정리하는 방법을 알려주세요. 다음과 같은 방법으로 아이에게 방 정리하는 습관이 들게 해주세요.

첫째, 하루에 한 번만 정리합니다. 원칙은 사용 후 제자리에 두는 겁니다. 하지만 아이들은 엄마 말대로 따르지 않지요. 쓰고 난 물건을 볼 때마다 정리하라고 하면 반발심만 사게 됩니다. 정리는 누구나 힘들고 귀찮은 일이에요. 놀 땐 신나게 놀고 자기 전에 시간을 정해서 한꺼번에 정리하도록 합니다.

둘째, 정리 순서를 알려주세요. 아직 정리가 익숙하지 않은 아이들은 물건을 한 곳에 쌓아두며 정리했다고 생각하기 쉬워요. 물건의 자리를 정해두고 제자리에 정리할 수 있도록 가르쳐주세요. 큰 물건부터 치우고 작은 물건을 정리하면 훨씬 수월합니다.

셋째, 하루 15분 이내로 정리합니다. 정리하라고 했더니 세월아 네월아 굼뜹니다. 제한 시간을 정해주세요. '빨리 해버리고 말지.'라는 생각이 들게 해주세요. 효율적으로 시간을 보낼 수 있도록 신속하게 정리합니다. 타이머를 활용하거나 아이가 좋아하는 노래를 서너 곡 틀며 정리해보세요. "노래가 끝날 때까지 정리해야 한다."라고 일러두면 신나게 방을 정리할 수 있습니다.

매일 반복적으로 방을 정리하면서 혼자 정리할 수 있는 부분이 많아질 거예요. 처음엔 서툴고 마음에 들지 않더라도 칭찬과 격려를 아끼지 마세요. 아이는 날마다 자기 방을 정리하며 마음도 정리하게 됩니다. 깨끗해진 방은 편안한 상태로 새날을 맞이하게 합니다. 책임감, 성취감, 시간 관리 능력은 보너스입니다.

책상 위는 늘 심플하게

JTBC 드라마 〈스카이캐슬〉이 인기가 높아지면서 일명 '예서책상'이 불티나게 팔렸다고 해요. 전교 1등을 하는 예서도 책상에서 공부가 안 되면 독서실 책상처럼 생긴 독립된 공간인 '예서책상'에 들어가 공부를 했어요. 이 책상의 특징은 세 면을 막아 공부에 방해되는 요소를 아예 차단해버리는 것이었습니다.

학창 시절 시험 공부하기로 마음을 먹고 가장 먼저 한 일은 무엇인가요? 책상 정리였을 거예요. 평소에 공부를 안 하던 아이들도 책상 위를 깔끔하게 정돈하고 교과서를 펴지요. 하지만 책상 정리하는 데 너무 많은 시간이 걸린다는 게 흠입니다. 책상 정리하다 진이 다 빠져 공부할 의욕이 없어집니다. 책상 정리만 해놓고 공부했다고 착각하기 일쑤입니다.

공부 잘하는 아이들은 다릅니다. 책상 위가 항상 깨끗해요. 스마트폰, 거울, 만화책 등 시각적으로 유혹될 만한 것들을 올려 두지 않습니다. 책상 위에는 공부에 꼭 필요한 물건만 있습니다. 평소에 책상 정리를 습관처럼 하기 때문에 시험 기간이라고 달리 정리 시간이 오래 걸리지도 않고요. 잠깐 정돈하고 바로 공부에 돌입합니다.

지금 아이의 책상 위를 확인해보세요. 어제 먹다 놓은 과자 봉지, 접다 만 색종이, 널브러진 색연필 등이 뒹굴고 있나요? 당장 정리해야 합니다. 그런 곳에서 어떻게 집중해서 공부를 하겠어요? 책상 위는 최대한 심플해야 합니다. 최소한의 동선으로 공부에 필요한 물건들을 바로 찾을 수 있게 배치합니다. 그리고 불필요한 것은 눈에 띄지 않는 곳에 두어야 합니다. 공부에 방해가 되는 것들이 눈에 보이면 신경이 쓰이고 집중력이 분산됩니다.

처음엔 부모가 정리의 큰 틀을 잡아주세요. 원칙은 공부에 필요한 것만 책상 위에 두는 것입니다. 틀이 잡히면 아이 스스로 책상 정리를 합니다. 물건을 쓰고 난 후 제자리에 두도록 일러주세요. 며칠 안 가서 서랍에 쓰레기가 쑤셔져 있고 난장판이 될 수도 있지만 아이가 주도적으로 정리할 수 있게 독려해주세요. 책상 위 질서를 지킬 수 있게 점검하세요.

저도 아이 책상을 보며 뒷목 잡을 때가 한두 번이 아닙니다. 큰마음 먹고 같이 정리했는데 어느 순간 보니 다시 엉망진창이 되어 있더라고요. 습관은 한순간에 잡히는 게 아니니까요. 지속적인 관찰이 필요합니다. 수학 문제집이 거실, 안방까지 침투했다가 이제는 제자리를 찾아 아이 책상 위 책꽂이에 꽂혀 있습니다. 예전처럼 수학 공부한다고 여기저기 돌아다니지 않아도 됩니다. 부모의 관심으로 아이들은 조금씩 습관을 잡아갑니다.

누구보다 아이들은 정리·정돈을 하며 몸소 느낍니다. 정리해두면 찾고자 하는 물건을 빨리 찾을 수 있어 편리하다는 것을요. 정돈된 책상 위에서 한눈팔지 않고 집중해서 공부할 수 있다는 것을요.

Chapter 04

주인의식 갖기

중·고등학교 교실에선 시험점수에 대해 다양한 반응을 볼 수 있습니다. 시험이 끝나고 바로 채점하며 몇 점인지 확인하는 아이, 채점은 했지만 점수엔 관심이 없는 아이, 채점도 하지 않는 아이가 있어요. 각자 자기 점수가 존재하지만 아이마다 반응은 모두 달라요. 자기 점수를 즉각 확인하고 왜 틀렸는지 교과서를 뒤적거리는 아이는 공부를 '내 것'이라고 인식하고 있습니다. 반면 점수를 받아 보고도 시큰둥하게 있는 아이는 공부가 남의 것처럼 느껴집니다.

공부의 주인은 아이 자신입니다. 공부는 '내 것'이라는 생각이 바탕이 되어야 합니다. 앞서 "주도적으로 공부를 해야 한다.", "자신의 꿈과 목표를 가지고 있어야 한다."는 말과 같은 맥락이에요. 보다 나은 자신의 삶과 미래를 위해 마땅히 공부하는 이유를 찾고 매진해야 하는 것이 공부입니다. 공부에 주인의식이 있는 아이는 목표가 있습니다. 결국 마음이 움직여 하는 것이 공부입니다. 지금은 엄마 말에 끔뻑하며 공부하지만 사춘기를 지나면 '공부는 나의 것'이라는 생각 없이는 엄마 주도 시스템을 유지하기 힘듭니다.

공부에 대한 주인의식이 있는 아이들은 부모가 벌벌 떠는 사춘기 시기에도 공부를 손에서 놓지 않습니다. 간혹 사춘기를 심하게 앓아서 친구나 게임에 빠졌어도 고등학교 때 다시 정신 차리고 공부할 수 있어요. 자신의 공부는 스스로 하는 것이며 인생을 변화시킬 수 있다는 믿음이 있기 때문입니다.

당연하겠지만 아이의 삶은 아이의 것입니다. 자신의 생각과 의지대로 살아가야 해요. 부모는 아이가 독립적으로 공부하는 힘을 키워주기 위해 환경만 만들어주는 거예요. 공부에 대한 주인의식은 주체적인 삶을 이끄는 원동력이 될 것입니다.

공부에 대해 주인의식 갖기

──

어쩌다 외할머니가 놀러와 아이에게 공부를 왜 하냐고 물으면 아이들은 "엄마가 하라고 해서요."라고 대답합니다. 틀린 말은 아닙니다. 엄마가 하라고 해서 하고 있는 거 맞잖아요. 공부에 대해 자신의 의지 따위는 없어 보입니다. 하지만 고등학생이 되어서도 이렇게 말하면 곤란합니다. 아이들이 자신의 꿈과 미래를 위해서 공부하고 있다고 말했으면 합니다. 공부습관을 잡으며 아이에게 공부에 대한 주인의식을 심어보세요. '지금은 엄마가 하라고 해서 하는 것이지만 결국 나를 위한 것이다.'라고 생각할 수 있게요.

초등 시절은 생활습관과 가치관을 형성하는 중요한 시기입니다. 그러면서도 어른의 도움 없이 할 수 있는 일들이 하나씩 늘어가는 시기이기도 합니다. 부모 손을 조금씩 놓으며 아이의 삶은 아이가 책임질 수 있도록 해야 해요. 공부도 매한가지입니다. 조금씩 손을 놓고 아장아장 걸음마를 떼도록 해야 합니다. 중·고등학교 때 엄마 손 놓고 스스로 달릴 수 있도록 해주세요.

공부의 주도권은 아이에게 있습니다. 아이에게 수시로 공부의 주체를 말해주세요. 날마다 하는 공부는 부모를 위해서 하는 것이 아니라 아이 인생을 위해서 하는 것이라고요. 아직 어리기에 "내 인생에 공부는 필요 없는데요?"라고 말할 수 있습니다. 우리는 알고 있습니다. 학교 공부가 아니라도 자기계발을 위한 공부는 자신의 삶을 풍요롭게 하기 위해 평생 필요하다는 것을요. 아이의 현재 상황에서 가장 현실적인 공부는 학교 공부이고 훗날 자신의 길을 찾아가는 데 도움이 됩니다. 자기 인생은 스스로 책임져야 하며, 그 길에 공부가 갖는 중요성을 얘기해주세요. 공부 마인드가 아이에게 옮겨가야 합니다.

성공한 사람들은 열정이 있습니다. 열정은 꿈을 이루기 위한 목표와 닿아 있어요. 열정은 자기 삶을 소중히 여기고 '어떻게 하면 보다 나은 미래를 만들까?' 하는 생각에서부터 나옵니다. 열정적으로 아이가 공부하기를 원한다면 삶의 주인은 아이 자신이라는 가치관을 심어주세요. 공부의 주인이 누구인지 확실하게 알려주세요. 결국, 인생의 주인으로서 나아갈 길을 찾으며 주도적으로 걸어가는 아이는 고수의 삶을 살 수 있을 것입니다.

> 고수와 하수의 차이는 내 길이 있느냐 없느냐에 달려 있다.
> '주인의식'을 갖기 위해서는 먼저 자기 길을 찾아야 한다.
> 자기 길이 없는 사람의 관찰은 고민으로 이어진다. 답을 낼 수 없기 때문이다.
> 고민으로 점철된 삶은 답을 낼 수 없고, 결국 세상이 시키는 대로 하수의 삶을 살게 된다.
> 내 길을 발견한 자만이 보고 듣고 생각한 모든 것을 자기 삶에 반영할 수 있다.
>
> — 김종원, 《아이를 위한 하루 한 줄 인문학》 중에서

준비물은 스스로 챙긴다

첫째 아이가 1학년 때 학교에서 집으로 왔는데 실내화를 신고 왔어요. 그럴 수도 있겠다 싶었습니다. 그런데 실내화 주머니를 보니 운동화 한 짝이 없더군요. 어이가 없었습니다. 당장 학교에 가서 신발을 찾아오라고 했어요. 아이는 다시 학교로 갔습니다. 교실, 운동장, 복도, 화단이며 다 찾아봤는데 결국 찾지 못하고 집으로 돌아왔어요. 새 신발이어서 아깝다 보다 자기 물건을 챙기지 않았다는 것에 화가 났습니다. 집에 돌아와서 아이는 폭풍 같은 엄마의 잔소리를 들어야 했습니다.

학교에서 보면 특히 남자 아이들 대부분이 제 아들과 비슷합니다. 초1이기 때문이 아니라 고1이 되어도 그래요. 자기 물건을 잘 챙길 줄 모릅니다. 사소하게 우산이며, 실내화는 물론 수행 평가 준비물도 잊어버립니다. 우스갯소리로 내신 성적 잘 받으려면 남자가 많은 반에 들어가야 한다고 하잖아요. 여고에 있으면 내신 점수 따기가 힘들다고 해요. 하지만 여자아이들은 말할 것도 없거니와 남자아이들 중에도 꼼꼼하게 자기 물건을 잘 챙기는 아이는 분명 존재합니다. 아들 둔 부모도 희망은 있어요. 이 남자아이들은 여자아이들만큼 준비물, 수행 평가를 빠짐없이 잘 챙깁니다.

초등부터 자기 물건은 자기가, 준비물은 스스로 챙겨야 합니다.

세 살 버릇 여든까지 간다고 고등학생이 되어서까지 부모가 수행 평가 체크하며 가방을 싸주지는 말아야 합니다. 그러면 공부의 주인의식은커녕 "엄마 때문에 수행 평가 망쳤어."라는 원망을 들을 날이 생길 거예요. 자기 물건을 소중히 여기고 학교 준비물을 날마다 챙기며 공부의 주인의식을 심어주세요.

자기 전 알림장을 확인하고 아이가 책가방을 싸도록 합니다. 아이가 가방을 싸는 동안 답답하겠지만 아무 말도 말아주세요. 필통에 필요한 연필, 지우개 등 작은 물품도 아이 스스로 챙깁니다. 가방을 말끔히 다 쌌다고 얘기했을 때 엄마가 점검해주세요. 알림장을 보며 빠진 건 없는지, 연필은 뾰족하게 깎여 있는지 세심하게 살펴봅니다. 아이와 함께 빠뜨린 물건을 가방에 넣으며 "꼼꼼하게 잘 챙겼구나."라는 칭찬도 잊지 마시고요. 처음엔 대충 챙기다가 점점 능숙하게 됩니다. 설령 준비물을 빠뜨려 학교에서 곤란을 겪어도 그 책임은 아이에게 돌아갑니다. 감히 부모 탓을 못하지요. 자신의 행동에 책임지는 것, 자기 인생의 주인으로 책임지는 것을 배우는 계기가 됩니다.

여덟 살 제 아들은 신발 한 짝 잃어버렸다고 얼마나 혼이 났게요. 그 이후론 물건을 잃어버린 적이 없습니다. 책가방 싸는 게 아직은 서툴지만 스스로 해내고 있습니다. 책가방을 싸라고 하니 숙제도 알아서 챙깁니다. 그래도 못 미더운 엄마는 마지막 점검은 꼭 합니다.

"책임감 있게 잘 했다."는 칭찬도 툭 내뱉고요. 그래도 아이 입에서 "엄마 때문에 공부 못했어."라는 말은 나오지 않습니다. 공부는 아이의 것, 스스로 챙겨야 하는 것으로 알고 있습니다.

Chapter 05

건강하게 생활하기

　공부는 체력전입니다. 기초 체력이 바탕이 되어야 공부도 할 수 있습니다. 초·중·고등학교에서 체육과 스포츠 활동을 강조하는 이유도 체력에 있습니다. 건강한 신체활동은 지적 능력 및 사회성 함양에 도움이 됩니다. 중·고등학생들은 공부하기 바빠 운동량이 부족한 게 사실이에요. 이러한 현상이 초등까지 내려와 과체중인 아이들이 늘어나는 추세입니다.

　특히 초등 아이들의 건강은 성장과 직결됩니다. 학교 끝나고 영어 학원, 수학 학원, 피아노 학원 등 빽빽한 스케줄로 아이들이 운동할 시간이 없습니다. 학교에서 수업 중간에 있는 쉬는 시간만이 신체활동을 하는 시간의 전부인 실정이라 아이들의 체력은 점점 약해지고 있습니다.

공부는 '엉덩이 힘'으로 한다고 해요. 공부를 잘하기 위해서는 잘 먹고 잘 쉬며 규칙적인 운동으로 건강한 신체는 필수입니다. 초등 아이, 지금 수능 보는 거 아니잖아요. 멀리 보고 체력을 기르는 데 집중하세요. 공부는 장기전입니다. 지금 책상에 오래 앉아 있는 것보다 중·고등학교에 가서 튼튼한 체력을 바탕으로 오래 공부할 수 있는 건강한 신체를 만들어주세요.

지금 무리하게 달리면 고등 때 힘을 발휘하지 못합니다. 고등학교에 가서 몸에 좋고 머리에 좋다는 한약이 무슨 소용이겠어요? 지금도 그렇지만 고등까지 가는 긴 여정엔 규칙적인 식사, 충분한 휴식, 적당한 운동이 총명탕보다 더 효험이 있습니다.

매일 운동하기

'공부할 시간도 없는데 무슨 운동이야?'라고 생각하면 오산입니다. 아이들은 공부를 더 잘하기 위해 운동을 해야 합니다. 운동은 공부에 있어 필수입니다. 영국 웨일스 카디프대학교 의과대학에서 약 2,200명을 대상으로 35년간 추적 관찰한 결과, 운동을 규칙적으로 하는 학생들의 학업성취도가 그렇지 않은 학생들에 비해 높았습니다. 최근 캐나다 퀘백 통계 연구소에 따르면 1,997명을 분석한 결과

6~10세에 체육 활동을 한 아이들은 그렇지 않은 아이들에 비해 중학생이 된 다음인 12세 이후 ADHD 증상 발현이 적은 것으로 나타났어요. 또 초등학생 시절 체육활동이 12세 이후 중학생이 되어서 학업 성적과 집중력 향상에도 직접적인 연관성이 있는 것으로 조사되었습니다.

운동은 신체 근력과 함께 공부 근력도 키워줍니다. 어린 시절 운동하는 습관은 뼈를 튼튼하게 하고 건강한 몸을 만들어줍니다. 운동을 하면 스트레스가 풀리고 정신적인 건강을 챙길 수 있어요. 집중력까지 좋아진다니 안할 이유가 없습니다.

아이의 규칙적인 운동을 독려해주세요. 세계보건기구WHO의 신체활동 건강 지침에 따르면 5~17세 어린이와 청소년은 매일 적어도 합계 60분의 중간 내지 격렬한 강도의 신체활동을 할 것을 권장하고 있습니다. 매일 1시간 정도 운동할 수 있게 하세요. 가족과 함께 걷기, 친구들과 자전거 타기, 방과 후 스포츠 활동 참여하기 등을 할 수 있습니다. 실외활동이 여의치 않다면 가정에서 유튜브로 홈트 영상을 보며 따라하거나 스트레칭을 해도 좋아요. 가능한 몸을 많이 움직이도록 노력합니다.

어른도 그렇지만 아이들 건강은 규칙적인 운동, 충분한 잠, 잘 먹기가 필수입니다. 기력과 체력을 키우는 데 이 삼박자를 꼭 맞춰주세요. 더 이상 학교에서 병든 병아리마냥 맥없이 쳐져 있는 아이들이 없었으면 합니다. 학교에서는 쓰러져 있고 학원에서는 살아나는 아이들, 공부의 효율성은 장담하지 못합니다. 학교에서 초롱초롱한 눈으로 집중할 수 있게 체력을 길러주세요.

휴식 시간의 중요성

'스라밸'이라는 신조어가 있습니다. '공부와 삶의 균형study and balance'이라는 뜻으로, 일과 삶의 균형이라는 뜻의 '워라밸'에 이어 등장한 개념이에요. 어른들이 일하며 쉼이 필요하듯 아이들도 공부와 휴식의 균형이 이루어져야 합니다.

학교가 끝나고 학원 셔틀버스를 타고 영어 학원으로, 영어 학원이 끝나면 5분 만에 피아노 학원으로, 이후 10분 만에 수학 학원으로, 피곤한 몸을 이끌고 집에 돌아오면 저녁이 다 됩니다. 저녁 먹고 TV 조금 보고, 학원 숙제 하면 12시가 되어서야 잠이 듭니다. 부모님과 대화할 시간도 없이 하루하루가 지쳐갑니다. 쉬지 못하니 아이들은 피곤함에 절어 있어요. 쉬어본 적이 없어 스트레스를 어떻게 풀어야 할지 표현해야 할지도 몰라요. 우울한 감정과 무기력이 자신을 힘들게 합니다.

무엇을 위해 아이 공부를 시키나요? 아이들의 행복한 미래 때문 아닌가요? 그렇다면 아이들에겐 매일 충분한 휴식 시간이 필요합니다. 부모님과 대화하고 친구들과 놀 시간이 있어야 해요. 하고 싶은 일을 찾고, 멍 때리고, 공상할 수 있는 시간이 확보되어야 해요. 아이를 공부 기계로 만들지 마세요. 아이가 행복하지 않습니다. 지금은 참고 있지만 성인이 되어 누구나 부러워할 법한 대학에 들어가 자퇴한다는 소리를 할지도 모릅니다. 이미 성인이 된 아이, 그때는 말릴 수도 없습니다.

아이에게 숨 쉴 틈을 주세요. 휴식이 필요합니다. 하루 3시간 이상은 자유 시간이 있어야 해요. 부모들도 주말엔 쉬는데 주말까지 무리하게 공부시키지 말고요. 과도한 공부 스트레스로 아이의 시간과 행복을 빼앗지 말아야 합니다. 공부와 휴식의 균형을 맞추세요. 휴식은 시간 낭비가 아닙니다. 피로를 풀어주고 스트레스를 없애줍니다. 아이에게 여유를 주고 공부에 더 집중할 수 있게 합니다.

휴식 시간은 오로지 아이가 스스로 활동을 선택하고 놀 수 있게 하세요. 자율적으로 놀아본 아이가 공부도 스스로 할 수 있습니다. 놀이까지 간섭한다면 자유 시간으로 느끼지 않습니다. 공부 강박에 갇힌 아이들은 쉬는 시간을 주면 그조차도 불안해합니다. 자율성을 허락하세요. 신나게 놀아본 경험이 있어야 해요. 그래야 스트레스가 풀리고 재충전의 시간이 됩니다.

안전하게 생활하기

건강한 체력을 만드는 것도 중요하지만 건강한 몸을 지키는 것도 필요합니다. 최근 코로나19 바이러스로 인해 '안전'에 대한 경각심이 높아졌어요. 이제는 '코로나19 안전수칙'이란 말이 어색하지 않습니다. 건강은 건강할 때 지키는 것, 아이들에게 안전한 생활에 대해 강조 또 강조해도 지나치지 않습니다.

몇 해 전 '캣맘 사건'으로 전국이 떠들썩한 적이 있었습니다. 열 살 아이가 아파트 옥상에서 벽돌을 투척해서 길고양이에게 밥을 주던 아주머니가 사망한 사건입니다. 그 아이의 학교 선생님은 믿을 수 없다는 반응을 보였어요. 친구들과 다툼 한 번 없고 평범하고 착한 아이였으니까요.

안전사고에 노출되는 아이들은 특별한 아이들이 아니에요. 평범한 아이들입니다. 아이들에게 안전에 대한 경각심을 줘야 합니다. '이 정도는 괜찮겠지?'라는 생각으로 사고가 납니다. 이런 생각은 자신의 안전뿐 아니라 다른 사람의 목숨까지도 빼앗는 위험천만한 일입니다. 아이가 등교할 때 횡단보도에서 교통안전에 대해 단단히 일러주시죠? 그와 같이 생활에서 위험한 일이 될 수 있을 만한 일들을 항상 얘기해주세요. 위험한 장난에 괜한 도전정신을 품지 않도록 말입니다.

부모부터 솔선수범해야 합니다. 아이가 처음 자전거를 배울 때를 생각해보세요. 헬멧, 무릎보호대까지 꼼꼼하게 챙겼을 거예요. 그러다 아이가 자전거 타기에 익숙해지고 날이 더워지니 불편하다고 보호 장비를 벗어던집니다. '가까운 거린데.'라는 생각에 허락했을지도 모릅니다. 사고는 한순간입니다. 우리가 운전하며 안전벨트를 꼭 매듯 아이들의 안전도 지켜주세요. 어릴 때 키워준 안전의식이 자신을 지키고 남을 지키는 일입니다.

코로나19 바이러스 여파로 안전 의식이 높아졌습니다. 아이들이 건강을 스스로 지키고 안전한 생활을 하는 것은 민주 시민의 모습입니다. 아이들이 몸도 튼튼 마음도 튼튼했으면 합니다. 건강하고 안전한 생활을 실천해야 합니다. 공부는 그 이후입니다.

Chapter 06

전자기기 사용 조절하기

고3 수험생 중 몇몇은 고3이 되면 사용하던 스마트폰을 2G폰으로 바꿉니다. 중2가 되어 제대로 공부하겠다며 스마트폰을 없애는 아이도 가끔 봅니다. 이 아이들은 자기 자신을 알고 있습니다. 스마트폰이 공부에는 치명적인 독이 될 수 있다는 것을요.

아쉽게도 이렇게 훌륭한 생각을 갖고 있는 아이가 많지는 않습니다. 강력한 동기가 있지 않고서야 쉽게 끊어버릴 수 없습니다. 지금처럼 온라인 수업이 빈번하고 선생님, 친구들과 소통이 인터넷으로 이루어지는 시대엔 더 그럴 수밖에요. 그래서 '인터넷 중독, 스마트폰 중독'이란 말이 공공연하게 쓰이는 거겠죠. 어른들도 잠깐 검색 하나 한다는 게 서너 시간을 훌쩍 넘기는 게 일상이니까요.

문제는 인터넷이나 스마트폰에 지나치게 의존하는 연령이 점점 낮아진다는 거예요. 초등 고학년만 돼도 교실에 스마트폰 없는 아이가 손에 꼽힐 정도입니다. 학교 앞에서, 놀이터에서, 학원에 가는 차량 안에서 스마트폰으로 게임을 하는 아이들을 심심치 않게 볼 수 있습니다. 초등 아이들은 고등 아이들보다 통제력과 충동 억제력이 취약해 중독에 노출되기가 더욱 쉽습니다.

분명 스마트폰과 인터넷은 삶과 공부에 편의를 줍니다. 필요한 정보를 즉각 얻을 수 있고 전 세계 사람과의 소통도 가능하지요. 미래는 인터넷, 스마트폰이 없으면 더욱 설명이 불가합니다. 그렇기에 미래 교육은 올바르게 미디어를 다루고 조절할 줄 아는 능력을 요구합니다. 대학교 가서 스마트폰을 사준다고 해서 해결될 문제가 아니에요. 전자기기 사용도 자기주도학습과 마찬가지로 처음에는 부모가 이끌어주고 점점 아이에게 바통을 넘겨줘야 해요. 이미 아이들은 디지털 시민으로 살아가고 있습니다. 피할 수 없다면 현명하게 대처해봅시다.

규칙을 지킨다

아이패드와 아이폰을 개발한 스티브 잡스는 자녀들에게 전자기기 사용을 엄격하게 제한했습니다. 아이패드가 막 세상에 출시되었을 때 한 기자가 "자녀들도 아이패드를 좋아하나요?"라고 묻는 질문에 스티브 잡스는 "저희 아이들은 사용해본 적이 없습니다."라고 대답했습니다. 스티브 잡스를 비롯해 빌 게이츠 등 미국의 내놓으라 하는 IT기업 최고경영자들이 자녀들에게 스마트폰, 컴퓨터 사용을 부모가 제한하고 있는 사례가 많습니다.

IT업계의 거물들은 스마트폰과 컴퓨터 폐해의 심각성을 알기 때문에 자녀들에게 철저하게 전자기기 사용을 제한하는 겁니다. 교육, 정신의학 전문가들은 "만 12세 이하 아이들이 스마트폰에 중독되면 정서적, 신체적, 지적 발달에 악영향을 미친다."라고 말합니다. 스마트폰에 중독된 아이들은 뇌 발달이 정상적으로 이루어지지 않아 ADHD, 틱 장애, 발달 장애가 올 수 있다고 합니다.

아이들은 태어나면서부터 스마트 기기에 노출됩니다. 초등학생만 돼도 유튜브 검색, 인터넷 검색은 식은 죽 먹기입니다. 이런 아이들에게 사용을 막는 것만이 능사는 아니에요. 왜 오랫동안 사용하면 나쁜지를 이해하고 효과적으로 사용할 수 있게 해야 합니다.

아이가 아직 스마트폰이 없다면 최대한 늦게 구입하세요. 빌 게이츠 자녀가 열네 살이 되어서야 스마트폰을 사주었다니, 제 생각에도 그쯤이 적절합니다. 아이가 바라지 않는다면 더 늦춰도 좋습니다. 대부분의 중학생은 스마트폰을 가지고 있어요. 부모의 강제에 못 이겨 스마트폰을 사지 못한 경우 부모 몰래 미가입 휴대폰을 사용하기도 합니다. 중학생에게는 부모가 사주고 안 사주는 게 중요하지 않아요. 자신이 필요하다고 판단하면 부모 몰래 구입할 수도 있는 나이입니다. 그러니 적정한 선에서 아이와 협의하여 최대한 늦게 스마트폰을 들이기를 추천합니다.

스마트폰이 이미 있는 경우나 새로 구입한 경우라면 꼭 규칙을 정하세요. 사용 시간, 사용 장소, 사용할 수 있는 앱, 부모가 통제할 수 있는 앱 등에 대해 정합니다. 아이와 함께 서약서에 사인이라도 해야 합니다. 규칙을 어겼을 때 필요한 벌도 아이와 대화를 통해 정합니다. 아이도 함께 정한 약속은 스스로 지키려고 노력할 거예요.

아이에게 무방비로 인터넷, 유튜브를 허락하면 시간 가는 줄 모르고 빠져들 수 있습니다. 아이에게 스마트폰 중독의 심각성에 대해 알려주고 앱을 활용하여 부모가 아이의 스마트폰을 제어해주세요. 제 아이는 스마트폰이 있긴 하지만 인터넷, 앱 등 아무것도 할 수 없습니다. 스마트폰이라는 말이 무색하게 전화, 카메라만 됩니다. 〈ZEM〉,〈Google Family Link〉라는 앱을 제 스마트폰에 설치하여 아이의 스마트폰 사용 시간과 영역을 관리하고 있어요. 적극적으로 개입하여 아이의 스마트폰 사용을 통제하세요.

이미 스마트폰을 공부에 지장을 줄 만큼 사용한다면 조금씩 줄여 나갑니다. 공부를 매일하면 습관이 되듯 스마트폰도 매일하고 있는 경우엔 하루라도 안 하면 허전합니다. 정 하고 싶은 것이 있다면 주말을 이용해서 할 수 있게 하세요. 습관이 되지 않게 띄엄띄엄 사용하는 게 핵심입니다.

게임도 마찬가지입니다. 최대한 늦출 수 있다면 늦추고 다른 아이들이 모두 한다고 꼭 해줄 필요는 없습니다. 이미 게임의 달콤한 맛을 보았다면 매일 섭취는 위험합니다. 주말에만 달콤하게 먹는 겁니다. 약속한 시간만큼 신나게 할 수 있게 합니다.

무조건 금지보다 절제하며 사용할 수 있는 아이는 중·고등학교 때 가서 스스로 조절하며 슬기롭게 생활할 수 있습니다. 어쩌면 "스마트폰은 공부에 방해만 돼요. 그냥 2G폰으로 바꿔주세요."라고 굳은 결심을 할지도 모르겠습니다.

다른 재미를 찾아보자

제가 처음 스마트폰을 샀을 때를 떠올려봅니다. 와, 인터넷이 손안에 들어오니 볼거리가 가득했어요. 퇴근하고 집에 와서 아이들 재워 놓고 밤 12시가 넘도록 인터넷을 뒤지고 있었습니다. 뉴스 보다가, 연예인 기사 보다가, 원피스도 하나 사고, 친구들과 카톡을 끊임없이 했어요. 남편도 자기만의 스마트폰에 빠져 웹툰 보고, 유튜브 보고, 쇼핑하고 그러더라고요. 몇 달을 그렇게 살고 느꼈습니다. '우리 부부는 대화가 끊겼구나.'라고요.

'이게 학교에서 아이들에게 말하던 스마트폰 중독인가?'라는 생각이 들며 무서워졌습니다. 뭔가 조치가 필요했어요. 괜히 부부 사이까지 멀어지는 것 같았어요. 남편과 당장 대화를 하고 부부간의 스마트폰 규칙을 정했습니다. '밥 먹을 때 휴대폰 보지 않기', '함께 있을 때 휴대폰 사용 줄이기'로요. 지금도 가끔 밤에 스마트폰을 들여다보지만 그때만큼은 아니에요. 밥 먹을 땐 철저하게 규칙을 지킵니다. 그러니 대화가 풍성해졌습니다. 심지어 식사 시간엔 아이와 토론도 한다니까요.

부모부터 본보기를 보여주세요. 하루 종일 스마트폰만 끼고 있는 엄마, 아빠를 보며 아이들은 무엇을 배울까요? 식당에 가면 중학생쯤 되어 보이는 아이 둘과 부모가 함께 식사를 하는데 정말 넷이서 본인 전화기만 뚫어져라 보더라고요. 너무 안타까운 마음이 들었습니다.

부모님부터 스마트폰을 내려놓으세요. 스마트폰이 아닌 스마트한 아이의 눈을 바라봐주세요. 아이와 대화하세요. 제가 각성하고 남편과의 대화를 시작한 데는 관심이 있어서입니다. 서로 관심이 없다면 그런 말도 하지 않았겠지요. 아이들도 마찬가지예요. 스마트폰, 게임에 중독된 아이라도 부모님의 관심과 대화로 극복할 수 있습니다.

아이들과 함께 시간을 보내세요. 게임보다 재미있는 경험을 선물하세요. 운동, 악기, 댄스, 보드게임 등 아이가 좋아하는 걸 함께 하세요. 게임에 빠진 아이를 구해보겠다고 주말마다 캠핑을 다니는 가정을 본 적이 있습니다. 캠핑을 가며 부모님과 잊지 못할 추억을 쌓기 바쁩니다. 아빠와 축구하고, 고기 구워 먹고, 사진 찍고, 아이는 게임에 대한 생각이 줄어듭니다.

아이들은 어른만큼 뚝심이 있지 않아요. 쉽게 흔들리고 유혹에 빠집니다. 아이들에게 전자기기는 이로운 매체임은 분명합니다. 가뿐하게 하는 게임, 스마트폰은 피로회복제예요. 하지만 피로회복제는 허용치를 넘으면 정신, 신체가 모두 망가질 수 있습니다. 아이들에게 알려주세요. 피로회복제는 일주일에 한 번, 식후 20분, 정해진 시간에 정해진 양만 먹어야 한다는 것을요. 그리고 옆에서 관심과 사랑으로 혹여 부작용은 생기지 않을지 지켜봐주세요.

Part 5.

고3까지 가는
초3 부모의
생활 습관

Chapter 01

옆집 아이와 비교하지 않기

저의 엄마표 영어 모임에서는 비공개 카페에 매주 엄마들이 아이의 '엄마표 영어 실천 기록'을 올립니다. 알고 싶지 않아도 같은 학년에 누가 무슨 책을 읽는지 훤히 알게 됩니다. 그러면서 문제가 발생했어요. 나름 아이에게 집중하며 잘 가고 있었는데 제 아이보다 속도가 느렸던 아이가 앞서가기 시작했습니다. 몇 달 전만 해도 제 아이보다 낮은 레벨의 책을 읽었는데 갑자기 〈해리 포터〉를 읽는다는 거예요. 순간 '내 아이는 왜 이것밖에 안 되지?'라는 생각이 들었어요. 생각만으로 끝내야 하는데 아이에게 〈해리 포터〉를 읽어 보지 않겠냐며 채근했습니다. 아이는 어리둥절해했지요. 지금 읽고 있는 책도 재미있고 자기 수준에 '딱'인 걸요. 다행인 건 제가 입 밖으로 그 아이 때문이라고는 말하지 않았다는 거예요. 아이는 엄마가 왜 〈해리포터〉를 들이미는지 황당할 뿐이었죠.

학교에서 10년 넘게 아이들과 부딪힌 저는 확실히 알고 있습니다. 아이들 간의 비교가 얼마나 어리석은지를요. 그럼에도 불구하고 마음속에서 저도 모르게 옆집 아이와 비교를 하고 있더라고요. 부모들은 아이가 태어나면서부터 비교를 시작합니다. '조리원 동기 아이는 생후 18개월에 문장으로 말을 한다는데 왜 내 아이는 한 단어도 제대로 말을 못할까?'에서부터 네 살에 한글을 떼었다는 둥, 여섯 살에 영어를 원어민처럼 말한다는 둥, 주위를 보면 비교 대상이 넘쳐납니다.

입시 경쟁을 치르고 경쟁 사회에서 수십 년을 살아온 부모의 무의식중엔 '비교'라는 것이 당연할지 모릅니다. 하지만 그렇게 비교를 당하면서 어떤 마음이 들었나요? 행복했나요? 부모님이 "옆집 아이만큼만 따라가라."라고 말했다면, '엄마 말이 맞아, 열심히 해서 옆집 아이처럼 되어야지.'라는 생각이 들었나요? 아닐 거예요. 부모님을 원망하고 자신이 비참하게 느껴졌을 겁니다. 잠깐이야 별 타격이 없더라도 지속적인 비교는 있던 자존감을 빼앗아 가버렸을 거예요.

부모가 안달복달하지 않아도 아이들은 학교에서 은연중에 비교를 당합니다. 안타깝게도 중학교만 가더라도 반에서 공부 1등, 운동 1등, 외모 1등은 누구인지 서로 비교합니다. 그 와중에 꼭 1등이 아니어도 저만의 빛깔로 반짝이는 아이들은 꼭 있습니다. 그 아이들이 가진 최고의 무기는 자존감입니다. 스스로를 믿고 자기 자신을 존중하는 마음이 충만해요. 남이야 어떻든 자기 자신을 소중하게 여깁니다.

다른 아이와의 비교는 절대 금물입니다. 아이들에게 자존감을 심어주세요. 아이들은 각자 장점이 있습니다. 각각 색깔이 다르고 개성이 있어요. 공부를 잘하는 아이, 운동을 잘하는 아이, 사교성이 좋은 아이, 저마다 빛이 납니다. 남의 아이의 잘난 점을 보지 말고 내 아이의 반짝이는 장점을 찾고 격려해주세요.

아이의 속도를 인정하자

SNS를 보면 같은 나이인데도 뛰어난 아이들이 왜 이렇게 많은가요? 초등학생인데 어른이 볼 법한 두꺼운 과학 서적을 읽고 토익 시험에서 900점을 넘었다고 해요. 예쁘고 잘난 아이들 일색입니다. 괜히 불안한 마음이 엄습합니다. 그간 아이를 잘못 키운 건 아닌가 후회도 됩니다. 거실에서 태평하게 TV만 보고 있는 아이가 한심해 보입니다. 뭐라도 해야겠다 싶어 폭풍 잔소리가 이어집니다.

아이 공부가 시작되면 비교는 더욱 심해집니다. 반에서 공부 좀 한다는 아이의 정보는 어쩜 그렇게 묻지 않는데도 잘 들려오는지.

나도 모르게 내 아이의 성적과 그 아이의 성적을 비교하게 됩니다. 그 아이가 다니는 학원은 어디인지, 풀고 있는 문제집은 무엇인지 궁금합니다. 질투 반, 불안한 마음 반으로 좀 더 잘했으면 하는 마음에 아이를 재촉합니다.

같은 나이, 같은 동네, 같은 학교에 다니니 옆집 아이만큼 우리 아이도 충분히 할 수 있다고 믿고 싶은 마음, 이해합니다. 하지만 다른 아이의 달리는 모습보다 내 아이의 속도에 집중하세요. 아이마다 발달 속도, 학습 속도가 다릅니다. 거북이에게 토끼만큼의 속도를 내라고 할 순 없습니다. 공부는 아이의 속도에 맞추는 겁니다. 초등이기에 더 그렇습니다. 꾸준히 공부습관, 생활습관을 잡고 거북이는 거북이대로, 토끼는 토끼대로 한 발짝씩 나가는 거예요. 경주를 하다 보면 엎치락뒤치락 할지언정 꾸준히 하면 거북이가 토끼를 이기는 날이 오기도 합니다.

"네 친구는 벌써 레벨이 올라갔더라."라고 말한다면 아이가 초4만 되어도 "어쩌라고요?"라는 반응을 보일 겁니다. 아이의 속도를 존중하고 이끌어줄 수 있는 대화를 하세요. "꾸준히 하면 곧 레벨이 올라가겠다."라며 대화의 중심을 아이에게 두세요. "반에서 백 점 맞은 애는 몇 명이야?"보다 "이번 시험에 최선을 다한 모습이 대견해."라고 아이를 믿고 격려해주세요. 또한 옆집 아이뿐 아니라 형제끼리도 마찬가지입니다. "이건 동생도 푸는 문제야."보다 "다시 한 번 천천히 풀어볼까?"라며 아이의 속도에 집중해서 말해주세요. 형제간의 비교는 형제간 우애에도 나쁜 영향을 줄 수 있습니다. 아이마다 있는 그대로 바라보고 응원해주세요.

"꾸준히 하면 곧 레벨이 올라가겠다."
"이번 시험에 최선을 다한 모습이 대견해."
"다시 한 번 천천히 풀어볼까?"

"네 친구는 벌써 레벨이 올라갔더라."
"반에서 백 점 맞은 애는 몇 명이야?"
"이건 동생도 푸는 문제야."

'남'이 '나'를 두고 비교하는 것은 독이 됩니다. 열등감에 사로 잡혀 스스로를 못난 사람으로 만듭니다. '내'가 '나'를 두고 비교하는 것은 약이 됩니다. 닮고 싶은 사람, 선의의 경쟁으로 '나'를 발전할 수 있는 계기가 됩니다. 남이 하는 비교에 노출되지 않은 아이는 자존감을 바탕으로 스스로의 경쟁 상대를 찾을 겁니다. 자기 삶의 중심을 잡으며 더 나은 사람이 되기 위해 노력할 거예요. 부모는 아이 속도에 맞게 지지하고 격려해주면 그만입니다.

소신을 지키자

아이를 키우다 보면 너무 많은 정보가 넘쳐납니다. 자녀교육서, 유튜브 영상, 주변 엄마들의 한마디 한마디까지 교육 정보의 홍수 속에서 살고 있어요. 홈쇼핑에서 홀려 물건을 사는 것처럼 교육 정보를 들으면 꼭 그대로 해야 할 것 같습니다. 차라리 몰랐으면 안 했을 것을, 알고 나서 안 하니 내 아이만 뒤처지는 느낌이 듭니다. 정보를 뒤지면 뒤질수록 마음은 갈대 같습니다. 또래보다 키는 컸으면 좋겠고, 공부는 잘했으면 좋겠고, 말도 잘하면 좋겠고, 운동도 잘했으면 좋겠습니다. 귀를 닫고 눈을 가리고 싶은 심정이에요.

저도 그랬습니다. 아기 젖병 하나 사는 데도 얼마나 검색을 했게요. 아들 훈육법은 딸과 다르다며 얼마나 육아서와 유튜브를 쳐다봤게요. 초등 공부습관을 잡겠다고 얼마나 에너지를 쏟았는지 모릅니다. 엄마가 부지런하면 슈퍼 키즈가 되는 것 같았습니다. 정보의 홍수 속에서 허우적대며 알게 되었습니다. 육아에는 정답이 없다는 사실이 진리라는 것을요. 지천에 널린 정보들이 내 아이에게 다 맞는 것은 아니라는 것을요.

아이 양육에 왕도는 없습니다. 부모가 원칙을 가지고 소신을 지켜야 합니다. 부모가 공부하고 육아서를 섭렵하는 것, 좋습니다. 우리도 부모가 처음이기에 전문가의 조언을 따르는 것은 아이 키우기에 도움이 됩니다. 뭐든지 그렇지만 과해지면 문제가 생깁니다. 중심을 잡고 흔들리지 마세요. 내 아이에 맞게 원칙을 지켜 얻은 정보를 풀어내야 해요.

쏟아지는 정보에 다른 아이와 비교하지 말고 내 아이에 맞추어 가는 겁니다. 학원의 마케팅, "누구는 그러더라."라는 말에 귀가 팔랑팔랑 대지 말자고요. 엄마의 불안함으로 나의 아이와 다른 아이를 양팔 저울에 올리지 말아요. 이리 기웃, 저리 기웃하여 얻은 방법으로는 아이에 맞춰 육아를 할 순 없습니다. 아이의 기질과 타고난 성향을 존중해주세요. 소신 있게 아이의 눈높이와 걸음걸이에 맞추어 걸어가세요.

비교하지 않으려면 아이의 부족한 점을 채우려 하기보다 잘하는 점을 바라봐주세요. "그림도 못 그리니?"라며 당장 미술 학원을 알아보려 하지 말고, 아이가 잘하는 것을 발견하며 "줄넘기도 잘하는구나."라고 칭찬부터 해주세요. 기질적으로 예민한 아이는 엄마를 지치게 하기도 합니다. "넌 너무 예민해."라며 아이의 단점을 직설적으로 말하지 말고 일상에서 소소한 것에도 잘한 점을 찾고 "넌 정말 감각적이야."라고 격려해주세요. 아이들의 단점도 그대로 받아주고 재능을 발견해주세요. 내성적인 아이에게 "왜 이렇게 소극적이야?"라며 타박하지 말고, "조용히 생각하는 걸 좋아하는구나."라며 인정하고 아이의 기질부터 먼저 알아주세요. 부족한 것은 차차 아이에 맞추어 채워 나가면 됩니다.

"줄넘기도 잘하는 구나"
"넌 정말 감각적이야."
"조용히 생각하는 걸 좋아하는구나."

"그림도 못 그리니?"
"넌 너무 예민해."
"왜 이렇게 소극적이야?"

다른 아이처럼 잘 해야겠다는 심상으로 아이를 몰아서는 교육의 효과는 없습니다. 아이의 의지, 수준에 맞는 교육을 하세요. 확고한 교육관을 가지고 아이의 장점을 살려주면서 재능을 키워야 합니다.

자존감을 가지고 스스로 공부하고, 스스로 삶을 설계할 수 있으면 됩니다. 아이 입장에서 생각해볼까요? "옆집 엄마는 미스코리아처럼 날씬하고 예뻐, 영어도 엄청 잘해."라는 말을 들으면 기분이 어떠세요? 아이들은 절대 이런 말을 하지 않습니다. 왜냐하면 부모님의 있는 그대로를 사랑하니까요. 우리도 아이의 있는 그대로를 바라보자고요.

Chapter 02

아이에게 집착하지 않기

요즘은 군대에 중대 대대별로 카톡방이 있다고 해요. 군인들도 수시로 카톡을 통해 부모와 대화를 할 수 있어요. 몸이라도 아프면 부모가 그 사실을 알고 바로 중대장, 대대장에게 전화한대요. "우리 아이 오늘 아프니까 휴가 주세요. 훈련은 빼주세요."라고 민원을 넣는다고 합니다. 대학도 비슷합니다. 대학 졸업반 아이가 원하는 학점이 안 나왔다고 엄마가 교수한테 항의합니다. 교수와 진로 상담도 마다하지 않고요.

'캥거루족'이라는 말 들어보셨지요? 한경 경제용어사전에 따르면 '캥거루족'은 학교를 졸업해 자립할 나이가 되었는데도 경제적으로 기대어 사는 젊은이들을 말합니다. 유사시 부모라는 단단한 방어막

속으로 숨어버린다는 뜻으로 '자라족'이라고도 해요. 주변에서 명문대를 나와서 능력이 출중한데도 직업을 갖지 않고 부모 그늘에 사는 젊은이들을 종종 봤어요. 말로만 듣던 '캥거루족'이요.

마마보이, 마마걸이라는 말이 흔하게 쓰일 정도이니 독립적이지 못한 성인이 사회적 문제로 여겨지고 있습니다. 이런 어른으로 자라게 하는 데는 부모의 양육방식 영향이 큽니다. 부모의 지시와 통제 속에 자란 아이들은 부모의 주문 없이는 주관적인 생각을 할 수 없게 됩니다. 모든 걸 부모의 허락이 있어야만 마음이 편한 상태가 되지요.

다 큰 성인인데도 부모에게 의존하며 살아가는 모습은 생각만으로도 끔찍합니다. 대학 가서 학점은 자기가 관리해야지요. 군대까지 가서 엄마가 아들 근태를 신경 쓰고 훈련까지 빼줘야 하나요? 엄마 삶이 피곤해질 것 같아요. 아이는 하나의 독립된 주체입니다. 아이 인생은 아이가 살아갈 수 있게 도와주는 게 부모의 역할입니다. 아이에게 자립심을 키워줘야 합니다.

뒤에서 지켜보기

엄마의 시계는 누구 기준으로 돌아가나요? 아이 일정에 맞춰 학교에서 아이를 픽업하고 학원으로 보내셨나요? 아이가 학원 마치는 시간을 기다리는 동안 카페에서 커피 한잔을 하고 계실 수도 있겠네요. 아이 수학 진도에 맞게 공부하고 계실 수도 있고요. 아이를 집으로 데려와서는 학원 숙제를 봐주며 엄마가 직접 선생님이 되어 문제를 풀어 보이나요? 설마 엄마가 고등학교 미적분까지 공부하지는 않으시겠지요? 아이들의 일정 말고 엄마의 시간표대로 살았으면 합니다. 엄마가 하고 싶은 것, 좋아하는 것을 하면서 말이지요.

가수 이적의 어머니인 박혜란 여성학자는 자식 삼 형제를 서울대학교에 보낸 것으로 유명합니다. 대학 졸업 후 전업주부로 10년 동안 생활하다 대학원에 입학했다고 해요. 대학원에 입학할 당시 막내아이가 초등학교 1학년이었고 합니다. 보통의 일하는 엄마들은 아이가 초등학교 입학하는 해엔 휴직하는데 말이죠. 엄마가 대학원 공부를 위해 거실 책상에 앉아 있으면 세 아이가 자연스럽게 와서 책을 봤다 합니다. 모든 엄마가 꿈꾸는 풍경입니다. 아이의 일거수일투족에 신경 쓰지 말아요. 그저 뒤에서 바라보셨으면 합니다. 엄마는 엄마의 시계대로 아이는 아이의 시계대로 삶을 살 수 있도록 말입니다.

엄마가 없으면 라면 한 끼도 못 끓여 먹는다거나,
엄마가 올 때까지 고스란히 굶는 아이들 때문에 꼼짝달싹 못한다고 넋두리하는 주부가 있다면,

"빨리 양치하고 세수해! 이러다 지각하겠어!" 아침마다 집안에서 전쟁이 일어납니다. 빨리 준비하라는 엄마와 굼벵이를 삶아 먹은 듯 느긋한 아이, 초3이나 고3이나 학년이 올라가도 흔한 일이지요. 아이를 보고 있는 엄마만 속이 터져요. 큰마음 먹고 이렇게 말해보세요. "8시 30분에는 집에서 나가야 한다." 딱 그 한 마디만 해요. 더 이상의 잔소리는 하지 않아도 됩니다. 하루 만에 지각하지 않고 학교에 가면 좋겠지만 며칠이 걸릴 수도 있어요. 아이가 직접 시행착오를 겪을 수 있게 지켜봐주세요. 나중에는 엄마의 한마디도 필요 없이 제 시간에 등교할 거예요.

오늘은 아이에게 '무엇을 해줄까?'보다 '무엇을 해주지 않을까?'를 고민해보세요. 엄마 취향대로 엄마표 과학실험 한다고 실험 장비 잔뜩 사두지 말고 아이에게 "오늘은 뭐 할 거야?"라고만 물어보세요. 아이가 하고 싶은 것에 관심을 가지며 바라보면 됩니다. 엄마에게 도움을 요청하면 그때 엄마가 나서주세요. 모든 걸 해결해주려고 하지 말고 아이가 스스로 할 수 있게 조언해주세요. 실패하더라도 "다시 하면 돼, 할 수 있어."라고 격려해주세요.

"8시 30분에 나가야 한다."

"오늘은 뭐 할 거야?"

"다시 하면 돼, 할 수 있어."

"빨리 양치해, 빨리 세수해."

"오늘은 뭐 해줄까?"

"엄마가 대신 해줄게."

자립심은 엄마의 인내와 기다림이 필요합니다. 잔소리하고 싶은 마음을 꾹꾹 누르세요. 아이를 한 번 더 볼 시간에 엄마 자신을 보세요. 방치하라는 얘기가 아닙니다. 아이를 적절히 자유롭게 두고 필요한 경우에만 개입해주세요. 아이가 혼자서도 잘 해낸 다음에는 아이의 행동을 칭찬해주세요.

자기 것은 자기가 챙기도록 하자

초등학교에 막 입학하며 엄마들이 하교 시간에 맞추어 교문 앞에 옹기종기 모여 있어요. 하교한 아이를 만나자마자 엄마들은 아이 가방을 둘러맵니다. 행여나 아이에게 무거운 가방이 힘이 들까 봐서요. 1시간을 걸어 집에 가는 것도 아니고 건널목만 건너면 집이 있는 아파트 단지에 들어오는데 말이죠. 물가에 내놓은 아이 심정이야 이해가 되지만 아이 가방은 아이 거예요. 아이가 짊어질 가벼운 짐일 뿐입니다. 교실에서 교문까지 잘 들고 왔는걸요. 굳이 들어주지 않으셔도 됩니다. 아무리 무거운 가방이어도 학교 가방 정도는 아이들이 거뜬히 들 수 있습니다.

저는 가족 여행을 갈 때 엄마, 아빠 짐 따로 아이들 짐 따로 챙깁니다. 아이들 짐은 아이들 스스로 챙겨요. 첫째 아이가 한참 기타에 빠져있을 때 자기 몸보다 훨씬 큰 기타를 가져가고 싶다고 하더군요. "네 짐은 네가 드는 거야." 그 한마디면 아이가 결정합니다. 물론 가져가는 것을 선택하지요. 기타며 책이며 이것저것 챙기니 꽤 무게가 나가요. 짐을 조금 챙긴 날은 엄마가 쿨한 척 짐을 안 들어줬지만 짐이 많은 날은 저도 고민을 합니다. '들어줘야 하나?' 생각이 들지요. 하지만 들어주지 않아요. 스스로 짊어질 수 있을 만큼 아이가 챙겼을 거라 믿어요. 아이는 생각보다 강하더라고요.

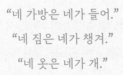

"네 가방은 네가 들어."
"네 짐은 네가 챙겨."
"네 옷은 네가 개."

"이리 줘, 엄마가 가방 들어줄게."
"엄마가 챙겨줄게."
"옷 개는 법도 모르네, 엄마가 할게."

아이가 못 미더워서, 아이가 답답해서, 아이가 힘들어할까 봐 아이의 능력을 과소평가 하는 건 아닌지 생각해보세요. 아이에게 너무 친절해지지 마세요. 그러면 엄마의 수고도 덜어집니다. 엄마의 관여가 적어질수록 아이는 자립심이 높아지고 엄마도 편해집니다. 자기 옷 개기, 자기 신발 빨기, 자기 가방은 자기가 들기, 자기 물 컵 설거지하기 등 하나씩 실천해보세요.

선택권을 주자

고등학교 1학년 아이들은 2학기 말쯤 되면 2학년에 배울 과목을 선택합니다. 어느 정도 진로에 대해 확신을 가지고 고르지요. 담임 선생님들은 아이들과 진로에 대해 심도 있게 상담을 진행해요. 간혹 진로 적성검사나 아이의 성향과 완전히 다른 진로와 과목을 선택하는 아이들이 있습니다. 이유를 물으면 "부모님이 정해주셨어요."라고 말을 합니다. 부모가 선택한 진로가 적성에 맞으면 괜찮겠지만 그렇지 않으면 문제가 발생합니다. 힘들게 들어간 대학 공부를 관둘 수도 있어요. 고등학생은 아직 미성년이기에 부모의 의견이 물론 중요합니다. 하지만 아이 진로가 오직 부모의 선택으로 정해지는 건 피해야 합니다.

초등 시절부터 아이가 주도적으로 선택하는 습관이 들게 해주세요. 작은 것 하나에도 아이에게 선택권을 주세요. 즐거운 외식을 하러 가서 아이가 먹고 싶어 하는 메뉴를 물어보세요. "넌 매운 거 못 먹으니까 불고기 먹어."보다 "뭐 먹고 싶어?"라고 말해주세요. 고르는 시간이 걸리더라도 답답한 마음에 부모님이 고르지 마시고요. 잠깐만 참아주세요. 아이에게 선택권을 주면 작은 상황에도 자립심이 생깁니다. 존중받는 느낌도 받습니다.

자립심은 스스로 생각하고 판단하는 바를 행동으로 직접 옮기는 것을 말해요. 초등 시절 공부습관을 잡는 목표와 같지요. 공부할 때도 아이에게 선택권을 주어 자립심을 키워주세요. 문제집을 고를 때 엄마가 직접 고르는 것보다 "어떤 문제집으로 공부하고 싶어?"라고 물으며 아이의 의견을 존중해주세요. 엄마가 마음속에 둔 문제집이 있다면 우선순위를 정해 서너 권의 문제집을 보여주세요. 자신이 선택한 문제집이라 공부의 자율성도 높아질 거예요. 독서도 마찬가지입니다. "이 책은 꼭 읽어야 해."라고 말하기보다 "어떤 책 읽고 싶어?"라고 말하며 직접 도서관이나 서점에서 책을 선택할 수 있게 해주세요.

"뭐 먹고 싶어?"
"어떤 문제집으로 공부하고 싶어?"
"어떤 책 읽고 싶어?"

"넌 불고기 먹어."
"엄마가 고른 문제집 풀어."
"이 책은 꼭 읽어야 해."

아이가 서툴러도 선택의 상황과 횟수를 늘려주세요. 사소한 것이라도 생활에서 주도적인 선택이 많아질수록 자율성이 높아집니다. 부모의 허락을 받는 횟수가 줄어듭니다. 자신이 선택한 결정인 만큼 문제를 해결하는 능력도 함께 발달할 거예요. 아이는 스스로 결정하고 독립된 인격체로 성장할 거예요.

Chapter 03

효과적으로 칭찬하기

남녀노소 할 것 없이 들어서 기분 좋은 말은 칭찬입니다. 저도 아이들이 자라는 동안 입에 칭찬을 달고 살았습니다. 밥 먹는 것도 기특해서 칭찬, 엄마를 예쁘게 그려도 칭찬, 한글을 떠듬떠듬 읽어도 칭찬, 기특한 일이 넘쳐났지요. 학교에서도 저는 칭찬을 아끼지 않습니다. 어떻게든 교실에서 아이들의 잘된 행동을 관찰하고 칭찬하려고 노력해요. 조금이나마 자신감을 심어주기 위해 의식적으로 칭찬을 합니다.

칭찬의 힘은 대단합니다. 칭찬을 들으면 누구나 '나는 꽤 괜찮은 사람이야.'라고 느낍니다. 자신의 행동, 존재 가치를 인정받는다고 생각합니다. 칭찬 받은 행동을 지속적으로 하고 싶어지는 동기 요인이 되지요. 가정에서는 관계 형성에, 학교에서는 학교생활 적응에 도움이 됩니다. 나아가 삶을 올바른 방향으로 성장하는 데 원동력이 될 수 있어요.

그러나 칭찬에도 기술이 필요합니다. 무조건 많이 한다고 좋지 않습니다. 과도한 칭찬은 오히려 안하느니만 못한 결과를 가져올 수도 있어요. 자신감을 높여준다는 목적으로 시도 때도 없이 칭찬을 남발하면 자기중심적인 아이로 성장할 가능성이 높습니다. 안하무인으로 자신감이 하늘을 찌르게 되죠. 너무 잦은 칭찬은 당연한 줄 알아서 칭찬의 효과가 떨어집니다.

또한 칭찬에 '영혼'이 없는 칭찬은 단번에 약발이 떨어집니다. 아무리 아이들이어도 진정성이 담긴 칭찬인지 아닌지를 판단할 수 있어요. 매일 똑같이 "잘했어."라고 말하지만, 무엇을 잘했다는 건지 알 수 없습니다. 자신의 행동을 관찰했는지 아닌지 의심스러울 정도입니다. '영혼' 없는 칭찬은 그냥 지나며 하는 말 같아요. 형식적인 칭찬은 오히려 칭찬의 긍정적인 효과가 반감합니다.

효과적으로 칭찬하세요. 칭찬은 고래도 춤추게끔 해야 진짜 칭찬입니다. 습관적으로 내뱉는 칭찬, 입에 발린 형식적인 격려, 상황에 맞지 않는 찬사는 오히려 사기를 떨어뜨립니다. 자신감에 아무 도움이 되지 않아요. 담백하게 칭찬합니다. 진심을 담아 칭찬합니다.

구체적으로 칭찬하자

교사가 되고 처음엔 칭찬의 기술을 잘 몰랐어요. 수업 중 아이들이 만든 작품을 보며 "잘했다, 잘 그렸다."라고 칭찬했습니다. 아이들이 "쳇, 선생님은 다 잘 그렸다고 그래요."라며 속상한 듯 말했어요. 아이들 말은 정확했습니다. 저는 무엇을, 어떻게 잘 그렸는지를 말하지 않았어요. 아이들의 작품이 훌륭해서 칭찬을 했던 것인데 칭찬하는 방법이 잘못되었던 거예요. 이후로 아이들에 대한 칭찬도 바뀌었습니다. "색감의 조화가 봄 분위기와 잘 맞는구나.", "꼼꼼하게 관찰해서 세밀하게 그렸구나."라는 식으로요.

칭찬을 할 때는 구체적인 상황을 얘기하세요. "잘했어."는 아이에게 아무 감흥이 없습니다. 지나가는 소리이겠거니 마음에 와 닿지 않아요. 아이의 행동과 말에 초점을 두고 보이는 상황을 설명하는 칭찬이 효과적입니다. "스스로 시간 계획을 세우다니 잘했구나."라고 잘한 행동에 세심하게 반응해주세요.

공부습관을 잡는 데는 칭찬이 필수라고 했습니다. 날마다 정해진 공부를 열심히 한 아이에게 어깨가 으쓱할 수 있도록 피드백을 해야죠. "정말 기특하구나."라는 추상적인 말보다 하루 동안 신경 써서 성실하게 한 모습을 담아 칭찬하세요. "오늘도 빠뜨리지 않고 성실하게 해냈구나."라며 덤덤하게 아이 눈을 바라보며 격려합니다.

화분에 물을 주거나 설거지를 돕는 등 일상에서도 아이를 칭찬할 상황이 생깁니다. 부모님을 돕는 착한 마음을 칭찬할 때 "고마워." 라고 말하기보다 "화분에 물을 줘서 고마워."라고 말해보세요. 명확하게 행동을 묘사하며 얘기하면 아이가 왜 칭찬을 받는지 이해할 수 있습니다.

"스스로 시간 계획을 세우다니 잘했구나."
"오늘도 빠뜨리지 않고 성실하게 해냈구나."
"화분에 물을 줘서 고마워."

"잘했어."
"정말 기특하구나."
"고마워."

구체적인 칭찬을 하기 위해서는 아이를 세심하게 관찰해야 합니다. 아이의 잘한 행동을 놓치지 마세요. 나중에 해야지 지나치지 말고 바로 칭찬합니다. 너무 자주 하지 않아도 됩니다. 오버해서 할 필요도 없고요. 호들갑 떨지 말고 무던하게 말하세요. 아이가 '우리 부모님은 나에게 관심이 있구나. 앞으로 더 잘해야겠다.'라고 생각하면 됩니다.

과정을 칭찬하자

미국의 캐롤 드웩 컬럼비아대학교수 연구팀은 칭찬 실험을 다각도로 진행했어요. 초등학교 5학년 500명을 대상으로 재능 칭찬과 노력 칭찬의 두 그룹으로 구분했습니다. 난이도 선택 문제지를 선택하게 하자 노력 칭찬 그룹 학생들은 90%가 어려운 문제에 도전했어요. 반면에 재능 칭찬 학생들은 70%가 쉬운 문제를 골랐어요. 고난도 문제를 주었을 때 두 그룹 모두 문제를 풀지 못했습니다. 노력 칭찬 그룹은 본인들의 성의 부족을 탓하며 의지를 다졌지만 재능 칭찬 그룹은 본인들의 재능 부족으로 낙담하였습니다.

이 연구 결과를 보면 칭찬이라고 항상 긍정적이지 않다는 것을 알 수 있어요. "넌 정말 똑똑해."라며 타고난 재능을 칭찬하는 말은 기대감에 못 미칠까봐 도전의지가 떨어집니다. 자신감까지 하락할 수 있어요. 하지만 "최선을 다해 노력했구나."라며 노력을 칭찬한 아이들은 도전의식이 높았을 뿐 아니라 실패 후에도 다시 시도하는 회복탄력성이 좋았습니다.

아이의 타고난 머리, 예쁜 얼굴, 백점 시험지를 칭찬하지 마세요. 재능과 결과에 맞춘 칭찬은 아이에게 뿌듯한 마음을 주기도 하지만 기대에 부응해야 한다는 부담감이 생깁니다. '이번 시험에서 백점을 맞지 못하면 어떡하지? 부모님이 실망하겠지?'라며 결과에 집착하게 됩니다. 실패에 대한 두려움이 커지고 어려운 것에 쉽게 도전할 마음이 생기지 않습니다.

성실성, 근면함, 책임감, 인내심, 꾸준한 노력 등 수행하며 힘 들인 과정을 칭찬하세요. 백점 시험지를 가져오면 아이만큼 부모의 기분도 최고입니다. 시험지를 앞에 두고 "너도 한다면 하는 애구나."라는 재능 위주의 말보다 "매일 꾸준히 공부한 결과구나."라며 과정의 가치를 높이 보세요. "우리 딸은 피아노 천재야."라며 부담주지 말고요. "어려운 곡도 포기하지 않고 연습했구나."라며 아이가 수고한 과정을 칭찬하세요.

"최선을 다해 노력했구나."
"매일 꾸준히 공부한 결과구나."
"어려운 곡도 포기하지 않고 연습했구나."

> "넌 정말 똑똑해."
> "너도 한다면 하는 애구나."
> "우리 딸은 피아노 천재야."

칭찬은 평가가 아닙니다. 등산을 하며 산 정상에 올라가 깃발을 꽂아둔 모습이 대단한 게 아니에요. 산을 오르며 흘린 땀방울, 숨이 턱까지 차오르는데도 인내한 강인한 정신이 아름다운 거잖아요. 평가가 아닌 가치 있는 과정을 칭찬하세요. 칭찬은 아이의 성장을 북돋기 위한 격려입니다. 꼭대기에 오를 때까지 지치지 않게 적절하게 하는 응원의 말입니다. 아이가 자신의 페이스대로 잘 가고 있는지 관심을 가지고 지켜보세요. 과하게 칭찬할 필요 없습니다. 담담하게 아이의 발걸음에 반응하며 칭찬하세요. 자신감을 심어주세요. 부모의 지지를 받으며 정상에 오른 아이는 생각할 거예요. '다음엔 더 높은 산에 올라볼까?'라고요.

Chapter 04

아이 마음 읽기

아이와 매일 함께 있다 보면 항상 행복할 수만은 없습니다. 샤우팅 하는 날이 늘어나고 우리도 미처 몰랐던 자아와 만나게 됩니다. 그 순하던 아이는 어디 갔는지 다른 아이가 앉아 있는 것 같기도 하죠. '벌써 사춘기가 온 건 아닐까?' 걱정이 앞섭니다. 뭣 모르고 누워 있던 신생아 때가 차라리 나을지도 모르겠네요.

아이도 사람인지라 화를 낼 때가 있습니다. 부모도 마찬가지지요. 어른다운 마음으로 다 받아주려고 해도 마음처럼 되지 않아요. 이성적으로 '화내지 말아야지, 소리 지르지 말아야지.' 다짐하면서도 아무 생각 없이 게임하고 있는 아이, 동생을 괴롭히고 있는 아이 앞에선 큰소리부터 나옵니다. 부모도 사람이잖아요. 누구나 그러고 삽니다. 너무 자책하지 말고 현명하게 아이 마음을 읽어보자고요.

아이를 가장 사랑하는 사람은 부모입니다. 욱해서 미운 말을 쏘아붙였지만 본심은 아닐 거예요. '아이가 얼마나 속상했을까?' 헤아려 주고 싶었는데 그만 뇌보다 입이 먼저 반응해버린 거죠. 어쩌다 한 번은 괜찮아요. 평소 아이와 애착형성이 잘 되어 있다면요. 아이가 자기 자신이 가치 있고 소중하다고 생각하고 있다면요.

부모의 사랑을 듬뿍 받고 자란 아이들은 자아존중감이 높습니다. 매사 자신감이 넘치고 자신을 유능한 존재라고 생각해요. 스스로 선한 성품을 지녔으며, 좋은 사람이라고 생각합니다. 쓸모 있는 사람 이라고 생각하고 자신에 대해 긍정적으로 판단해요. 부모의 사랑은 칭찬만 있지 않습니다. 백 퍼센트 아이가 하자는 대로 한다고 자아존중감이 높아지는 것도 아닙니다. 아이와 대치할 상황, 훈계할 상황에 적절하게 대처하는 현명함이 있어야 해요. 훈계를 받으며 '나는 아무 쓸모없어.'라고 생각하지 않게요.

자아존중감이 있는 사람은 자신을 객관화하고 남과 비교하지 않습니다. 자신 안의 목표에 집중하며 꿈을 이루려고 노력해요. 자신은 사랑받기 충분한 사람이라고 생각합니다. 자기중심적인 이기적인 사고가 아니라 다른 사람을 존중하는 만큼 자신을 바라보는 합리적인 마음입니다. 오늘도 샤우팅 했지만 반성하며 아이들의 멘토로 자아존중감을 기를 수 있도록 노력해보세요. 아이 마음을 존중하고 존재 자체를 인정하는 것부터 시작합니다.

공감의 힘

학교에서는 다양한 환경을 가진 다양한 아이들과 상담을 하게 됩니다. 아이들과 상담하며 가장 신경 쓰는 일은 '라포Rapport 형성'이에요. 라포는 상담이나 교육을 위한 전제로 신뢰와 친근감으로 이루어진 인간관계, 심리적 유대관계를 말합니다. 라포를 형성했다는 건 절대로 혼자만 느끼는 것이 아니에요. 의사소통을 하는 사람 간에 연결되는 것으로 공감대를 만드는 것입니다.

학교에서는 라포가 형성되면 아이들은 제게 속에 있는 얘기까지 꺼내놓습니다. 제가 맡은 반에 학교에서 일진이라고 소문나 밥 먹듯이 경찰서를 드나든 아이가 있었어요. 저에게 2시간을 넘게 울면서 집안 이야기를 하더라고요. 제가 제일 먼저 한 건 그 아이의 마음에 공감하는 거였어요. 우선 저의 말을 아껴두고 아이의 말을 경청했습니다. '나는 너의 말을 귀 기울여 듣고 있어.'라는 심정으로요. 아이의 말에 하나씩 반응하며, '선생님도 너라면 그랬을 거야. 충분히 이해해.'라는 마음으로 대화를 나누었습니다.

부모는 모두 상담자이고 교육자입니다. 아이와 매일 라포를 형성하며 교육의 현장에 있어요. 아이와 신뢰감, 공감대가 형성되어야 대화가 되고 효과적인 교육이 일어날 수 있어요. 라포 형성을 위해 아이의 마음 읽기부터 시작하세요. 아이의 입장에서 생각하세요. 겸손하게 수용적인 태도를 보이세요. 강압적인 부모에게는 마음을 터놓을 수 없습니다. 인성이든 공부를 위해서든 아이의 마음에 공감하는 자세가 선행되어야 합니다.

작은 일에도 불같이 화가 나는 아이, 툭하면 뭐가 속상한지 울어버리는 아이를 이해할 수가 없습니다. 이렇게 생각해보자고요. '나름의 이유가 있겠지.'라고요. "그만 울어."보다 "속상했구나."라는 말을 건네세요. 화가 난다며 소리 지르는 아이에게 "그만 소리 질러!"라고 같이 소리 지르는 대신 "기분이 나빴구나."라며 아이가 느끼는 감정에 공감하며 그대로 말하세요. 짜증이 폭발하는 아이도 마찬가지입니다. "그만 짜증내!"라고 말한들 더 씩씩거리기만 할 거예요. 아이에게도 시간이 필요합니다. 아이가 짜증이 난 이유를 들으며 "그래서 짜증이 났구나."라고 고개를 끄덕여주세요.

"속상했구나."

"기분이 나빴구나."

"그래서 짜증이 났구나."

"그만 울어."
"그만 소리 질러!"
"그만 짜증내!"

　중2밖에 안 된 아이가 매일 담배와 술에 절어 학교를 밥 먹듯이 빼먹는 게 처음에는 이해가 되지 않았는데, 나름의 이유가 있더라고요. '나도 저 상황이면 그럴 수 있겠다.'라는 생각이 들었습니다. 그 아이는 달리기가 엄청 빠른 아이였어요. 한동안 학교를 안 오던 아이는 담배 냄새 풀풀 풍기며 체육대회 날에 학교 운동장으로 출석을 했습니다. 저 보란 듯이 1등을 하고는 "선생님, 저 왔어요."라며 한마디 하더군요. 저는 항상 매섭던 눈에서 진짜 '아이'의 눈을 보았습니다.

　마음이 통하면 아이의 행동은 변합니다. 아이의 화난 감정을 이해하고 인정해주세요. 핑계 없는 무덤 없다고 하잖아요. 아이를 믿고 마음을 읽어주세요.

'나 메시지'로 말하자

아무리 아이를 믿는다지만 부모도 감정이 있습니다. 화나는 감정을 표현해야겠습니다. 마음에 안 드는 아이의 행동을 말해야겠어요. 그래야 우리 속도 편안해질 것 같거든요. 언제나 아이 입장만 듣고 아이 말에 모두 공감할 수는 없는 노릇이니까요. 부모의 감정을 솔직하게 표현하고 싶을 때는 어떻게 해야 할까요?

'나 메시지'로 말해보세요. '나 메시지'는 의사소통을 할 때 주어를 '나'로 하는 표현입니다. 아이의 행동을 나무라지 않고 나의 진실된 감정을 얘기하는 거예요. 그러면 서로 간의 감정 충돌이 없습니다. 아이는 부모의 감정에 공감합니다. '나 메시지'는 아이가 스스로 잘못된 행동을 인지하고 수정할 기회를 줄 수 있습니다. 오늘 바로 실천할 수 있는 예를 들어볼게요.

"방 좀 치워!"라는 말은 '너 메시지'입니다. '나 메시지'로는 "엄마는 지저분한 방을 보니 화가 나."라고 바꿀 수 있어요. "위험한 장난 좀 그만해!"라는 말보다 아이를 걱정하는 마음을 말하세요. "엄마는 네가 위험한 장난을 하면 다칠까 봐 걱정돼."라며 부드럽게 말하세요. "스마트폰 좀 그만 봐!"라고 윽박지르지 말고 "아빠는 네가 스마트폰을 보면 눈 건강이 걱정돼."라고 솔직한 감정을 말해주세요.

"엄마는 지저분한 방을 보니 화가 나."
"엄마는 네가 위험한 장난을 하면 다칠까 봐 걱정돼."
"아빠는 네가 스마트폰을 보면 눈 건강이 걱정돼."

✕

"방 좀 치워!"
"위험한 장난 좀 그만해!"
"스마트폰 좀 그만 봐!"

'나 메시지'는 부부 사이, 직장 동료 사이에서도 적용됩니다. 인간 관계에서 남을 배려하며 나의 감정을 솔직하게 전달하는 거예요. 아이에게 부정적인 감정을 모욕감 없이 전달할 수 있어요. 부모가 솔직하게 감정을 표현하는 만큼 아이도 부모의 말투를 닮아가고 부모에게 공감하는 능력을 키울 수 있게 합니다. 나아가 자아존중감을 다치지 않으며 아이 스스로 나쁜 행동을 판단하고 고치려는 계기가 됩니다.

아이를 비난하지 말자

"당신이 하는 일이 늘 그렇지!"

부부싸움 중이라도 이런 말은 듣기 싫습니다. 저의 존재를 깎아내리는 느낌이거든요. 부부 간에 절대로 해선 안 되는 말이 있습니다. 옆집 엄마와 비교하는 말, 친정 부모를 들먹이는 말, 이혼하자는 말 등이요. 그중에서 화해를 하고 나서도 가슴에 비수가 꽂혀 있는 말은 나라는 존재 자체를 비난하는 말입니다.

사회생활하며 마음의 상처에 단련된 어른들이야 비난의 말도 어찌 극복한다지만 마음 여린 아이들은 어떨까요? 아이에게 훈육이 필요한 순간 감정에 휩쓸려 아이의 존재를 뭉개버리는 말을 듣는다면 어른보다 더 큰 상처를 받을 거예요. 아무리 화가 나도 아이 자체를 비난하지 마세요. "죄는 미워해도 사람은 미워하지 말라."고 했습니다. 아이를 사랑하는 거 맞잖아요? 아이의 잘못된 행동을 고쳐주고 싶은 거잖아요. 사랑하는 아이 말고 행동을 꾸짖으세요.

우아하게 훈육합시다. 힘을 빼자고요. "너는 왜 이 모양이야!"라며 아이 인격을 무시하지 마세요. 여유를 갖고 처음엔 부드럽게, 그래도 말을 듣지 않는다면 단호하게 얘기합니다. 속사포처럼 쏟아붓지 말고 주저리주저리 잔소리하지 말고요. "공공장소에서는 조용히 하는 거야."라고 우아한 척 말하세요.

아이들의 행동이 잘못되었을 때 웬만한 아이들은 부모가 왜 부르는지 눈치챕니다. '무엇 때문에 혼나겠구나.' 짐작하고 있어요. 이런 아이한테 소리 지르며 "네가 그렇지!"라고 말하지 마세요. 잘못된 행동만 사실대로 얘기해요. "지금 집안에서 계속 뛰고 있구나."라고 낮은 어조로 말하세요. 아이는 속으로 뜨끔 합니다. 양심은 있거든요. 나쁜 행동만 보이는 대로 말하고, 똑같은 잘못을 다시는 하지 말라고 얘기합니다.

아이들은 엄마를 잔소리하게끔 만들죠. 한 번 말했을 때 들으면 좋으련만 부모가 싫어하는 줄 알면서도 똑같은 행동을 반복합니다. "너 때문에 힘들어 죽겠다!"라는 말이 절로 나옵니다. 화가 치밀어 오를 땐 부모를 괴롭히려고 태어난 것 같아요. 아무리 열불이 나도 그렇게 말하지 말아요. 심호흡 한 번 하고 짧고 굵게 말합니다. 아이 눈을 응시하며 "안 돼, 그만해."라고 딱 잘라 말합니다. 자신의 행동이 잘못된 걸 모른다면 납득할 수 있게 간단히 설명하세요.

"공공장소에서는 조용히 하는 거야."
"지금 집안에서 계속 뛰고 있구나."
"안 돼, 그만해."

"너는 왜 이 모양이야!"

"네가 그렇지!"

"너 때문에 힘들어 죽겠다!"

매를 드는 것만이 폭력이 아닙니다. 언어폭력도 폭력이에요. 학교에서 아이가 선배들에게 언어폭력을 당하면 기분이 어떨까요? 부모로서 가만있을 수 없을 거예요. 그렇게 소중한 아이입니다. 우리보다 어리고 약하다고 해서 아이에게 말로 폭력을 행사하면 안 됩니다. 폭력을 행사하는 가해자의 모습으로 무섭게 변하지 말아요. 으르렁거리며 분노하는 호랑이 모습은 두려운 존재이기도 하지만 아이도 모르게 닮아갑니다. 감정을 빼고 상황만 말해보세요. 때론 부드럽게, 때론 단호하게 얘기해요. 아이들은 자신이 가장 사랑하는 부모님이 속상해하는 게 미안해집니다. 조금씩 행동을 수정할 거예요.

Chapter 05

밝게 말하기

그 아이를 만난 게 10년이 넘었는데도 표정이 잊혀지지 않습니다. 앞머리를 내린 단발머리에 환하게 웃는 얼굴이었어요. 웃을 때마다 큰 입 안으로 은색 교정기가 반짝거렸어요. 사춘기 소녀들은 굴러가는 낙엽에도 깔깔 웃는다잖아요. 그 아이가 그랬어요. 뭐가 그리 재밌는지 수업 시간에도 까르르, 쉬는 시간에도 까르르 웃었습니다. 웃는 얼굴만큼 성격도 밝았어요. 친구들에게 늘 친절하고 매사 긍정적이었지요. 학부모 상담이 있는 날 그 아이 엄마가 교무실로 들어왔어요. 얼굴만 봐도 그 아이 엄마인지 단번에 알아챘습니다. 교무실 문을 열면 어색할 법도 한데 빙그레 웃으며 저에게 인사를 했거든요. 그 모습에 저까지 기분이 좋아지더군요. 아이가 매일 웃는 얼굴을 하는 이유를 알게 되었습니다.

아이들은 신기하리만치 부모의 외모, 말투는 물론이고 표정까지 닮습니다. 붕어빵을 찍어 놓은 것처럼이오. 웃는 얼굴을 싫어하는 사람은 없을 거예요. 밝은 에너지가 긍정적인 생각을 만들기 때문입니다. 매사 투덜대고 투정 부리는 사람은 힘을 빠지게 해요. 뉴스에도 인상 찌푸릴 일이 많은데 가까이 있는 사람이 불만만 늘어놓는다면 삶이 우울해집니다. 반면 긍정적인 생각은 삶을 건강하고 행복하게 만들어줍니다. 힘든 일도 가뿐히 할 수 있는 용기를 주고, 어려운 일에도 도전할 수 있는 힘을 줍니다.

긍정적인 마인드를 가진 아이들이 되었으면 해요. 일곱 번 넘어져도 여덟 번째 일어났으면 합니다. 실패에 담대하며 '잘 할 수 있다, 잘 될 거야.'라고 낙관적으로 생각했으면 해요. 행동을 이끄는 주체로 자신을 믿으며 어려운 상황도 헤쳐나갔으면 합니다. 아이들은 학년이 올라갈수록 공부, 친구 관계에 스트레스를 받습니다. 어른이 되어도 이겨내야 할 고비가 많이 있지요. 그때마다 긍정적인 마인드는 슈퍼파워를 발휘할 거예요. 긍정적인 마인드로 자신의 삶을 꾸리고 행복을 찾았으면 해요.

부모의 밝은 표정, 긍정적인 말투, 매사 감사하는 마음가짐은 긍정적인 생각을 가진 아이로 성장하게 할 것입니다. 아이는 부모의 얼굴, 몸짓, 언어, 행동을 보고 스펀지처럼 흡수합니다. 생글생글 웃는 부모님의 얼굴은 아이의 얼굴에 꽃을 피우게 합니다. 아이를 지지하는 긍정적인 마인드는 아이의 마음에 성공의 싹을 돋아나게 합니다. 이런 아이는 '생각한 대로, 말하는 대로' 긍정의 힘을 믿고 공부하고, 살아갈 것입니다.

표정을 밝게!

교실에는 꼭 시니컬한 아이들이 한둘 있습니다. 신나게 수업을 하는데 "선생님, 그거 꼭 해야 하는 거예요? 점수에 들어가나요?"라고 반문하죠. 관찰해보면 매사 그런 식으로 행동하는 경우가 많아요. 다른 친구들은 맛있다는데도 꾸역꾸역 급식은 별로라며 편의점 삼각 김밥을 먹고 있고, 온라인 수업을 해도 불만, 학교에 와서 수업을 해도 불만입니다.

물론 불만이 항상 나쁜 것은 아닙니다. 모두가 'YES'라고 말할 때 'NO'라고 말할 줄 아는 용기는 필요합니다. 이유가 타당하고 합리적인 주장일 때요. 객관적인 근거도 없이 불평불만을 토로하는 것은 습관이 될 수 있어요. 선입견을 갖게 되고 부정적인 생각을 하게 되지요. 결국 불만의 화살이 자신에게 돌아와 해를 입게 됩니다.

불평을 습관적으로 하는 아이들도 알고 있습니다. 웃으면 복이 오고, 웃음이 만병통치약이라는 것을요. 아이들에게 미소를 선물하고 긍정적인 마인드를 만들어주세요.

'우리는 행복해서 웃는 게 아니고 웃기 때문에 행복하다.'라고 합니다. 하루 중 어떤 표정을 아이에게 제일 많이 보여주나요? 웃는 표정이라고 대답하셨으면 해요. 웃는 얼굴의 부모 밑에서 자란 아이들은 부모처럼 잘 웃고, 긍정적인 생각을 가지고 있습니다. 웃는 얼굴로 친구를 대하기 때문에 대인관계가 좋아요. 적극적인 성격이 되고 학교에서도 활동적으로 생활하려고 합니다.

아이들은 부모의 표정을 보고 감정, 소통하는 능력을 배웁니다. 말 못하는 아기도 부모가 웃으면 따라 웃고, 무서운 표정을 하면 울고 말아요. 본능적으로 부모의 표정을 읽고 자신의 정서적인 기술과 표현 능력을 발달시킵니다. 의식적으로라도 웃으며 아이를 대하세요. 가정의 분위기는 밝고 긍정적이어야 해요. 일상의 대화에서는 따뜻한 미소를 머금고 대화하세요. 무뚝뚝한 표정, 무표정, 화난 표정은 접어두고요. 스마일!

○

따뜻한 표정
온화한 표정
웃는 표정

무뚝뚝한 표정

무표정

화난 표정

　영유아들은 하루에 350번을 웃는다고 해요. 하지만 어른은 10번
도 채 웃지 않는다고 합니다. 아이들은 모방 본능으로 부모의 표정
을 배웁니다. 부모의 냉소적인 표정을 보고 자라는 아이는 점점 웃
음을 잃고 무뚝뚝한 표정을 갖게 될 거예요. 이런 아이에겐 아무 화
나는 일도 없는데 "무슨 나쁜 일 있어?"라고 주변에서 물을지도 몰
라요. 아이들은 밝게 자라야 합니다. 삶이 즐겁고, 배움이 즐거워야
해요. 밝은 표정으로 매일을 보내며 행복을 느꼈으면 합니다. "무슨
좋은 일 있어?"라는 질문이 더 어울리도록 말이에요.

긍정의 언어로 말하자

　하버드대 심리학과 교수였던 로젠탈 교수는 긍정적 기대와 관심
의 힘을 연구를 통해 증명했습니다. 샌프란시스코의 한 초등학교에
서 20%의 학생들을 무작위로 뽑아 그 명단을 교사에게 주면서 지능

지수가 높은 학생들이라고 말했어요. 8개월 후 명단의 학생들이 다른 학생들보다 평균 점수가 높았습니다. 즉, 교사의 격려가 힘이 되었기에 아이들 성적이 오른 거예요. 이를 로젠탈 효과라고 하는데, 피그말리온 효과와 일맥상통합니다. 긍정적인 기대나 관심이 사람에게 좋은 영향을 미치는 효과를 말해요. '너는 잘할 거야.'라고 기대의 말을 하면 정말 잘하게 된다는 것입니다.

긍정적 기대의 힘을 믿으세요. 아이들은 믿는 만큼 자랍니다. 마음은 언어와 직결되어 있어요. 긍정적인 기대를 원한다면 긍정적인 말을 쓰세요. 아이는 자연스레 낙관적인 사고를 갖게 될 것이고, 부모의 기대에 부응하려고 노력할 거예요. 아이에게 부정, 비판, 굴욕감을 주는 언어는 사용하지 말아요. 의욕을 불러일으키는 말을 건네세요. 미소를 머금고 좋은 방향으로 얘기합니다.

가령 수학 문제집을 풀며 틀린 문제에 속상한 아이가 화를 내고 있어요. "또 틀렸어?"라는 말보다 "괜찮아, 다시 천천히 풀어보렴."이라고 말하며 타일러주세요. 원하는 성적이 나오지 않으면 가장 실망스러운 건 아이 자신입니다. 팩트 폭격하며 아이 마음을 후비지 말자고요. "다시 할 수 있다, 별 거 아니다, 노력해보자."라고 격려, 지지해줘야 해요.

가끔 학교에서 하라는 숙제인데 부모가 봐도 통 탐탁지 않을 수 있어요. 아이도 푸념을 늘어놓습니다. 이때 부모의 긍정적인 반응이 중요합니다. "별로 안 중요해, 하지 마."라고 말하면 안 돼요. 공부 중에 가장 중요한 공부는 학교 공부입니다. 설령 부모의 판단이 그렇더라도 아이에게는 티내지 말아요. 하나둘 티내게 되면 아이는 학교 수업, 활동, 숙제에 소홀해질 수 있습니다. "선생님께서 다 생각이 있으셔서 내주신 숙제니 열심히 하자."라고 다독여주세요. 부모부터 긍정적인 마인드 접근이 필요합니다.

또한 아이의 행동을 제지할 때 부정적인 말보다 긍정적인 표현으로 바꿔 말하세요. 하지 말라는 건 더 하고 싶은 게 사람 마음입니다. 부정의 언어를 들으면 더 끌리는 경향이 있어요. 따라서 "싸우지 마."보다 "사이좋게 지내렴."이라는 표현이 긍정적인 사고에 도움이 됩니다.

"괜찮아, 다시 천천히 풀어보렴."
"선생님께서 다 생각이 있으셔서 내주신 숙제니 열심히 하자."
"사이좋게 지내렴."

"또 틀렸어?"

"별로 안 중요해, 하지 마."

"싸우지 마."

며칠 전 제 아이가 새똥을 머리에 맞았습니다. 아이는 "엄마, 누가 내 머리에 똥 쌌어요? 크크. 제가 책의 주인공이 되었어요. 행운이 올 것 같아요."라며 들뜬 목소리로 말했어요. 아이들의 마음은 티 없이 밝습니다. 밝은 마음을 지켜주셨으면 해요. 부모부터 우울, 불안을 떨쳐버리고 긍정적인 사고를 품으세요. '나는 꽤 괜찮은 엄마다.'라고 스스로를 격려하세요. 이 책을 읽고 있는 것 자체가 아이에 대한 관심이 있다는 것이기에 '꽤 괜찮은 엄마' 맞습니다. 아이에게 긍정의 말을 건네세요. 아이의 환한 얼굴과 마음을 확인하세요.

감사 표현하기

미국에서 가장 존경받는 여성 중 한 명인 오프라 윈프리는 불우한 사춘기를 보내면서도 성공의 길에 이르렀습니다. 윈프리는 수십 년 동안 쓰는 감사 일기를 통해 어려움을 극복했다고 해요. "오늘도 파란 하늘을 보게 해주셔서 감사합니다."와 같이 아주 사소한 일에도 감사를 매일 표현했다 합니다.

감사하는 마음을 가지면 평소에 그냥 지나치던 것도 다른 사람의 입장에서 생각해보고 배려하는 마음을 갖게 됩니다. 부정적 에너지가 긍정적 에너지로 바뀌게 됩니다. 나아가 자신의 삶을 반성하고 성찰하게 되며 배려와 공감이라는 능력이 성장해요.

감사를 표현하는 가족 문화를 만들어요. 감사와 불만, 둘 다 뇌의 변화를 일으킨다면 긍정적인 변화를 주는 '감사'를 선택하세요. 부모부터 하루에 하나씩 감사하는 대상을 찾아 마음을 표현하세요. 오늘도 수고한 배우자에게 진심을 담아 "고맙습니다, 감사합니다."라고 말하세요. 소중한 아이에게도 "예쁘게 말해줘서 고마워, 짐을 들어줘서 고마워."라며 자주 고마움을 표현하세요.

아이에게 감사 표현을 일상에서 습관으로 만들어요. 식사 시간에 "감사히 잘 먹겠습니다."라는 간단한 인사에서부터 시작해요. 작은 선물을 받으며 꼭 "감사합니다."라고 고마움을 표현하도록 해요. 그리고 아이에게도 생색내세요. 부모가 아이에게 제공하는 모든 것들은 그냥 얻어지는 것이 아닌 부모의 노력, 희생이 들어가 있다고요. 아이가 서서히 고마움의 가치를 머리로, 몸으로 느낄 수 있도록 말입니다.

"고맙습니다."
"감사합니다."
"예쁘게 말해줘서 고마워"
"짐 들어줘서 고마워."

아이가 이렇게 자라준 것만으로도 감사하지 않나요? 코로나에 걸리지 않고 건강하게 학교 다닐 수 있음에 감사합니다. 감사가 행복한 뇌로 바꾼다니 "고맙습니다."라는 말을 아낄 이유가 없어요. 감사하지 않은 상황에서 감사함을 찾으세요. 운전하며 접촉사고가 났어도 '사람 안 다친 거에 감사해.'라는 너그러운 마음이 필요해요. 아이에게 감사를 가르치는 데는 부모의 역할 모델이 가장 큰 효과를 발휘합니다. 아이의 예쁜 행동에 감사함을 느끼며 고맙다고 표현해보세요.

Chapter 06

열린 대화 하기

"아, 짜증나! 어제 엄마랑 싸웠어."

중·고등학교 교실에서 흔히 들려오는 말입니다. 다시 한 번 읽어 보세요. '엄마한테 혼났어.'가 아니라 '엄마랑 싸웠다.'라고 적혀 있습니다. 엄마가 친구도 아니고 싸웠다니요? 사춘기를 심하게 지내고 있는 아이들에게 엄마는 잔소리꾼입니다. 엄마가 훈계한다고 곱게 들리지 않아요. 안타깝게도 친구랑 투덕거리고 싸우는 것과 별반 다르지 않다고 생각합니다.

모든 아이가 그러는 건 아닙니다. 예외인 아이들은 부모와 소통이 잘 된 아이입니다. 이런 아이들은 북한도 무서워 쳐들어오지 못한다는 중2병도 무난하게 지나갑니다. 초등 때처럼 조잘조잘 부모님께 말하는 횟수는 줄어들었어도 부모님을 믿고 따르는 마음은 여전합니다.

아이가 공부를 잘하길 바라시죠? 아이를 잡지 말고 관계를 잡으세요. 공부는 마음이 안정되어야 할 수 있습니다. 우리 어른도 독서가 중요한다는 건 알지만 먹고 살기 바빠 책을 읽지 않잖아요. 아이도 똑같아요. 먹고 살 만하고 마음이 편안해야 공부할 맛도 나고 자기계발도 할 수 있습니다.

어린 시절 부모와 함께 소통한 시간은 아이에게 인생을 살아가는 데 바탕이 됩니다. 가정이 화목하고 평온해야 학교생활도 행복합니다. 공부는 부모의 사랑 위에서 하는 것입니다. 오늘도 속을 끓이고 있겠지만 마음 깊숙이 사랑하는 마음을 꺼내서 보여주세요. 아이의 말에 경청하세요. 아이의 고민을 들어주세요. 아이의 바람을 알아주세요. 지시가 아닌 대화를 통해 아이와 소통하세요.

명령이 아닌 청유형·의문형으로 말하기

직업이 교사인지라 집에서도 직업병이 나타납니다. 저보다 나이도 많은 남편에게 "청소기 돌려."라고 명령할 때가 있습니다. 남편이 중2 남학생처럼 보이는 건 왜일까요? 하나하나 지시하지 않으면 말을 안 들어요. 그래서 저도 모르게 명령조로 말합니다. 아이에게는 오죽하겠어요. 아침부터 저녁까지 시킬 게 끝이 없습니다.

저는 이렇게 직업병을 핑계로 남편과 아이들에게 "내 말에 복종해!"라는 듯이 지시를 합니다. 하지만 반대로 남편이 저에게 "설거지 해."라고 명령하면 기분이 팍 상해서 하고 싶던 설거지도 하기 싫습니다. 사람은 누구나 그렇습니다. 해야 할 것을 알면서도 상관이 아랫사람 부리듯 명령하면 하고 싶은 마음이 싹 달아납니다. '아 다르고 어 다르다.'고 둘러서 말하면 마음 상하지 않고 할 수 있는데 말이죠.

스스로 하면 좋겠지만 그렇지 않다면 명령형 말투가 아닌 청유형으로 말합니다. 청유형 말투는 '~하자' 식으로 어떤 행동을 같이 할 것을 요청하는 것입니다. 먼지떨이라도 들며 남편에게 "여보, 청소기 돌리자."라고 말하면 거절할 사람은 드물 거예요. 청소를 다하고선 "당신이 청소해주니 집안이 깨끗해졌네. 고마워."라고 칭찬하면 다음 청소도 남편이 당첨입니다. 아이에게도 마찬가지입니다. 매일 책가방 싸는 것도 전쟁이지요. 어미만 바꿔보세요. "책가방 싸."라는 명령보다 "책가방 싸자."로, "양치질 해."보다 "양치질 하자."라고 권유해보세요. 마지막 한 글자 '~자'만 붙여도 부드러운 말투로 변합니다.

아이들은 공부를 해야 하고 잘하고 싶은 마음이 충만합니다. 당장에 행동으로 옮겨지지 않기 때문에 본인도 혼란스러운 마음이에요. 이러지도 저러지도 못하는 양가감정을 가진다는 거예요. 이때 "공부해!"라는 지시는 내적 동기를 불러일으키지 못해요. 반감만 일어나죠. 양가감정을 찔러보세요. "오늘 공부는 계획대로 잘 되고 있어?"라고 질문하는 거예요. 아이는 양심에 찔려 스스로 공부는 어떻게 해야 할지 생각할 거예요.

게임에 빠진 아이들 대부분 게임 중독이 자신의 삶에 어떤 불이익을 줄지 뻔히 알지만 그만두지 못해요. 그런 아이에게 "게임 그만해!"라는 말은 통하지 않아요. 부드러운 어투로 "오늘 게임은 몇 시간 할 거야?"라며 책임을 묻습니다. 스스로 약속하고 지킬 수 있도록 대화하세요.

○

"책가방 싸자."
"양치질 하자."
"오늘 공부는 계획대로 잘 되고 있어?"
"오늘 게임은 몇 시간 할 거야?"

"책가방 싸!"
"양치질 해!"
"공부해!"
"게임 그만해!"

당장의 지시가 편할 수 있습니다. 원하는 대로 "네"라고 말하며 순응하는 아이가 예뻐 보이죠. 하지만 아이가 자라며 "하기 싫다." 라고 얘기하면 말은 달라집니다. 반항하는 아이, 버릇없는 아이가 되고 말지요. 부모 명령에 순종만 하는 아이는 자신의 생각을 뚜렷하게 표현하지 않아 부모 의존도가 높아질 수 있습니다. 반항만 하는 아이는 자기표현은 하지만 지시에 따르지 않는다는 이유로 부모와의 갈등을 벗어날 수 없습니다.

아이에게 권위적인 명령보다 생각할 기회를 주세요. 부모의 명령에 따라 움직이는 것이 아니라 기대하는 행동을 스스로 선택하게 할 수 있게요. 한쪽 편의 지시 대신 아이의 입장을 듣는 소통을 해야 합니다.

당연한 것에 '왜?'라고 물어보자

아이가 다섯 살쯤 되면 수도 없이 질문을 하죠. '강아지는 왜 다리가 네 개예요?', '사람은 왜 잠을 자요?' 등 어른이 보기엔 당연한 것에 질문을 던집니다. 정답이 있을 때도 있지만 없을 때도 많습니다.

아이의 순수한 지적 호기심으로 출발한 질문에 어른인 부모가 인문학적 사색을 하기도 합니다. '왜?'라는 근원적인 질문을 받으며 자신도 모르게 상상력, 창의력, 사고력을 발휘했어요. 이제 아이들이 한 것처럼 우리가 아이들에게 질문해 봐요. 사소한 것에도 '왜?'라고 의심하며 물어보는 겁니다.

매일 하나씩 의식적으로라도 당연한 일에 '왜?'라고 물어보세요. 아이의 일상생활과 관련되면 더욱 좋습니다. "공부나 해."라고 말하기보다 "공부는 왜 해야 할까?"라며 물어요. 아이에게 생각할 시간을 주고 대답을 들어보세요. 아이는 나름대로 고심할 거예요. 이유가 어떻든 동조하며 부모의 의견도 얘기해주세요.

습관처럼 가는 학교에도 "학교는 당연히 가는 거야."라는 고정관념에서 벗어나 "학교는 왜 다닐까?"라고 질문하며 함께 고민해보세요. 부모가 답을 말하기 전에 아이의 생각을 듣는 게 우선입니다. 세상에는 어느 하나 당연한 것이 없습니다. 모두 존재의 이유가 있어요. 아이의 의견을 경청하고 함께 사색하세요.

수학문제를 풀다가도 '왜?'를 생각해야 한다고 합니다. '왜?'라는 물음으로 개념을 이해하는 것부터 제대로 된 수학 공부입니다. 공부가 그렇습니다. 원리를 이해하기 위해 이유를 알고 맥락을 알면 쉬워집니다. 영어 단어를 달달 외우는 것보다 접두사, 접미사 등 단어의 형성 원리를 알면 기억하기 쉬운 것처럼 말이에요. 아이가 공부할 때 "왜 그렇게 생각해?"라고 물어보세요. 문제집을 풀다 틀린 문제가 있다고 "답지 확인해봐."라면서 답을 확인하고 끝이 아니라, 왜 틀렸는지 알아야 하는 거예요. 그게 진짜 자기 공부입니다.

"공부는 왜 해야 할까?"
"학교는 왜 다닐까?"
"왜 그렇게 생각해?"

"공부나 해."
"학교는 당연히 가는 거야."
"답지 확인해봐."

'사람은 왜 죽어요?', '전쟁은 왜 하는 거예요?', '나는 왜 엄마의 아들이에요?' 등 아이들은 결코 가볍지 않은 질문을 스스럼없이 합니다. 당연하게 지나친 일상도 다시 돌아보게 만듭니다. 아이의 질문에 귀 기울이고 아이의 시선으로 질문하세요. '왜?'라는 물음으로 아이와 부모가 함께 생각하는 시간을 가졌으면 합니다.

열린 질문을 하자

소통은 서로 뜻이 잘 통하는 것입니다. 일방적인 관계가 아니에요. 부모의 일방통행이 아닌 상호작용이 되어야 합니다. 대화가 중요하다고 아이에게 질문하고 대답을 유도하지만 '답정녀' 형식의 질문은 올바른 소통 방식이 아닙니다. 아이의 생각, 의견, 감정, 느낌을 묻는 질문을 해야 합니다.

열린 질문이 필요합니다. 열린 질문은 답이 '네.' '아니오.'로 나오지 않는 질문이에요. 정답이 없이 아이의 의견을 묻고 생각을 이끌어냅니다. 대답은 풍성하게 나올 수 있어요. 아이가 대답을 위해 상상력, 창의력, 사고력을 다듬을 수 있어요. 따라서 부모는 아이의 생각을 읽고 서로 주고받는 대화가 가능합니다.

아이가 학교에 다녀오면 제일 먼저 하는 질문은 "학교 잘 갔다 왔어?"일 거예요. 아이는 "네."라고 짧게 대답합니다. 아이의 학교생활이 궁금하다면 구체적으로 말할 수 있게 열린 질문을 하세요. '언제, 어디서, 누가, 어떻게, 왜, 무엇을'의 육하원칙을 적절히 활용하세요. "학교에서 무엇을 했니?"로 대화의 문을 열고, 이후에 누구와 어울렸는지, 왜 재밌었는지, 감정은 어땠는지 등을 물으며 대화를 이어 나갈 수 있습니다.

아이가 본 영상에 대해 대화를 나누고 싶을 때도 열린 질문을 사용하세요. '재밌었어?'라고 묻기보다 '가장 재미있는 장면은 뭐야?'라며 아이의 생각을 표현할 수 있게 질문하세요. 자신의 의견을 충분히 말하고 생각을 나누는 과정에 부모의 열린 귀는 필수입니다.

열린 질문은 사고의 확장을 가져옵니다. 구글을 만든 래리 페이지는 어느 날 잠에서 깨어나 하나의 질문을 스스로에게 던집니다. '만약 내가 모든 인터넷 웹을 다운로드하고 잘 링크할 수 있다면 어떻게 될까?'라고요. 이 질문을 던지고 그는 실현 가능한 아이디어를 내어 친구인 세브게이 브린과 함께 고민했어요. 결국 'What if(만약 ~한다면 어떻게 될까?)'라는 질문으로 구글의 성공을 있게 한 '페이지랭크PageRank'를 개발했습니다.

수많은 영화, 소설, 발명품 등은 'What if~'라는 질문에서 시작됩니다. 당연하다고 생각한 사실들의 부정적인 가정을 도입해 다르게 생각해보며 참신한 아이디어를 도출해요. 즉, 창의성을 발견하는 좋은 방법인 셈이죠. 'What if~' 질문은 사고의 확장을 돕고 새로운 가능성을 찾는 데 도움이 됩니다.

아이에게 'What if~'의 열린 질문을 던져보세요. "책 읽어라."라는 말대신 "만약 책을 읽지 않으면 어떻게 될까?", "만약 세상의 모든 책이 없어진다면 어떻게 될까?"라며 아이의 상상력을 자극하세요. 부모가 원하는 대답이 나오지 않더라도 아이의 머릿속에서는 무한한 창의적 사고를 하게 될 것입니다.

"학교에서 무엇을 했니?"

"가장 재미있는 장면은 뭐야?"

"만약 세상의 모든 책이 없어진다면 어떻게 될까?

"학교 잘 갔다 왔어?"

"재밌었어?"

"책 읽어라."

열린 질문은 아이의 감정을 읽게 해주고 관계를 좋게 합니다. 소통의 물꼬를 터줍니다. 아이들은 무슨 일이 있으면 부모님에게 먼저 얘기하고 싶어 할 거예요. 학교생활, 친구 관계를 재잘 재잘 말할 거예요. 돈독하게 다져진 관계는 사춘기를 무난하게 흘러가게 하며, 스스로 공부할 수 있는 힘을 줄 것입니다.

아이에게 수용적인 태도로 공감능력을 보여주는 부모, 생각할 수 있는 질문을 던지는 부모는 아이를 사고하는 사람으로 성장하게 만듭니다. 나아가 소통하는 분위기에서 자란 아이는 스스로에게 질문을 할 거예요. '나는 어떤 사람이 될 것인가?'

참고문헌

권태형, 《무적의 학습포트폴리오》, 지식너머, 2020

김종원, 《아이를 위한 하루한줄 인문학》, 청림라이프, 2018

김영민, 《공부란 무엇인가》, 어크로스, 2020

리사 손, 《메타인지 학습법》, 21세기북스, 2019

미하이 칙센트이하이 외, 《몰입과 진로》, 이희재 역, 해냄, 2018

민병직, 《내 아이가 듣고 싶은 엄마의 말》, 더난출판, 2016

박용성, 《학교생활 기록부를 디자인하라》, 북토리, 2018

박혜란, 《믿는 만큼 자라는 아이들》, 나무를심는사람들, 2019

송재환, 《초등 2학년 평생 공부 습관을 완성하라》, 예담, 2016

안상현, 《초등 완성 습관의 힘》, 빌리버튼, 2021

이도준, 《내가 꿈을 이루면 나는 누군가의 꿈이 된다》, 황소북스, 2013

이신애, 《잠수네 아이들의 소문난 영어 공부법》, 알에이치코리아, 2013

이영균, 《초등 진로교육이 스스로 공부하는 아이를 만든다》, 황금부엉이, 2020

이은경, 《초등 매일 공부의 힘》, 가나출판사, 2019

이진혁, 《초등 집공부의 힘》, 카시오페아, 2020

이임숙, 《엄마의 말공부》, 카시오페아, 2015

임규혁, 《교육심리학》, 학지사, 2007

임작가, 《완전학습 바이블》, 2020

전성수, 《하브루타로 교육하라》, 위즈덤하우스, 2012

정선임, 《상위 1% 아이를 만드는 행복한 NIE 교과서》, 행복한미래, 2013

조던 피터슨, 《12가지 인생의 법칙》, 강주헌 역, 메이븐, 2018

존 라머 외, 《프로젝트 수업 어떻게 할 것인가?》, 최선경 역, 지식프레임, 2017

진동섭, 《입시설계, 초등부터 시작하라》, 포르체, 2020

짐 트렐리즈, 《하루 15분 책 읽어주기의 힘》, 눈사람 역, 북라인, 2012

해피이선생, 《초3보다 중요한 학년은 없습니다》, 사람인, 2020

하야시 나리유키, 《3,7,10세 공부두뇌를 키우는 결정적 순간》, 김정연 역, 테이크원, 2012

교육부, 《학교 진로교육 목표와 성취기준》, 2012

교육부, 《초등학교 교육과정》, 2015

교육부, 《초 · 중등학교 교육과정 총론》, 2015

교육부, 《2015 개정 교육과정의 초등학교 총론 해설》, 2015

교육부, 《2015 개정 교육과정의 중학교 총론 해설》, 2015

교육부, 《2015 개정 교육과정의 고등학교 총론 해설》, 2015

교육부, 《2015 개정 교육과정과 과목 선택》, 2015

교육부, 《2016학년도 학교생활기록부 기재요령(초 / 중고등학교)》, 2016

교육부, 《2017학년도 학교생활기록부 기재요령(초 / 중고등학교)》, 2017

교육부, 《2018학년도 학교생활기록부 기재요령(초 / 중고등학교)》, 2018

교육부, 《2020학년도 학교생활기록부 기재요령(초 / 중고등학교)》, 2020

교육부, 《고교학점제 추진 방향 및 연구학교 운영 계획(안)》, 2017

교육부, 《고교교육혁신방향》 교육부, 2018

교육부, 《대입 공정성 강화 방안》, 2019

교육부, 《초중등 진로교육현황조사(2020)》, 2020

한국교육개발원, 《선행학습 실태》, 2016

한국대학교육협의회, 《2022학년도 대학입학전형기본사항》, 2019

한국대학교육협의회, 《2023학년도 대학입학전형 기본사항》, 2020

고려대학교, 《2021학년도 고려대학교 학생부종합전형 안내》, 2020

서울대학교, 《2021학년도 서울대학교 학생부종합전형 안내》, 2020

○○들은 스마트폰 사용 금지?, 미디어오늘, 2019.12.7.

2021 새해 달라지는 교육제도, 무엇이 있을까?, 내일신문, 2021.01.14.

2021학년도 대입, 정시 소폭 증가…10명 중 8명 수시 선발, 헤럴드경제, 2019.4.30.

2028 대입 개편 논의 '시동'…논·서술형 등 '미래형 수능' 검토, 한국대학신문, 2020.11.9.

김연아·미셸콴 "스페셜올림픽 모든 선수가 '히어로'", 스포츠조선, 2013.2.5.

고2 60% "수학 포기했다"…사교육걱정없는 세상 설문, 연합뉴스, 2015.7.22.

글로벌 시총 1위 구글의 비결은…작고 유연한 조직 문화, 파이낸셜 뉴스, 2016.3.23.

뛰 놀 시간에 공부?…운동, 아이 학습능력 올리는 숨은 공신, 경향 신문, 2017.2.24.

레고는 공부 안하는 아이 장난감?…무궁무진한 창작예술품이죠, 서울경제, 2020.10.13.

방탄소년단, 반석 위에 쌓아올린 현재, 연합뉴스, 2017.9.22.

서울대 정시모집에 정성평가 반영…현 고1부터 적용, 이데일리, 2020.10.28.

세계 각국의 대입 시험은 어떻게 출제되나, 한국대학신문, 2017.8.29.

습관적인 뻔한 칭찬은 조직 내 불신 유발, 공정·진실성 담아서 해야 도전 정신 키워, 이코노미조선, 2017.7.10.

운동하면 공부도 잘 되는데, 국민일보, 2019.5.9.

오프라 윈프리의 '감사일기', LA중앙일보, 2015.11.25.

예비 고1, 입학 전 반드시 알아야 할 학생부 변화, 에듀동아, 2021.1.18.

인성은 곧 성품? 학종에서는 '이것'까지 살펴본다, 에듀동아, 2018.4.25.

플립러닝, 매일경제, 2020.11.30.

초등학생 10명 중 6명 공부시간 과다, 이데일리, 2016.5.12.

나이스, www.neis.go.kr

교육부, https://www.moe.go.kr

교육부 고교학점제 홈페이지, www.hscredit.kr

대입정보포털어디가, www.adiga.kr

디지털교과서, dtbook.sdunet.net

연세대학교, www.yonsei.ac.kr

커리어넷, www.career.go.kr

학교생활기록부 종합지원센터, https://star.moe.go.kr

한국교육과정평가원, www.kice.re.kr

한국신문협회, www.presskorea.or.kr

한국직업능력개발원, www.krivet.re.kr

네이버 두산백과, "다중지능이론", www.naver.com

네이버 시사상식사전, "스라밸", www.naver.com

네이버 한경 경제용어사전, "캥거루족", www.naver.com

네이버 한경 경제용어사전, "로젠탈 효과", www.naver.com

공부습관부터 과목별 공부법까지, 초등 공부의 모든 것

초3 공부가 고3까지 간다

초판 1쇄 발행 2021년 7월 19일
초판 2쇄 발행 2021년 8월 16일

지은이 박은선

책임편집 지민경
디자인 Aleph design

펴낸이 최현준·김소영
펴낸곳 빌리버튼
출판등록 제 2016-000166호
주소 서울시 마포구 월드컵로 10길 28, 202호
전화 02-338-9271 | **팩스** 02-338-9272
메일 contents@billybutton.co.kr

ISBN 979-11-91228-61-8 03370
ⓒ 박은선, 2021, Printed in Korea